Hither Shore

Interdisciplinary Journal
on Modern Fantasy Literature

Jahrbuch der
Deutschen Tolkien Gesellschaft e.V.

Tolkiens kleinere Werke

Interdisziplinäres Seminar der DTG
4.-6. Mai 2007, Jena

Herausgegeben von:
Thomas Fornet-Ponse (Gesamtleitung),
Marcel Bülles, Thomas Honegger,
Rainer Nagel, Alexandra Velten,
Frank Weinreich

SCRIPTORIUM OXONIAE

Bibliografische Information der Deutschen Bibliothek

Die Deutsche Bibliothek verzeichnet diese Publikation in der Deutschen Nationalbibliografie; detaillierte bibliografische Daten sind im Internet über http://dnb.ddb.de abrufbar.

ISBN 978-3-9810612-2-2

Hither Shore, DTG-Jahrbuch 2007
veröffentlicht im Verlag »Scriptorium Oxoniae«

Deutsche Tolkien Gesellschaft e. V. (DTG)
Marcel Bülles · Ehrenfeldgürtel 131 · D-50823 Köln
E-Mail: info@tolkiengesellschaft.de

Scriptorium Oxoniae im Atelier für Textaufgaben e. K.
Brehmstraße 50 · D-40239 Düsseldorf
E-Mail: rayermann@scriptorium-oxoniae.de

Hither Shore, Gesamtleitung: Thomas Fornet-Ponse
Graurheindorfer Straße 64 · D-53111 Bonn
E-Mail: hither-shore@tolkiengesellschaft.de

Vorschläge für Beiträge in deutscher oder englischer Sprache (inklusive Exposé von ca. 100 Wörtern) werden erbeten an o.g. Adresse.

Alle Rechte verbleiben beim Autor des jeweiligen Einzelbeitrags. Es gilt als vereinbart, dass ein Beitrag innerhalb der nächsten 18 Monate nach Erscheinen dieser Hither-Shore-Ausgabe nicht anderweitig veröffentlicht werden darf.

Lektorat: Susanne Antoinette Rayermann, Düsseldorf
Vorlagenherstellung: Kathrin Bondzio, Solingen
Druck und Vertrieb: Books on Demand, Norderstedt
Umschlagillustration: Anke Eißmann, Herborn

Alle Rechte vorbehalten.

Inhalt

Grußwort der Walking Tree Publishers 7
Vorwort 8
Preface 9

Tolkien Seminar 2007

The Rout of the King: Tolkien's Readings on
Arthurian Kingship 11
Vincent Ferré (Paris)

Speaking with Animals: A Desire that lies at
the Heart of Faërie 23
Guglielmo Spirito (Assisi)

Die Metaphysik der Zweitschöpfung.
Zur Ontologie von *Mythopoeia*. 37
Frank Weinreich (Bochum)

Tolkiens sub-creation – Die kleinen Werke
als fairy-stories? 51
Thomas Fornet-Ponse (Bonn)

Smith of Wootton Major als religiöser Text 67
Martin Sternberg (Bonn)

Farmer Giles of Ham: eine prototypische
Drachengeschichte in humorvoller Tradition 83
Friedhelm Schneidewind (Hemsbach)

Das Drachenmotiv bei Tolkien als poetologisches
Konzept zur Genese des Episch-Historischen 99
Patrick A. Brückner (Potsdam)

Tom Bombadil: The Sins of his Youth 119
Allan Turner (Marburg)

Leaf by Tolkien? 129
Fabian Geier (Bamberg)

Blatt von Tüftler: eine literaturkritische Untersuchung 147
Heidi Krüger (Hamburg)

Journeys in the Dark 167
Margaret Hiley (Peterborough)

A Star Above the Mast: Tolkien, Faërie and
the Great Escape 177
Anna Slack (Palermo)

Zusammenfassungen der englischen Beiträge 189

Summaries of the German Essays 193

Notes

Zwischen Genie und Wahnsinn: Gedanken eines
Künstlers über Muschelklang und Elbenstern 199
Friedhelm Schneidewind (Hemsbach)

The Children of Húrin – Its Use for Tolkien Scholarship 203
Thomas Fornet-Ponse (Bonn)

Rezensionen

Janet Brennan Croft (ed.): Tolkien and Shakespeare: Essays
on Shared Themes and Language 207
Trevor Hart, Ivan Khovacs (eds.): Tree of Tales: Tolkien,
Literature, and Theology. 208
John Rateliff: The History of *'The Hobbit'*. J.R.R. Tolkien. 210
Tom Shippey: Roots and Branches: Selected Papers on Tolkien 213
Tolkien Studies. An Annual Scholarly Review. Volume IV 215
Frank Weinreich: Fantasy. Einführung. 218
Robert S. Blackham: The Roots of Tolkien's Middle Earth 221
Matthew Dickerson, Jonathan Evans: Ents, Elves, and Eriador.
The Environmental Vision of J.R.R. Tolkien 223
Michael C. Drout (ed.): The J.R.R. Tolkien Encyclopedia:
Scholarship and Critical Assessment 226
Wayne G. Hammond, Christina Scull (Hg.): *The Lord of the Rings*
1954-2004. Scholarship in Honor of Richard E. Blackwelder. 228
Jane Chance, Alfred Siewers (eds.): Tolkien's Modern Middle Ages 231
Janet Brennan Croft (ed.): Tolkien on Film: Essays on Peter
Jackson's *The Lord of the Rings*. 234
Vincent Ferré (Hg.): Tolkien, trente ans après (1973-2003) 237
Vincent Ferré: Tolkien: Sur les rivages de la terre du milieu 239

Siglen-Liste 243

Über die Autorinnen und Autoren 245
About our Authors 248

About Walking Tree Publishers 252

Index 255

Grußwort der Walking Tree Publishers

Vor etwas mehr als zehn Jahren traf sich eine Handvoll Tolkien-Interessierter der Swiss Tolkien Society auf dem Rütli, der Geburtsstätte der Schweizer Eidgenossenschaft. Unter anderem wurden Vorträge zu verschiedenen Tolkien-bezogenen Themen gehalten – die dann ein Jahr später in Buchform als Band 1 der *Cormarë Serie* der neu gegründeten Walking Tree Publishers erschienen. 2007 markierte das zehnjährige Jubiläum dieses Ereignisses.

Das Jubiläumsjahr wurde jedoch nicht nur mit einem halben Dutzend neuer Publikationen begangen (u.a. mit einem Aufsatz-Band von Tom Shippey), sondern auch mit einer Konferenz. Zusammen mit der DTG organisierte WTP im März 2007 eine internationale Tagung zu Tolkiens kleineren Werken.

Die Konferenz fand reges Interesse und bot mit Teilnehmern aus sieben europäischen Ländern einen repräsentativen Querschnitt durch die Tolkien-forschung in der ›alten Welt‹ und gab Tolkienexperten die Möglichkeit, sich über Sprach- und Landesgrenzen hinaus auszutauschen und neue Kontakte zu knüpfen. Die meisten der in diesem Band versammelten Beiträge fanden ihren Ursprung dann auch in den Vorträgen in Jena.

Über die Jahre ergaben sich immer wieder Möglichkeiten zur erfreulichen Zusammenarbeit zwischen WTP und der DTG (und damit auch *Hither Shore*) – nicht zuletzt, da die Kontakte auch auf persönlicher Ebene gepflegt und die DTG eine offene und dynamische Gesellschaft ist.

WTP möchte anlässlich des zehnjährigen Bestehens der DTG im Jahr 2008 dieser größten kontinentaleuropäischen Tolkiengesellschaft herzlich gratulieren und wünscht ihr weitere Jahrzehnte des qualitativen wie auch quantitativen Wachstums!

Im Namen der WTP

Thomas Honegger

Vorwort

Nach den bisher drei erfolgreich verlaufenen Tolkien Seminaren der DTG bot 2007 das zehnjährige Jubiläum des in Tolkienkreisen bekannten und geschätzten Verlags *Walking Tree Publishers* die willkommene Gelegenheit, in Kooperation mit ihm und der Friedrich-Schiller-Universität Jena das 4. Seminar in Jena konsequent international durchzuführen. Insgesamt trugen 19 Referenten und Referentinnen (auch aus anderen europäischen Ländern wie Frankreich, Großbritannien, Italien, Polen oder Spanien) ihre unterschiedlichen Gedanken zu den sogenannten Kleinen Werken Tolkiens vor, davon zwölf in englischer Sprache.

Allein die Beitragszahl zeigt schon deutlich, wie groß der Forschungsbedarf zu diesen Werken ist. Offensichtlich war es höchste Zeit, ihnen ein eigenes Seminar zu widmen. Dabei konnten keineswegs alle Fragen geklärt werden; vielmehr wurden viele neue Ideen vorgestellt und Anregungen gegeben, die den Boden für weitere Auseinandersetzungen bereiten können.

Da wir leider aus Platzgründen diesmal nicht alle Beiträge veröffentlichen können (wir verweisen auf die beiden von Dr. Frank Weinreich und Dr. Margaret Hiley für *Walking Tree Publishers* edierten Tagungsbände in Englisch), mussten wir unter den englischsprachigen Beiträgen eine Auswahl treffen, die angesichts der hohen Qualität sämtlicher Redebeiträge auch kontingenten Charakter trägt. Das Hauptkriterium war, so weitgehend wie möglich der Bandbreite des Seminars Rechnung zu tragen. Daher werden es uns unsere Leser und Leserinnen hoffentlich nachsehen, nicht sämtliche Beiträge zu *Leaf by Niggle* oder *Smith of Wootton Major* hier finden zu können.

Tatsächlich war nämlich bei aller Bandbreite des Seminars – von Ausführungen über das Sprechen mit Tieren oder *The Adventures of Tom Bombadil* und ihren jeweiligen Vorstufen über eine Untersuchung der Ontologie von *Mythopoeia* und eine theologische Reflexion über die Theorie der Zweitschöpfung und ihre Anwendung in ausgewählten kleinen Werken bis hin zu verschiedenen Beiträgen über die Tolkien'schen Drachen – ein großer Schwerpunkt auf diesen beiden kleinen Werken festzustellen. Nicht weniger als vier Beiträge setzten sich vorrangig mit *Leaf by Niggle* auseinander und weitere behandelten es neben anderen; noch mehr berücksichtigten *Smith of Wootton Major*. Dass dabei allerdings keine störenden Wiederholungen auffielen, zeigt, wie vielfältig gerade diese Werke sowie Tolkiens Konzept von Faery/Faërie sind und dass noch einiges an Arbeit zu den kleinen Werken vor uns steht.

Schließlich enthält der Band neben zahlreichen – teilweise recht umfangreichen – Rezensionen eine Note von Friedhelm Schneidewind über den Umgang mit der eigenen (künstlerischen) Kreativität, die durch verschiedene Vorträge des Seminars angeregt worden ist, sowie eine weitere Note, die sich aus gegebenem Anlass mit *The Children of Húrin* auseinandersetzt und fragt, welche Rolle diese neue Publikation in der Tolkienforschung spielen könnte.

Abschließend bleibt die erfreuliche Gabe und Aufgabe des Dankes. Dieser richtet sich zunächst an *Walking Tree Publishers* für die freundliche und kompetente Kooperation sowie an Prof. Dr. Thomas Honegger und seine Mitarbeiterinnen vom Lehrstuhl für Mediävistik an der Friedrich-Schiller-Universität Jena, denen wir die ganz praktischen Bedingungen der Möglichkeit einer reibungslosen und anregenden Tagung zu verdanken haben. Nicht weniger gilt er sämtlichen Beitragenden und den Mitwirkenden im Board of Editors für die gute Zusammenarbeit sowie schließlich der Verlegerin Susanne A. Rayermann sowie Kathrin Bondzio für Gestaltung und Satz.

TFP

Preface

Following in the footsteps of the DTG's first three successful Tolkien Seminars, this year's tenth anniversary of Walking Tree Publishers, a publishing company both well-known and well-regarded in Tolkien circles, offered the welcome opportunity of turning the fourth Seminar at Jena into a fully international conference. The DTG was aided in this by both Walking Tree Publishers and Friedrich Schiller University, Jena. A total of 19 speakers (not only from Germany, but also from European countries such as France, Great Britain, Italy, Poland, and Spain) offered their ideas on Tolkien's so-called "smaller works"; 12 of the papers were read in English. The number of contributions already indicates how great the need for further research into these works still is. Apparently, it was high time to dedicate an entire Seminar to them! The papers could not even begin to cover all possible questions, but instead presented many novel ideas and suggestions that are sure to serve as the basis for ongoing research into this topic.

Since, for the first time, we unfortunately were not able to publish all contributions, we needed to make a selection from among the English-language papers. Since all of these were of exceptionally high quality, this selection also had to be of a somewhat contingent nature. For those papers not published here, we would like to draw your attention to the two English-language conference volumes as edited for Walking Tree Publishers by Dr. Frank Weinreich and Dr. Margaret Hiley.

In our own selection process, the main criterion was to cover as much of the scope of the Seminar as possible. Thus we hope that our readers will forgive us that we have not included each and every paper on *Leaf by Niggle* or *Smith of Wootton Major* that was given. Granted, the scope of the Seminar was incredibly wide, with notes on the speech of animals and the textual genesis of *The*

Adventures of Tom Bombadil, with a study of the ontology of the *Mythopoeia* and a theological reflection on the theory of sub-creation, and with quite a few papers centring on Tolkien's dragons – and yet, the two aforementioned works held the spotlight. No less than four papers concentrated on *Leaf by Niggle*, with several others treating it among other works. Even more papers dealt with *Smith of Wootton Major*. And yet, there was no bothersome repetition at all – a clear indication of how multi-faceted especially these two works, as well as Tolkien's concept of Faery/Faërie, are, and how much research still needs to be done in relation to the smaller works.

Apart from these papers, this volume contains a number of reviews – some of which are fairly extensive – and also two notes. In the first of these, Friedhelm Schneidewind, inspired by some of the papers read at the Seminar, reflects on dealing with one's (artistic) creativity. The second note, for obvious reasons, treats *The Children of Húrin* under the aspect of the potential role of this new publication within the field of Tolkien research.

In the end, there remains the welcome task of expressing gratitude. First of all, thanks go to Walking Tree Publishers for their amiable and competent cooperation, as well as to Prof. Dr. Thomas Honegger and his staff of the chair of Mediaeval Studies at Friedrich Schiller University, for setting the physical stage for a smooth and stimulating conference. Thanks also go to all the authors presented in this book, as well as to the members of the Board of Editors, for their co-operation, and finally to Susanne A. Rayermann as publisher and Kathrin Bondzio for typesetting the manuscript.

TFP

Vincent Ferré   Hither Shore 4 (2007)   11

The Rout of the King: Tolkien's Readings on Arthurian Kingship
(*Farmer Giles of Ham* and *The Homecoming of Beorhtnoth*)
Vincent Ferré (Paris)

For Mark Burde and Thomas Honegger

To speak of "the rout of the king" and to give such an importance to Arthur may seem paradoxical, when the reader of Tolkien's most famous work, *The Lord of the Rings*, is likely to remember the *return* of the king; and when Arthur seems to play a minor part in Tolkien's works, apart from an obvious 'Arthurian side' or 'atmosphere' in *The Lord of the Rings*. Still, it would be a mistake not to see, in the very event of his *return*, the sign of the long absence of a king in Gondor and Arnor, of the vacancy of power for a thousand years. These motifs – which recall *Beowulf*[1] – are not mere *topoï*, but the most obvious indices of a political crisis, a general crisis in Middle-earth affecting leaders and kings especially – one may also remember the senility of Rohan's king, Théoden.

Tolkien's "Fall of Arthur", left unfinished in the 1930's, has not yet been published (cf. Carpenter 224f). This fact is a symbol: Arthur is present in Tolkien's fiction, but not at the forefront; and this presence is not limited to the well known fact that *The Lord of the Rings* has 'something Arthurian' because – to use a Tolkienian expression – it is "founded on earlier matter" (*L* 201), on medieval literature. Indeed, Tolkien regularly mentions Arthur in his nonfictional texts: in his letters[2], in his essay *On Fairy-Stories*, about the books he read in his youth; and he produced both an important edition and a translation of the Arthurian *Sir Gawain and the Green Knight* (cf. GPO), on which he lectured in 1953.

I would like to address the political analysis, developed in Tolkien's academic texts, which underlines explicitly the failure of the king in *Beowulf* (in 1936) and *Sir Gawain* (in 1953): this sheds some light on his fiction, on the implicit

---

1 See *Beowulf*'s prologue: "God... had perceived the cruel distress they once suffered when for a long time they lacked a king" (35).
2 See for instance L 194: about an anachronism in *Giles*, Tolkien evokes him: "[it is] not really worse than all mediaeval treatments of Arthurian matter". See also 144, 199, 241.

criticism found especially in *Farmer Giles of Ham* and *The Homecoming of Beorhtnoth*. Beyond the differences between these two texts, between fiction (a tale and a dramatic dialogue) and nonfiction (conferences and essays), I will try to show that Tolkien's main target appears to be Arthur, the centre of a *triumvirate* with Beowulf and Beorhtnoth. In a political reading of the medieval texts, expressed in his conferences, Tolkien accuses the three kings (or leaders) of failure in their leadership and responsibilities, of excess, of *hybris*, while he suggests – in his fiction – another model for a king.

In his fictional works, *Farmer Giles* is a 'smaller work', but is it a 'minor work' as well? It is parodic and comic and its setting is England, not Middle-earth: this is precisely why *Farmer Giles* is interesting here, for it explicitly refers to the Arthurian legend. The foreword refers to Monmouth's *Historia Regum Britanniae* (a major source for Arthurian literature) and even to Arthur, to contextualize the tale: "Somewhere in those long years, after the days of King Coel maybe, but before Arthur..." (FGH 8). But it contextualizes the tale in a ludic way, since this "'mythological' Middle-Ages..., writes Tolkien, blends unhistorically styles and details ranging over 500 years, and most of which did not of course exist in the Dark Ages of c. 500 A.D." (L 280). It shares many common points with the Arthurian tradition: to name one, the establishment of "a new order of knighthood" (FGH 76), or the reference to Arthur's genealogy in two of the king's names, *Aurelius Ambrosius*[3]. It was even more obvious in the first versions of the foreword, which contained a quote from *Sir Gawain*[4]. This might explain why Pauline Baynes does not need to underline this influence: for Tolkien, who agreed with her illustrations (cf. L 133), "Pauline Baynes drew her inspiration for *F. Giles* largely from mediaeval MS. drawings – except for the knights (who are a bit 'King-Arthurish')" (L 280).

It is Tolkien's choice not to exhibit the presence of the Arthurian tradition in his works[5], but Arthur remains "the king of Faerie" (FS 126), present inside Tolkien's works, though hidden, in a way like Arthur's name in Aragorn's father's name, Ar*a*thor*n*.

---

3 In Monmouth's text, Aurelius Ambrosius is Arthur's uncle's name; it is also mentioned by Tolkien in his edition of *Sir Gawain* (Kocher 179, 182).
4 See Hammond and Scull's commentary, FGH 110-1.
5 I made elsewhere a few remarks about *The Lays of Beleriand* (the name Broseliand, the first colour of Lúthien's hair) in this regard see: "De Tristan à Tolkien: Beren, Túrin et Aragorn" (article in two parts, also published online: http://www.modernitesmedievales.org/articles/articles.htm).

Arthur and 'anti-Arthurian' characters

Arthur is the centre, the heart of Arthurian medieval texts[6]; and this very heart is the target of a political criticism in Tolkien's fiction, of a subversion of his traditional features: his generosity (*largesse* in Old French), the devotion of his knights, justice, to name only a few. *Farmer Giles* depicts a king who is the exact contrary of the perfect king embodied by the 12th century Arthur, and is closer to the 13th century Arthur, the less known figure.

First, the magnificence of Arthur's court has been famous at least since Monmouth or Wace's *Roman de Brut*; and it goes with the loyalty of his knights (let us think of Launcelot saving the queen in *The Knight of the Cart*) and it also goes with a generosity that Chrétien de Troyes depicts as higher than Alexander's and Caesar's. *Erec and Enid* (the first novel we know by Chrétien, at the end of the 12th century) relates a dubbing ceremony of four hundred knights, richly endowed by the King:

Avant que none fût sonnée	A chacun, il fit don de trois chevaux
le roi Arthur avait adoubé	Et de deux paires de robes
quatre cents chevaliers et plus	Afin de rehausser l'éclat de sa cour.
tous fils de comtes et de rois.	Le roi étala sa puissance et sa largesse[7]

By contrast, in *Farmer Giles*, the king Augustus Bonifacius is more preoccupied with his money (he has little) than with gifts he could make: his name is, thus, a lie, since *bonifacius* means in Latin 'he that does good'. In the tale, he leaves his castle only twice, not to rescue the people and protect them against the dragon, but to claim the treasure of the dragon when the latter is defeated by Giles. On this occasion, he wastes the food he receives from his subjects and lives on credit (FGH 49-51, 70).

The attitude of his knights is a consequence of his miserliness. In the French narrative *Perlesvaus* (first half of the 13th century), Arthur is left by his knights when he ceases to make gifts with *largesse*[8]; in the same way, Augustus Bonifacius is not supported by his: no Launcelot, no Gawain to help him, but a few knights trying to use feasts and tournaments as pretexts to avoid fighting the dragon (cf. FGH 28). And he is not a knight-maker: there is no dubbing

---

6 See for instance Charles Méla: "... everything begins with Arthur's court, which means that everything must come back to it" (47).
7 Chrétien de Troyes, *Erec et Enide*, 273, l. 6652-6659. I will evoke a "European" Arthur – through diverse "Arthurian" works, such as Chrétien's or Beroul's – to take into account the way characters and motives were in circulation at the time.
8 "Mais un jour, sa volonté se trouva comme paralysée, et il perdit le désir de se montrer généreux... Voyant ses bienfaits se raréfier, les chevaliers de la Table Ronde se dispersèrent et commencèrent à délaisser sa cour." (Perlesvaus 125)

ceremony in *Farmer Giles*, while Arthur's court attracts all the young men who wish to become knights, like Perceval who wants to be dubbed by 'the best king on earth, the most generous and noble'[9]. Bonifacius only sends a sword to Giles; and an apparently old-fashioned sword, whose powers and history he doesn't know (cf. 21).

Thirdly, the sense of justice is a feature of the ideal king. In Béroul's text, Arthur is the warrant of Yseut's oath in front of Marc, allowing her to exonerate herself (cf. *Tristan et Iseut,* 187-217); in *The Knight with the lion*, he arbitrates between two sisters (cf. Chrétien, *Chevalier* 866) and his judgement goes against his own interests (cf. Boutet/Strubel 87). Again one notes a contrast with the depiction of Augustus Bonifacius: by the orders he gives to his subjects, he literally deserves his title, *tyrannus* (FGH 20),[10] and reminds us of another king in a 'short work' by Tolkien, or at least an unfinished work, the *Lay of Leithian*[11]. In this poem, Thingol, who has sworn not to kill Beren, tries to "twist [his] oaths" (LB 191, l. 1084), acting like Celegorm and Curufin but, also, like Morgoth. Let us remember, for instance, the latter's lies to Blodrin, who hopes to see his wife again in exchange for Beren's secret lair. The similitude between Thingol and Morgoth is very clear in the lay, and made explicit by Beren who compares Thingol to "faithless Morgoth" (l. 1085).

It would be easy to show, finally, that the relation between the king and God, an essential feature of medieval works (cf. Boutet 53f), is absent in Tolkien, even in *The Silmarillion* or the *History of Middle-earth* texts, with the exception of King Elessar. There is no mention of God in *Farmer Giles*, although the king is supposed to be *pius* (cf. FGH 20).

So, the image of the king appears in Tolkien, especially in *Farmer Giles*, as the exact opposite of that of an ideal king – the one referring, I think, to the 12th century Arthur. Let us think, for instance, of *Erec et Enide*, in which Arthur declares:

Je suis roi, je ne dois donc pas mentir
ni permettre la malhonnêteté,
l'iniquité ou la démesure :
il me faut garder raison et droiture.

Il appartient à un roi loyal
de maintenir la loi,
la vérité, la bonne foi et la justice...
je dois être irréprochable.
(Chrétien, *Erec* 116f)

---

9 "le meilleur roi vivant, le plus généreux et le plus noble" (Chrétien, *Conte* 1025).
10 Regarding titles, it is difficult not to see an analogy (and thus an indirect criticism of the king) in the mention of the "imperial lineage" of the dragon (FGH 48, 67), an evil creature in most of the tale; especially since the narrator underlines its absence of "conscience", impossible to understand for "the simple" people of Ham (48).
11 This poem is not beyond Middle-earth, and I mention the text only to show that this feature is (of course) not limited to *Farmer Giles*.

In *Farmer Giles*, the satire of Augustus Bonifacius – to speak only of him for the moment – is aimed at Arthur, for two reasons: he is at the same time, obviously the *exact* opposite of the 12th century Arthur, *and* an image of the 13th century Arthur, analyzed by Marie-Luce Chênerie as a "weak" and even "perverted" (in the etymological meaning) king (cf. Chênerie 86). Thus, Augustus Bonifacius is both an 'anti-Arthur' and an Arthurian figure, but the previous reference to *The Lay of Leithian* shows that this ambivalence is very common among Tolkienian kings. It is very telling that Thingol and Morgoth are often referred to by their title of *king*, and not by their names, and symbolized by their crown: as the first line goes, "A king there was in days of old" (LB 154 l. 1[12]).

Responsibility and excess

armer Giles of Ham, originally invented for his children, was rewritten several times before its publication in 1949. In the end, it is not any more a tale for children in the traditional meaning; all the more so, since it reveals Tolkien's tendency to to replace academic writings by fiction. In February 1938, he read the third version of *Farmer Giles* to the Lovelace Society *"in lieu* of a paper 'on' fairy stories" (L 39). This may explain the double levelled narrative and the pseudo-philological and onomastical remarks; it is also a common point with another text, which combines essay and fiction (and hence may be called "hybrid"): *The Homecoming of Beorhtnoth*, published in 1953, in which Tolkien also comments upon *Beowulf*, and *Sir Gawain and the Green Knight*, two central references in his academic work as well as in his fiction.

What needs to be underlined here[13] is the *triumvirate* that Tolkien creates in *The Homecoming* with Beorhtnoth, Beowulf and Arthur, tying the threads of a reflexion he has begun in his texts on *Beowulf* and on *Sir Gawain*. In his discussion of the meaning of the Old English term *Ofermod*, which he translates by "overmastering pride", and not only by "overboldness" (like W. P. Ker), Tolkien makes a distinction between the lord Beorhtnoth and his companions, who follow him. Is it essential to take this distinction into account when one reads Tolkien's fiction (cf. ibid.), but I will focus here on the three lords and kings. Contrary to his men who are his subordinates, Beorthnoth is responsible of a group of people; though he is not a king, strictly speaking, he is a duke, a *dux bellorum* (a 'lord of war') very similar to the first images of Arthur that

---

12 See also l. 355, 1012, etc. There is only one exception in the poem: Felagund, the lord of Nargothrond; but he dies and is replaced by wicked lords.
13 Important articles on *The Homecoming* have been published by Tom Shippey (*Homecoming*) and Thomas Honegger. On the relation between fiction and nonfiction in this text, see also V. Ferré (*Author*).

we find in literature[14]. And his fault, claims Tolkien in the postface, when he "yield[s] ground to the enemy, as he should not have done" (to quote *The Battle of Maldon*, l. 89-90) announces Arthur's fault in the 14th century poem *Sir Gawain*. There, Arthur is challenged by the Green Knight, and his honour and life are saved by Gawain's sacrifice, who confronts the fairy knight. According to Tolkien, in his lecture, King Arthur is at fault: his "rashness" is responsible for the situation – one may add: like Beorhtnoth's *ofermod* is responsible for the rout of his army – and he is criticized in the poem, by the narrative voice and by the audience (SGG 75). The relevant point is not to decide whether Arthur is really rash[15], but the distinction that Tolkien makes (the same as in *The Homecoming*) between the king and his retainers: Gawain protects Arthur against the Green Knight, sacrificing himself to protect the king, "his elder kinsman, of his king, of the head of the Round Table" (SGG 75). Tolkien praises Gawain: "[his] motive is not pride in his own prowess, not boastfulness", it is "a matter of duty and humility and self-sacrifice". And he symmetrically criticizes Arthur.

This is essential in Tolkien's analysis of medieval literature, as it is shown by the fact that he quotes the same passage from *Sir Gawain*, a condemnation of Arthur's *arrogant vaunt* by the audience, in his lecture on *Gawain* and in *The Homecoming*'s postscript (HB 149). The resemblance between Arthur and Beorhtnoth becomes clear; but a third man appears there. When Tolkien draws a line between "excess" and heroism in *Maldon*, he refers to Beowulf (HB 144) to oppose the young hero (in the first part of the poem), without political responsibilities, and the king that he becomes in the second part. For Tolkien, Beowulf is not to blame when he confronts Grendel bare-handed: it is extremely bold, but he is not yet a leader, no subordinate depends on him; on the contrary, when he fights against the dragon and perishes because of his decision to fight without his retainers, almost alone, this choice is a disaster for his people and is to be condemned. *Sir Gawain* is close to *Beowulf* in this regard: Beowulf's courage and fault are distributed between a knight and his king; "Gawain's conduct is made more worthy, and more worth considering, again because he is a subordinate" (HB 149) while Arthur does not act as a king should, as Hygelac does in *Beowulf* when he tries to stop the young hero (150).

Symmetrically, Beowulf and Beorhtnoth share the same desire for glory. Tolkien underlines its importance when he comments upon *lof* and *dom* (glory) in *Beowulf*:

---

14 It is telling that Jane Chance, for instance, chose "the Anglo-Saxon King" (133) as a subtitle of her analysis of *The Homecoming*...
15 None of his knights accepts the challenge, and Arthur is cut to the quick: "With that he [the Green Knight] laughed so loud that their lord was angered, / the blood shot for shame into his shining cheeks and face;/ as wroth as wind he grew,/ so all did in that place. / Then near to the stout man drew the king of fearless race." (GPO 26)

At the beginning of the poem, at the end of the first section of the exordium, the note is struck: *lofdædum sceal in mægþa gehwære man geþeon*. The last word of the poem is *lofgeornost*, the summit of the praise of the dead hero: that was indeed *lastworda betst*. For Beowulf had lived according to his own philosophy, which he explicitly avowed: *ure æghwylc sceal ende gebidan worolde lifes; wyrce se ðe mote domes ær deaþe: þæt bið dryhtguman æfter selest*, 1386 ff. The poet as commentator recurs again to this: *swa sceal man don, þonne he æt guðe gegan penceð longsumne lof: na ymb his lif cearað*, 1534 ff. (BMC 36)

Still, Tolkien opposes two forms of heroism (the king's and his retainers'), in his lecture on *Gawain*, in his postscript on *Ofermod*, but also in his fiction.

In *The Homecoming*, the excessive pride of the duke is obvious through his desire to imitate Beowulf: "so keen was he/ to give minstrels matter for mighty songs" (137)[16]. Since he knows Beowulf through the literary tradition, the problem at stake here is the relation to literature, in a *mise en abyme*: Beorhtnoth is not different from Don Quixote, a fictional character reading fiction and anxious to act like his models. But reality destroys fiction, when Beorhtnoth literally loses his head – as Don Quijote does, metaphorically – and is beheaded. It is a very strong symbol, since the head wears the crown (see Thingol and Morgoth) and is the symbol of Beorhtnoth as a chief: for Torhthelm, "His head was higher than the helm of kings" (130).

Leaving aside *The Lord of the Rings*, not so 'short' a work[17], I shall mention the fight between Fingolfin and Morgoth as told in the *Quenta*, written in the 30's and published in *The Shaping of Middle-earth*. Fingolfin reminds us of Beorhtnoth, for he is driven by a kind of folly: "his own death he sought in rage and anguish seeing the defeat of his people"; but he also reminds us of Beowulf fighting the Dragon, in his choice: "For he went to the gates of Angband alone and smote upon them with his sword, and challenged Morgoth to come out and fight alone" (SME 107). But the outcome of the challenge is even more disastrous, for Fingolfin dies without defeating Morgoth, contrary to Beowulf, who kills the dragon with the crucial help of young Wiglaf; and Fingolfin's failure is all the more obvious since the *Quenta* relates, a few pages after this event, Túrin's glorious deed against the dragon, as a responsible leader. His story appears as a synthesis of Beowulf and Fingolfin's, since he fights a *dragon-king* (129), both a creature of Morgoth's and a reminder of *Beowulf*'s dragon. Leader of a people of woodmen, Túrin accepts his responsibilities

---
16   See also p. 146: Beorhtnoth is "moulded also by 'aristocratic tradition', enshrined in tales and verse of poets".
17   Ferré, author addresses the similarity with Denethor, Boromir, Saruman and Sauron's excess, which I leave aside here.

and transcends his status: even though he is still a young hero, he will not act rashly, like Beowulf facing Grendel. Instead of a blind heroism and a search of glory in a solitary fight, he only "ponder[s] how the horror could be warded from his people" (129), allows companions to come with him (they finally flee) and uses a trick to attack the dragon by surprise and defeat him. Still, Túrin is unquestionably a hero, in the *Quenta*.

Thus, Beowulf, Beorhtnoth and Arthur share the same flaw, the tendency to *excess* and pride which is present in many royal characters, in Tolkien's fiction or academic texts. Even a minor character like Dior, Beren's and Lúthien's son, in the *Quenta* (134-5), shows pride when he recovers his throne in Doriath. Are Aragorn and Túrin the only exceptions, or can we find, even in a comic tale like *Farmer Giles*, which contains an acerbic satire of royal power, another model for a king?

Ennoblement and merit, another model for kingship

One cannot limit Tolkien's vision of kingship to this analysis of the failure and faults of Arthur, Beowulf and Beorhnoth, for his vision is also expressed in fiction, in the image of a kingship based on ennoblement and merit, which gets rid of the pomp of the court.

Since Wace's *Brut*, Arthur's court is conventionally not only magnificent, but is also an absolute reference, a symbol of civilization: in Chrétien de Troyes's romances, every character needs to join the court if they want to be reputed as courtly – or to "lerne to be a knyght" as Malory says[18]. The contrast is striking with Tolkien's texts, where real heroism may only exist outside and *against* the court and the king; heroes do not wish to be integrated in the court but to escape from it. The movement is centrifugal; heroes want to reach a state of autonomy, to invent another centre of values, and finally create another court. The most exemplary characters in this regard are Aragorn and Giles[19].

Of Aragorn, who encapsulates several Arthurian (the 12th Arthur, this time) features, one may say (in brief) that he remains a reference, an exemple of an apparently humble character, living outside the 'courts' (Gondor, Rivendell) as long as he hasn't proved his value. Very tellingly for this demonstration, his accession to the throne coincides with the disappearance of Denethor and

---

18 See Alexandre and Cligès in Chrétien de Troyes's *Cligès* (293, 417).
19 On Frodo and his difference with Arthurian knights who always come back to the court, once they are acknowledged as heroes, see Ferré, *Rivages* 263, 281, refering to Erich Köhler's analysis.

the decline of Rivendell, which is the equivalent of a court – let us remember Elrond's departure at the end of *The Lord of the Rings*. This evolution, from outside the court to the centre of another court created around him, is a common point between Aragorn and Giles, who is seemingly his exact opposite while he also offers a rich reflexion on heroism.

The importance of this last question appears as soon as the first version of *Farmer Giles*, in which the real hero is supposed to be Giles' mare; then the second version ends with a question to the audience to determine who the hero is– and there are several answers, this time[20]. The third one shows a conception of heroism that is temperate, reasonable, as opposed to Beorhtnoth's folly – "Too foolish to be heroic" (HB 146). In the successive versions, Giles is more and more heroic when he confronts the dragon (see FGH 134 [note on 62]); but once the latter is defeated, Giles chooses a limited amount of money for its ransom: had he been too greedy, he might have caused the dragon to fight to death, and lost everything. The narrator even praises this decision, with a humorous allusion: "Then 'Done with you!' he said, showing a laudable discretion. A knight would have stood for the whole hoard and got a curse laid upon it" (64).

Politically, Giles shows the same wisdom when he declines king Augustus Bonifacius's challenge (cf. 73): because he refuses excess, stays very cautious during fights, Giles is indeed an "anti-Beowulf" as Shippey (*Author* 289) and Jane Chance put it. The parallel structures also invite the reader to this comparison since – very schematically[21] speaking – Giles and Beowulf fight two monsters, a giant (Grendel has a nonhuman strength) and a dragon, and become kings[22]. But Giles is also an "anti-Beorhtnoth": it is true that part of his courage and inspiration comes from tradition, "popular romances", "songs and tales" (33f) about Bellomarius's deeds (the previous holder of his own sword, Caudimordax/ Tailbiter) – like Beorhtnoth. But part of it also comes from… alcohol[23]: the irony is patent, here; and there is no sign of imitative desire in Giles.

His relation to literature and poetry is opposed to the knights', when they go dragon-hunting with a minstrel "singing a lay". Which one? It is not specified, but it is surely a heroic lay, since "the song … had been made long before in days when battles were more common that tournaments" (57); and its consequences are the same as in *The Homecoming*: because of the song (which the dragon overhears), the knights are killed.

---

20 On the previous versions, see W.G. Hammond and Ch. Scull's introduction (FGH ix-xv).
21 See Rayner Unwin's note on Giles, quoted in FGH xi.
22 Jane Chance compares the monsters in *Beowulf* with Gollum and the dragon in *The Hobbit* on one hand, with the giant and dragon in *Farmer Giles* on the other hand (127).
23 When opposing the importance of popular songs for Giles and the attitude of the knights, T. Shippey (*Author* 290) overlooks the importance of the lay for the latter and of alcohol for the former.

Giles's heroism is of a different kind than Beowulf's and Beorhtnoth's; he is also a different leader, closer to Aragorn. But his kingship is founded only on merit, not at all on heredity, and is the result of a process of ennoblement, announced by the title of the manuscript fictitiously found, *The Rise and Wonderful Adventures of Farmer Giles...* It is a progressive rise, not a *coup*: after the final victory on the dragon, Giles comes back with it, its treasure and a small group of people that he hires as soldiers. At this moment, he becomes aware of his dignity: "Giles began to feel like a lord" (65); and this consciousness finally expresses itself when he orders Augustus Bonifacius to resign: "Give us your crown" (71). The difference with the latter is strong, it is clear in the use of the *we*, and in Giles's legitimacy, which has grown page after page and is confirmed by the *vox populi*: "from that day the power of the Middle Kingdom [that is Augustus Bonifacius's] came to an end in that neighbourhood. For many a mile round about men took Giles for their lord" (73). Contrary to Augustus Bonifacius, who was born a king and boasts about with all his titles, Giles climbs up the ladder: he is successively "Lord of the Tame Dragon", "Earl", "Prince", and "King" (74). In the end only does he look like the traditional king, as the illustration by Pauline Baynes shows: with a sceptre, a crown and a sword, then (as time goes by) with a beard like Charlemagne – contrasting with the poor king Augustus's picture, a few pages above (cf. 75, 77 and 73).

Farmer Giles tells the story of a man who gains a throne but not much of his reign once he is a king – it is the same with Elessar in *The Lord of the Rings*. The few elements recorded are, thus, of great importance to show what kings they are: the principle upon which the kingship and court are based appears in another rise, parallel to Giles's - the rise of his first retainers, who become captains, then knights, of "a new order of knighthood" (76). Is this promotion fair? It seems logical, within the story, as well as deserved, especially compared with the indignity of Augustus Bonifacius's knights. And the narrator agrees to it, when he explains that in Giles' court, "merit was often rewarded" (76). The happy ending is not that naïve, for Giles is treated with a touch of irony, and his ennoblement is more literal (he becomes a king) than spiritual (contrary to the hobbits's ennoblement in *The Lord of the Rings*). But Giles, like Aragorn, promotes another model of kingship, not based upon birth (or not only), but on merit.

The examples of *Farmer Giles* and of *The Homecoming of Beorhtnoth*, but also of *The Lord of the Rings* and *The Lay of Leithian*, as well as Tolkien's analysis of *Sir Gawain*, *Beowulf* and *Maldon* show that a great part of his work *is* a 'fall of Arthur', as Arthur (at least, *Tolkien's* vision of Arthur) is an embodiment of a vision of Middle-Ages that Tolkien rejects. And he offers a counter-model for a kingship based upon merit, with noble characters like Aragorn or comic ones, like Giles, whom is exemplary and coherent with Tolkien's essays on medieval literature.

Auerbach's political distinction between medieval epics and romances may be useful here. The latter are supposed to lack any "economic and political foundations": in romances, the characters, contrary to epic ones (who defend the empire against Infidels, according to a feudal ethic), have no political side: the feudal ethic has become an "absolute"[24]. If we follow Auerbach, Tolkien's rewriting of medieval *matter*, especially Arthurian, shows a strong inflection towards a more political reading of the text. *Farmer Giles* is exemplary, but more generally, the image of the king is dual, in Tolkien's works: the old king, like Augustus Bonifacius or Denethor the substitute (who believes in heredity), is criticized and replaced by a new king, who shows his virtues and a kind of heroism that one may call *revolutionary*, given the contrast with the old political regime.

Bibliography

Medieval Works

Beowulf, ed. by M. Swanton. Manchester-New York: Manchester University Press, 1978

Beowulf, in *Poèmes héroïques vieil anglais*, transl. A. Crépin. Paris: UGE, 1981

The Battle of Maldon AD 991, ed. by D.G. Scragg. Oxford-Cambridge: B. Blackwell/ Manchester: Manchester University Press, 1991

Perlesvaus, in *La Légende arthurienne: le Graal et la Table ronde*, ed. by D. Régnier-Bohler. Paris: Robert Laffont, 1989

Tristan et Iseut. Les poèmes français, la saga norroise, ed. by D. Lacroix and Ph. Walter. Paris: L.G.F., 1989

Chrétien de Troyes, *Erec et Enide, Cligès, Le Chevalier au lion, Le Conte du Graal*, in *Romans*, ed. by M. Zink. Paris: Librairie Générale Française, 1994

Secondary Works

Auerbach, Erich. *Mimesis: Dargestellte Wirklichkeit in der abendländischen Literatur* (1946). Tübingen, Basel: Francke, 1994

Boutet, Dominique. *Charlemagne et Arthur ou Le roi imaginaire*. Paris: H. Champion, 1992

Boutet, Dominique and Armand Strubel. *Littérature, politique et société dans la France du Moyen âge*. Paris: PUF, 1979

Carpenter, Humphrey. *J.R.R. Tolkien, A Biography* (1980), new edition. London: HarperCollins, 2002

Chance, Jane. *Tolkien's Art: a Mythology for England*, new ed. Lexington: the University Press of Kentucky, 2001

---

24 Erich Auerbach, X (my translation).

Chênerie, Marie-Luce. *Le chevalier errant dans les romans arthuriens en vers des XIIe et XIIIe siècles*. Geneva: Droz, 1986

Ferré, Vincent. *Sur les rivages de la Terre du Milieu*. Paris: Christian Bourgois, 2001

---. "De Tristan à Tolkien : Beren, Túrin et Aragorn". Published in two parts: "I- Fonder la comparaison". *Otrante* 19-20, *Rosny aîné et les autres formes*, Paris: Kimé, 2006, 281-290, and "II- L'amour fatal". In Anne Besson and Myriam White, ed. *Fantasy: le merveilleux médiéval aujourd'hui*. Paris: Bragelonne, 2007, 100-120 also online: http://modernitesmedievales.org/articles/articles.htm

---. "Tolkien, the author and the critic: *Beowulf, Sir Gawain and the Green Knight, The Homecoming of Beorhtnoth* and *The Lord of the Rings*". To be published in *The Ring Goes Ever On, Proceedings of the 2005 Conference in Birmingham*. The Tolkien Society, 2007

Honegger, Thomas. "*The Homecoming of Beorhtnoth*: Philology and the Literary Muse". *Tolkien Studies* 4 (2007): 191-201

Kocher, Paul. *Master of Middle-Earth: the fiction of J.R.R Tolkien*. Boston: Houghton Mifflin, 1972

Méla, Charles. *La Reine et le Graal: la* conjointure *dans les romans du Graal de Chrétien de Troyes au Livre de Lancelot*. Paris: Seuil, 1984

Shippey, Tom. "Tolkien and *The Homecoming of Beorhtnoth*". *Leaves from the Tree, J.R.R. Tolkien's Shorter Fiction*. *The 4th Tolkien Society Workshop*. London: The Tolkien Society, 1991

---. *J.R.R. Tolkien, Author of the Century* [2000]. London: HarperCollins, 2001

Tolkien, John Ronald Reuel. *Farmer Giles of Ham* [1949]. London: HarperCollins, 1999

---. *The Lord of the Rings*, London: HarperCollins, 1999

---. "Beowulf: The Monsters and the Critics". *The Monsters and the Critics and Other Essays* [1983], ed. by Ch. Tolkien, London: HarperCollins, 1997, 5-48

---. "Sir Gawain and the Green Knight". *The Monsters and the Critics and Other Essays* [1983], ed. by Ch. Tolkien, London: HarperCollins, 1997, 72-108

---. "On Fairy-Stories". *The Monsters and the Critics and Other Essays* [1983], ed. by Ch. Tolkien, London: HarperCollins, 1997, 109-161

---. *The Lays of Beleriand. The History of Middle-earth III*. Ed. Christopher Tolkien. London: HarperCollins, 2000

---. *The Shaping of Middle-earth. The History of Middle-earth IV*. Ed. Christopher Tolkien. London: HarperCollins, 2000

---. "The Homecoming of Beorhtnoth". In: *Tree and Leaf*. London: HarperCollins, 2001, 121-150

---. *Sir Gawain and the Green Knight, Pearl and Sir Orfeo* [1975], transl. J.R.R. Tolkien, ed. Ch. Tolkien, London: HarperCollins, 2006

Speaking with Animals. A Desire that lies near the Heart of Faërie

Guglielmo Spirito OFM Conv. (Assisi)

Introduction

I remember discovering the echo of sound as a child. It was a fascinating discovery. I tried out my voice and the echo returned faithfully every time I did so. It was as if the solid limestone mountains had secret hearing and voice. To hear one's echo among the lonely mountains seems to suggest that one is not alone. Landscape and nature know us, and the returning echo seems to confirm that we belong with them. We live in a world that responds to our longing; it is a place where the echoes always return, albeit sometimes slowly. It is as if the dynamic symmetry of the echo comprises the radius of an invisible but powerful circle of belonging (cfr. O'Donohue XXI – XXII).

The hunger to belong is at the heart of our nature. Cut off from others, we atrophy and turn in on ourselves. The sense of belonging is the natural balance of our lives. Mostly, we do not need to make an issue of belonging – when we belong, we take it for granted. There is some innocent childlike side to the human heart that is always deeply hurt when we are excluded.

No one was created for isolation. When we become isolated, we are prone to become damaged. Our minds lose their flexibility and natural kindness and we become vulnerable to fear and negativity. The sense of belonging keeps one in balance amidst inner and outer immensities.

Wherever there is distance, there is longing. Yet there is some strange wisdom in the fact of distance. It is interesting to remember that the light that sustains life here on earth comes from elsewhere. Light is the mother of life. Yet the sun and the moon are not on the earth; they bless us with light across vast distances. We are protected and blessed in our distance. Were we nearer to the sun, the earth would be consumed in its fire; it is the distance that makes the fire kind. So, in a contrary fashion, nothing in creation is ever totally at home in itself. Nothing is ultimately at one with itself. Everything that is alive holds distance within itself.

This is especially true of the human self. It is the deepest intimacy which is nevertheless infused with infinite distance. There is some strange sense in which distance and closeness are sisters, the two sides of one experience. Distance awakens longing; closeness is be-longing. Yet they are always in a dynamic interflow with each other, and when we fix or locate them definitively, we injure our growth. It is an interesting imaginative exercise to change them about: to consider what is near as distant and to consider the distant as intimate. Our hunger to belong is the longing to find a bridge across the distance from isolation to intimacy (cfr. O'Donohue XXII).

As far as we know, cows are not burdened in this manner by ultimate questions (cfr. O'Donohue 172). Nevertheless, you often encounter such loneliness in animal presence; animals seem to receive it from elsewhere. It belongs somehow to the intimate pain of the world. An animal's face can often be an icon of profound lonesomeness. It is said that Nietzsche, before one of his major breakdowns, was walking down a street in Turin. Coming up the street in the opposite direction were horse and cart. He looked deeply into the horse's face and went up, put his arms around its neck and embraced it. The sadness in the old horse's face was a perfect mirror of his own torture. Every form of life participates in the light soul and also in the darkness of suffering.

Animals have always held a profoundly significant place in the human imagination in ways that have nothing to do with their actual existence as a particular animal of any kind. It is as if people see something of themselves and their own lives reflected in these creatures and their behaviour. In the world of allegory, fable and fairy-tale, animals serve as keys to human existence. They are given human characteristics and introduce people to worlds which they could never otherwise enter. They appear as symbolic figures in our dreams. Animals have something approaching a "second existence" in the human mind and fantasy. Children come to know animals frequently in books and cartoons and stuffed toys before they meet them as living creatures, and their acquaintance with these animal "characters" bears no relation to the living creatures they represent. An immense gulf separates the animals inhabiting the human psyche from those in the real world; indeed, these anthropomorphic figures can even block access to real animals (cfr. Birch/Vischer X).

Man is, ironically, the only animal that defines itself as the animal that it is not. Paradoxically, the animal is always invoked in defining the human in a way that says: we are not beasts. The animal is necessary to say what we are, but have forgotten and rendered invisible. We need the animals to be human, and we render them no thanks, and considerable scorn, in the bargain.[1]

What is outside in Nature is also inside in human nature – whether it be large rolling storms, Icelandic meadows flowering in a sudden spring, or underground artesian wells. All these are inside us in some way. Through Literature, we can discover some of these aspects. In their depicting of beasts as bearers of human traits while still letting the animal character dominate their being, beast fable and beast epic spring to mind. And this is were we finally turn to Tolkien's work.

---

1 Cfr. Wockner/McNamee/Campbell 113: "No other animal that I know of evokes such intensity of feeling, for and against. It is the intensity of this passion that attracts me to wolves. They have helped me find myself, howling me back to myself."

We find a couple of examples, both in *The Hobbit* and in *The Lord of the Rings*, of animals acting or thinking like humans. One example is the fox who sees Frodo, Sam and Pippin walking through the woods and who then actually *thinks* to himself how strange that is; another is the scene in *The Hobbit* when Beorn's hall is described as peopled with animals who do ordinary housework.

In *Tree and Leaf*, Tolkien then leads us to the heart of the matter:

> There is another type of marvellous tale that I would exclude from the title fairy-story', again certainly not because I do not like it: namely pure 'Beast-fable'. (TL 15)

> The beast-fable has, of course, a connection with fairy-stories. Beasts and birds and other creatures often talk like men in real fairy-stories. In some part (often small) this marvel derives from one of the primal 'desires' that lie near the heart of Faerie: *the desire of men to hold communion with other living things* But beast-fable, as developed into a separate branch, has little reference to that desire, and often wholly forgets it. The magical understanding by men of the proper languages of birds and beasts and trees, that is much nearer to the true purposes of Faerie.
> (TL 40f; emphasis added)

And he continues:

> I had no special childish 'wish to believe'. I wanted to know. Belief depended on the way in which stories were presented to me, by older people, or by the authors, or on the inherent tone and quality of the tale. But at no time can I remember that the enjoyment of a story was dependent on belief that such things could happen, or had happened, in 'real life'. *Fairy-stories were plainly not primarily concerned with possibility, but with desirability. If they awakened desire, satisfying it while often whetting it unbearably, they succeeded.* It is not necessary to be more explicit here, for I hope to say something later about this desire, a complex of many ingredients. (TL 57; emphasis added)

This is the central point, or better the meeting point of all dynamics! We do not, or need not, despair of drawing because all lines must be either curved or straight.

Occasionally, the fog lifts. We catch a glimpse of what we hope are "things as they really are," and then the fog creeps over us again. I do not find this a gloomy prospect at all. The fog keeps us humble and compassionate, the flashes of light keep us hopeful and exhilarated (cfr. Jones 66).

Communication

Often communication is like a dialogue between bird and fish, each calling from an element the other could not live in (cfr. Renault *Mask* 221). Then, we feel somehow challenged. As Pawel and David felt:

> "Yes, and more than that. Spoken language and silence are keys."
> "Keys to what?"
> "To communion."
> "What do you mean by communion?"
> "At-oneness." (O'Brien 265)
> "More is needed. If we fail to speak with true voices, our language dies. In the great fabric of existence, a dead language is one that is no longer lived and acted upon." (O'Brien 397)

David Abram (73, 75) says that

> every attempt to definitively say *what language is*, is subject to a curious limitation. For the only medium with which we can define language is language itself. We are therefore unable to circumscribe the whole of language within our definition. It may be best, then, to leave language undefined, and to thus acknowledge its open-endedness, its mysteriousness. Nevertheless, by paying attention to this mystery we may develop a conscious familiarity with it, a sense of its texture, its habits, its sources of sustenance.
> [...]
> We do not, as children, first enter into language by consciously dying the formalities of syntax and grammar or by memorizing dictionary definitions of words, but rather by actively making sounds... *We thus learn our native language not mentally but bodily.* We appropriate new words and phrases first through their expressive tonality and texture, through the way they feel in the mouth or roll off the tongue, and it is this direct, felt significance – the *taste* of a word or phrase, the way it influences or modulates the body – that provides the fertile, polyvalent source for all the more refined and rarefied meanings which that term may come to have for us.
> Language, then, cannot be genuinely studied or understood in isolation from the sensuous reverberation and resonance of active speech.

It is the mark of little men to like only what they know, said Mary Renault's Theseus (Renault, *Bull* 110); one step beyond, and they feel the black cold of chaos. There are some stories which give us fine examples of people who accepted the challenge:

> The wolf's gaze melts into softness. Saints and angels must have eyes like these. The old woman beside me moves restlessly. "She knows you. They always know their own." I glance sideways, curiously, at the old woman, crooked like a broken branch. The little breeze lifts her hair, the colour of blood and snow, and blows it around her face. I am surprised at her words. "What do you mean?" I ask. "Mother Wolf knows you. She knows you are a wolf." Turning back to those golden eyes, listening to the old woman muttering beside me, the wolf and I speak in silence.
> (Martino 1)

Farley Mowat, in his *Never Cry Wolf*, tells about an Inuit who, he believed, learned "wolf-talk":

> Ootek had many singular attributes as a naturalist, not the least of which was his apparent ability to understand wolf language. In my notebooks I had recorded the following categories of sounds: Howls, wails, quavers, whines, grunts, growls, yips and barks. Within each of these categories I had recognized, but had been unable adequately to describe, innumerable variations. I was also aware that canines in general are able to hear, and presumably to make, noises both above and below the range of human registry; the so-called "soundless" dog-whistle which s commercially available being a case in point. I knew too that individual wolves from my family group appeared to react in an intelligent manner to sounds made by other wolves; although I had no certain evidence that these sounds were anything more than simple signals. My real education in lupine linguistics began a few days after.
> Ootek suddenly cupped his hands to his ears and began to listen intently. "Listen, the wolves are talking!" and pointed toward a range of hills some five miles to the north of us. I listened, but if wolf was broadcasting from those hills he was not on my wavelength. Ootek grabbed my arm and broke into a delighted grim. "Caribou are coming; the wolf says so!" ... Some Eskimos, and Ootek in particular, could hear and understand so well that they could quite literally converse with wolves.   (Mowat 93-95)

Also take Farmer Giles of Ham – or should we speak rather of Garm of Ham? Yes and no. Yes, for Garm uses the vulgar tongue, but remains dog-like, he communicates, but is not really "humanized". No, for we are here more interested in Giles *speaking with* Garm, than in the fact of Garm as a speaking animal? But perhaps both are true: for Giles speaks *with* Garm, and not only *to* Garm, doesn't he?

> Farmer Giles had a dog. The dog's name was Garm. Dogs had to be content with short names in the vernacular: the Book-latin was reserved for their betters. Garm could nor talk even dog-latin; but he could use the vulgar tongue... Quite forgetting that he was out without leave, he carne and barked and yammered underneath his master's bedroom window. There was no answer for a long time. Farmer Giles was not easily wakened. 'Help! help! help!' cried Garm. The window opened suddenly and a well-aimed bottle carne flying out. 'Ow!' said the dog, jumping aside with practised skill. 'Help! Help! Help!' Out popped the farmer's head. 'Drat you, dog! What be you a-doing?' said he. 'Nothing,' said the dog. 'I'll give you nothing!' 'I'll flay the skin off you in the morning,' said the farmer, slamming the window. 'Help! help! help!' cried the dog. Out came Giles's head again. 'I'll kill you, if you make another sound,' he said. 'What's come to you, you fool?' 'Nothing,' said the dog; 'but something's come to you.' 'What d' you mean?' said Giles, startled in the midst of his rage. Never before had Garm answered him saucily. 'There's a giant in your fields, an enormous giant; and he's coming this way,' said the dog. 'Help! Help!'
>
> (FGH 5-8)

By the way, this "help! help!" is rendered nicely as a kind of barking, in the BBC radio play of it.

As we saw – as far we know – cows (and, we assume, mares) are not burdened by ultimate questions. Instead, perhaps, dogs, as wolves' relatives, are deeply skilled in 'talk-art'? It seems rather evident that Giles and Garm (and Giles's wife with both of them) have a good relationship, a nice partnership, and that they communicate and share events and feelings also through language (verbal and not verbal); and do not all these belong to our own deeper desires? Only one thing remains, I'm afraid, beyond our reach (if we are not English): only English dogs could have such sense of humour! Another example for the gift of communion in Tolkien is, of course, Gandalf.

Numerous also are examples told of the Christian saints. In *The Life of St. Paul, the First Hermit* by St. Jerome, St. Anthony hears that there is a man who has been in the desert longer than he has and is much holier. Seeking the hermit, Anthony wanders through the desert unsure of his goal. When he sees a she-wolf, Anthony guesses that Paul is providing the wolf with water and he enters the cave. The theme here again is relationship, not raw human power over nature. Reciprocity marks Paul's dealings with his neighbours. The wolf arrives seeking water and later his crow arrives bringing bread.

With St Ciaran other animals came from their lairs, a fox, a badger and a deer, and "they remained with him in the greatest docility, for they obeyed the orders of the holy man in everything like monks". One day however the fox, "who was more cunning and wily than the other animals", reverted to his former ways and, tired of his vegetarian diet, succumbed to the temptation, stole his master's shoes and took them to his old den in the wilderness, intending to devour them there. The story then continues with its gentle and kindly account of his backsliding, his repentance and his restoration. "Learning this the holy father Ciaran sent another monk or pupil, namely the Badger, to the wilderness after the Fox to bring back the brother to his place. And the Badger, who was well acquainted with the woods, obeying at once the word of his superior, set out came straight to the cave of brother Fox" (cfr. Gibbings/Waddell 91-95). And, of course, I should mention here St. Francis of Assisi[2] as well as Konrad Lorenz although he was not a saint (but he spoke with animals altogether).

Legends such as those mentioned above are endless and make delightful reading. But their charm should not be allowed to blind us to the profound truth which they reveal. In some mysterious way we see at work here mutual love, trust and sympathy which breaks down barriers between humans and animals, and brings about a glimpse of that common redemption which is promised to the world in Romans 8. Of all these stories none is more delightful than that account which we find in Bede of St Cuthbert's walk along the beach on the isle of Lindisfarne at night. He is watched by a hidden observer who reported that there followed in his footsteps two little otters who prostrated themselves on the sand, licking his feet, warming them with their breath and trying to dry them with their fur.[3]

As we read them we are taken into the timeless world of story-telling: truth perceived by way of the imagination. Here, we arrive at Tolkien's unique character of *Tom Bombadil*: "Tom the spirit that desires knowledge of other things, their history and nature, because they are 'other' and wholly independent of the enquiring mind" (L 192). He approaches each thing with attention, he never imposes himself, he allows each thing to communicate itself to him its own terms, and he gives it its own voice (cfr. ATB 63). Here we find again badgers, otters and birds:

---

2 Cfr. Bell 59-61. Cfr. also Spirito, *San Francesco* 45-65 cap.3 *Il fascino di Tom Bombadil*.
3 Cfr. Bell 87. Cfr. *St. Cuthbert and the otters*, in Gibbings/Waddell o.c., p. 55-57.

Out came Badger-brock with his snowy forehead
and his dark blinking eyes. In the hill he quarried
with his wife and many sons. By the coat they caught him,
pulled him inside their earth, down their tunnels brought him.
Inside their secret house, there they sat a-mumbling:
'Ho, Tom Bombadil! Where have you come tumbling,
bursting in the front-door? Badger-folk have caught you.
You'll never find it out, the way that we have brought you!'

'Now, old Badger-brock, do you hear me talking?
You show me out at once! I must be a-walking.
Show me to your backdoor under briar-roses;
then clean grimy paws, wipe your earthy noses!
Go back to sleep again on your straw pillow,
like fair Goldberry and Old Man Willow!'
Then all the Badger-folk said: 'We beg your pardon!'
    (*The Adventures of Tom Bombadil* ATB 67)

And also:

Little Bird sat on twig. 'Whillo, Tom! I heed you.
I've a guess, I've a guess where your fancies lead you.
Shall I go, shall I go, bring him word to meet you?'

'No names, you tell-tale, or I'll skin and eat you,
babbling in every ear things that don't concern you!
If you tell Willow-man where I've gone, I'll burn you,
roast you on a willow-spit. That'll end your prying!' ...

'Tee hee! Cocky Tom! Mind your tub don't founder!
Look out for willow-snags! I'd laugh to see you flounder'.

'Talk less, Fisher Blue! Keep your kindly wishes!
Fly off and preen yourself with the bones of fishes!' (ATB 75)
[...]
Rings swirled round his boat, he saw the bubbles quiver.
Tom slapped his oar, smack! at a shadow in the river.
'Hoosh! Tom Bombadil! 'Tis long since last I met you.
Turned water-boatman, eh? What if I upset you?'

'What? Why, Whisker-lad, I'd ride you down the river.
My fingers on your back would set your hide a-shiver.'

> 'Pish, Tom Bombadil! I'll go and tell my mother;
> "Call all our kin to come, father, sister, brother!
> Tom's gone mad as a coot with wooden legs: he's paddling
> down Withywindle stream, an old tub a-straddling!"
>
> 'I'll give your otter-fell to Barrow-wights. They'll taw you!
> Then smother you in gold-rings! Your mother if she saw you,
> she'd never know her son, unless 'twas by a whisker.
> Nay, don't tease old Tom, until you be far brisker!"
>
> 'Whoosh!' said otter-lad, river-water spraying
> over Tom's hat and all; set the boat a-swaying,
> dived down under it, and by the bank lay peering,
> till Tom's merry song faded out of hearing.
>
> Old Swan of Elvet-isle sailed past him proudly,
> gave Tom a black look, snorted at him loudly.
> Tom laughed: 'You old cob, do you miss your feather?
> Give me a new one then! The old was worn by weather.
> (*Bombadil Goes Boating* ATB 73)

What is actually happening in the poem is anything but humorous. Tom Bombadil is in situations which for anyone else could represent mortal danger. He does not laugh them off, but escapes because he can command the creatures which threaten him. The combination of serious subject matter with comic metre is a curious one. Is it purely our expectations of what constitutes 'serious' poetry and what does not that make this seem funny? Was Tolkien perhaps deliberately exploiting the contrast for effect? It is possible, to say the least.[4]

Conclusions

We must test each step, learning never to love opinion more than truth; never forgetting that men see as much truth as their souls are fit to see; always, till we pass through death and go forth to know ourselves, ready to go back to the start and look at all our premises, and begin again (Renault, *Mask* 280). Behind the fantasy real wills and powers exist, independent of the minds and purposes of men (TL 14). Fantasy, the making or glimpsing of Other-worlds,

---

4 Cfr. Lewis/Currie 163: "We believe it is quite clear that *The Adventures of Tom Bombadil* is a poem which is deeply indebted to British folklore, with some influence from other Northern European traditions as well."

was the heart of the desire of Faërie (TL 41). "And whatever he called every living creature, that was its name" (Gen. 2:9). By naming the animals, humans enter into a special relationship with them (Birch/Vischer 4).

So far, we have plainly concerned with *desirability* than with *possibility*. As Flannery O'Connor says:

> If the writer believes that our life is and will remain essentially mysterious, if he looks upon us beings existing in a created order to whose laws we freely respond, then what he sees on the surface will be of interest to him only as he can go through it into an experience of mystery itself. (41)

May we go a step forward, and have a glimpse of what could be, perhaps, possible? At least, we can try to share Tolkien's hope on the final *eucatastrophe*. So, switching from desirability to possibility (or trying to make desirable things, possible), we need to consider *hope* (theological *hope*), or surrender "either to sadness or to wrath" (TL 65): we are saying, with Tolkien, that tales of communion with animals are not lies "and therefore worthless, even though breathed through silver" (TL 50f).

May we say: *contra factum non est argumentum*? Some, as we have seen, *lived* both desirability *and* possibility. So, possibility is *open* also for us – if we choose not to follow Sandyman's scepticism!

"I will make for you a covenant on that day with the wild animals and I will make you lie down in safety" (Hosea 2:18). "I will make with them a covenant of peace and banish wild animals from the land, so that they may live in the wild and sleep in the woods securely" (Ezekiel 34:25). And this promise extends to the well-known vision of reconciliation between the world of humans and cattle on one hand and that of the wild animals on the other: "The wolf shall live with the lamb, the leopard shall lie down with the kid, the calf and the lion and the fatling together, and a little child shall lead" (Isaiah 11:6).

Creation is allowed to hope that it "will be set free from its bondage to decay and will obtain the freedom of the glory of the children of God" (Rom. 8:21). This state has not yet been reached. Creation is still "groaning in labour pains" (v. 22), but a new creation free from the rule of force has already been announced.

In Jesus peace with wild animals as foretold by the prophets becomes reality: "He was in the wilderness forty days, tempted by Satan; and he was with the wild beasts; and the angels waited on him" (Mark 1:13). "At destruction and famine you shall laugh, and shall not fear the wild animals of the earth. For you shall be in league with the stones of the field, and the wild animals shall be at peace with you" (Job 5:22f). The "community of the sixth day" is restored. It is certainly no accident that in the post-biblical period the ox and ass were introduced into the account of Jesus's birth (for the first time in the Gospel of Pseudo Matthew) for these are the animals capable of recognizing what human beings ignore. Recall again Isaiah's words: "The ox knows its owner and the donkey its master's crib; but... my people do not understand" (Is 1:3).

The doctrine that the whole world (and not just human beings and angels) is to be saved in *some* fashion occupies a key position in the theologies of many of the early Fathers, such as Justin, Irenaeus, Hippolytus, Mileto, Commodian, and Lactantius. For instance, in his impressive scheme of creation and redemption, Irenaeus understands the historical process from the Fall until the incarnation as a narrowing of the locus of salvation: after the Fall only one nation was chosen to carry the message and task of salvation, and then one person was chosen to represent that people. But from the single point of the incarnation, an ever-widening transmission of Christ's redemptive life has begun as the church grows to include all nations. This movement, Irenaeus believed, will not be completed until the whole universe has been 'recapitulated' and transformed (cfr. Linzey/Yamamoto 191).

For centuries our search for wholeness has led us back to the animals, to our origins, to our history. Something mysterious happens when we look into the eyes of an animal, whether it be a panther or a poodle—we see something familiar looking back: ourselves. But we also see an "other". We see something that is in us and yet without us, something we recognize and yet is unfamiliar, something we fear but for which we long. We see the wild. The animals have always been a part of our survival and healing; and we, sometimes, theirs. At a time when our relationship to land and soil and place has been diminished, we still turn to our animals, domestic and wild, as a conduit to healing. And through our animals—those of our childhood, those in our homes, and those in the wild—we can begin to find our way back to being whole. "This seemed the only good: to be one with the living mountain, with her birds and goats and wolves" (Renault, *King* 341).

It was Christ's claim that a huddle of feathers on the ground was not unregarded by the Father of mankind. 'With Christ,' said Sulpicius Severus, 'every brute beast is wise, and every savage creature gentle'; and St. Kevin refused the levelling of the mountains about Glendalough to make rich pasture for his monks, because he would not have God's creatures disturbed. In the first paradise that lies behind the memory of the world there was no cruelty: and when Isaiah, sick of war, made his poem of the golden world, the climax-vision was a holy mountain where 'they shall not hurt nor destroy.' And whether these ancient ways of thought seem to us only the delusions sloughed by a wiser world, or whether 'those first affections, Those shadowy recollections are still the fountain-light of all our day. Are still a master-light of all our seeing' it matters very little (cf. Gibbings/Waddell XVIf, XXIV, Ward 10, Murray 102).

The legends of saints will endure since they serve this deep need that we have: *to believe that what we long for is possible.* Here are men and women who, because they have first found God in themselves, can then encounter him in the world outside themselves. Here are lives in which miracle *is* commonplace and in which the world of present reality is absorbed into an all-encompassing, all-pervading world of grace, one above all which speaks to us of that harmony and unity of the whole of creation for which we all so deeply long (Gibbings/Waddell XXVIII).

There is no division into realms, the natural and the supernatural, but the two flow together into one: "The mutual enclosure of this world in the next and the next in this", as Charles Williams once put it. Or in Tolkien's words about humans and animals:

> The desire and aspiration of sub-creation has been raised to the fulfilment of Creation. The Birth of Christ is the eucatastrophe of Man's history. The Resurrection is the eucatastrophe of the story of the Incarnation. This story begins and ends in joy. It has pre-eminently the 'inner consistency of reality' (TL 72)

Or in the words of Timothy Radcliffe (128):

> We go to literature in general, to be forwarded within ourselves. The best it can do is to give us an experience that is like foreknowledge of certain things which we already seem to be remembering.[5]

And Tolkien himself emphasizes:

> All tales may come true; and yet, at the last, redeemed, they may be as like and as unlike the forms that we give them as Man, finally redeemed, will be like and unlike the fallen that we know.
> (TL 73)

We need oases of leisure and silence and gratitude where we can, literally, come to our senses and clarify our sight, like the prodigal son, who 'came to himself' and remembered the truth of who he was, his father's son. And then, remembered too of being brother or sister of every living creature. Sharing. Communicating. Speaking. In wonder, delight and gratitude...*until we arrive beyond the circles of the world, where there is more than memory!*

---

5   We can also see this in one of Martin Buber's hassidic tales: About Rabbi Arye and the Baal-Shem Tov, The Language of the Birds; in Buber 185-194; but with a happy ending.

My eyes already touch the sunny hill,
going far ahead of the road I have begun.
So we are grasped by what we cannot grasp;
it has its inner light, even from a distance –
and changes us, even if we do not reach it,
into something else, which, hardly sensing it, we already are;
a gesture waves us on, answering our own wave...
but what we feel is the wind in our faces.[6]

---

6 Rilke, Rainer Maria, *"The Walk" selected Poems of Rainer Maria Rilke*, in Askins 52.

Bibliography

Abram, David. *The Spell of the Sensuous*. New York: Vintage Books, 1997

Askins, Renée. *Shadow Mountain: A memoir of Wolves, a Woman, and the Wild*. New York: Anchor Books, 2002

Bell, David N. *Wholly animals: a book of beastly tales*. Kalamazoo: Cistercian Publications, 1992

Birch, Charles, and Lucas Vischer. *Living with the Animals: The Community of God's Creatures*. Geneva: Risk Book Series, 1997

Buber, Martin. *Legend of the Baal-Shem*. Princeton: Princeton University Press, 1995

Gibbings, Robert, and Helen Waddell. *Beasts and Saints*. London: Darton Logman Todd, 1995

Jones, Alan W. *Soul making: the desert way of spirituality*. San Francisco: Harper & Row, 1989

Lewis, Alex, and Elizabeth Currie. *The Uncharted Realms of Tolkien: A critical study of text, context and subtext in the works of J.R.R. Tolkien*. Oswestry: Medea Publishing, 2002

Linzey, Andrew, and Dorothy Yamamoto. *Animals on the Agenda questions about Animals for Theology and Ethics*. London: SCM Press LTD, 1998

Lorenz, Konrad. *Er redete mit dem Vieh, den Vögeln und den Fischen*. Wien: Borotha-Schoeler, 1950

Martino, Teresa Tsimmu. *The Wolf, the Woman, the Wilderness: A true story of returning*. Troutdale: NewSage Press, 1997

Mowat, Farley. *Never Cry Wolf*: New York: Brown and Company, 1963

Murray, Robert. *The cosmic Covenant: Biblical Themes of Justice, Peace and the Integrity of Creation*. London: Sheed & Ward, 1992

O'Connor, Flannery. *Mystery and Manners*. New York:: The Noonday Press, 1997

O'Donohue, John. *Eternal echoes. Celtic reflections on our yearning to belong*. New York: Harper Perennial, 1999

Radcliffe, Timothy. *What is the Point of Being a Christian?* London: Burns & Oates, 2005

Renault, Mary. *The Mask of Apollo*. Toronto et. al.: Bantam Books, 1974

---. *The King must Die*. London: Arrow Books, 2001

---. *The Bull From the Sea*. London: Arrow Books, 2004

Spirito, Guglielmo. *Il Lupo "malvagio": un mito rivisitato"*. Convivium Assisiense VIII (2006): 61-86

---. *Fra San Francesco e Tolkien: una lettura spirituale del Signore degli Anelli*. Rimini: Il Cerchio, 2006

---. Ed. *Lo specchio di Galadriel: i francescani celebrano J.R.R. Tolkien*. Rimini: Il Cerchio, 2006

Tolkien, John Ronald Reuel. *The Hobbit or There and Back Again*, London: Harper Collins, 1993a

---. *The Lord of the Rings*. London: HarperCollins, 1993b

---. *Tree and Leaf. The Homecoming of Beorhtnoth Beorhthelm's Son*. London: Harper Collins Publishers, 2001

---. "The Adventures of Tom Bombadil". *Tales from the Perilous Realm*. London: HarperCollins, 1998, 59-118

---. "Farmer Giles of Ham". *Tales from the Perilous Realm*. London: HarperCollins, 1998, 1-57

Ward, Benedicta. *The Spirituality of St Cuthbert*. Fairacres: SLG, 1992

Wockner, Gary and McNamee Gregory and Campbell, SueEllen. *Comeback Wolves: Western Writers Welcome the Wolf Home*. Boulder: Johnson Books, 2005

… Frank Weinreich

Die Metaphysik der Zweitschöpfung.
Zur Ontologie von *Mythopoeia*.
Frank Weinreich (Bochum)

Mythopoeia ist ein ebenso kraftvolles wie zunächst enigmatisches Gedicht, das sich durchaus als Glaubensbekenntnis der Tolkien'schen Ontologie beschreiben lässt.¹ Es erinnert in Metrum und Wortwahl an die englische Romantik, besonders an John Keats' *Lamia*, und reicht mit seinem Duktus doch schon von der ersten Strophe zeitlich bis hinunter in die Antike, erinnert es doch an Lehrgedichte wie Epikurs *Peri Physeos* oder Lukrez' *De rerum natura*, beides eigentlich Lehrbücher der Physik in Versform. Vorgestellt wird es dann noch unter der Überschrift, eine Antwort an einen Mythenskeptiker sein zu wollen².

Was soll diese Mischung aus romantischer Spekulation und wissenschaftlichen Aussagen, die sich in den beiden poetischen Lehnsäulen andeutet; und was verbirgt sich mit Blick auf Tolkien und sein fiktionales Werk dahinter? Ein erster Blick zeigt: Die Geschichte *Mythopoeias* und damit der Zugang zu Tolkiens ontologischen Überzeugungen begann mit einer Auseinandersetzung unter Freunden.

I

Zur Entstehungsgeschichte verlasse ich mich auf die Darstellung bei Tolkiens wichtigstem Biographen, Humphrey Carpenter (vgl. 169ff).³ Demnach fand in der Nacht vom 19. auf den 20. September 1931 ein langes Gespräch zwischen Tolkien, Hugo Dyson und C.S. Lewis statt, in dem die Erstgenannten sich bemühten, Lewis über das wahre Wesen des Mythos aufzuklären. Lewis war zu diesem Zeitpunkt zwar schon Theist (vgl. Lewis 275), hatte aber den

---

1 Zu deren Verständnis allerdings die Lektüre von *On Fairy-Stories*, eines sich gegenüber *Mythopoeia* argumentativ zurücknehmenden und wissenschaftlichen Ansprüchen genügenden Aufsatzes über den Stellenwert menschlicher Kreativität nahezu unabdingbar ist.
2 *Mythopoeia* ist mit folgender Widmung überschrieben: »To one who said that myths were lies and therefore worthless, even though ›breathed through silver‹.« Zudem steht das Gedicht im Folgenden (Zeile 0, ich zähle im Weiteren »You look at trees and label them just so« als Zeile 1) unter der Zweitüberschrift »Philomythus to Misomythus«, Mythenfreund an Mythenfeind.
3 Die Darstellung der Ereignisse dieser Nacht wird durch Walter Hooper, Lewis' Biograph, bestätigt, der mit Rückgriff auf die ihm von Lewis geschilderten Erinnerungen an diese Nacht in einem Interview mit Joseph Pearce eine übereinstimmende Beschreibung der Ereignisse gab (vgl. Pearce 57f).

Weg zum Christsein noch nicht gefunden (vgl. Kap. 14 u. 15). Lewis soll in dieser Diskussion gesagt haben, Mythen – es ging im Wesentlichen um den christlichen Mythos – seien Lügen, wenn auch durch Silber gehaucht. Mythen sind also nach Auffassung des späteren Autors von *Perelandra* und *Narnia* (!) Unwahrheiten, auch wenn sie noch so schön verpackt sein mögen. Das erregte Tolkiens sofortigen Widerspruch, der dies abstritt und schon an dieser Stelle den Anspruch formuliert haben soll, dass Mythen Wahrheit enthielten.[4]

In den Wochen nach diesem Gespräch entstand dann *Mythopoeia* als kondensierte und künstlerisch aufbereitete Form der Argumente gegen Lewis' Lügenvorwurf. Dies also war der Anlass für die Entstehung des Gedichtes *Mythopoeia* im Jahr 1931 – sechs Jahre bevor *On Fairy-Stories* geschrieben wurde, jenes berühmte wissenschaftliche Statement über das Verhältnis von menschlicher künstlerischer und narrativer Kreativität und Realität.

II

Zu den Formalia. *Mythopoeia* ist ein Tolkien'scher Neologismus (vgl. Shippey 49), eine Wortschöpfung aus den griechischen Vokabeln logos und poeisis. Mythos muss nicht übersetzt werden[5], und poiesis steht für »handeln, schaffen« – dies aber im Falle von *Mythopoeia* im künstlerischen Sinne, und den bezieht Tolkien auf die kreative menschliche Schöpferschaft, wie er sie in *On Fairy-Stories* später etwas vorsichtiger und mit nachrangigem ontologischen Status beschreiben wird (vgl. FS 25). *Mythopoeia* bedeutet also Mythen erschaffen. Und der Titel im Zusammenhang mit der an Lewis gerichteten Widmung »To one who said that myths were lies ...« gibt das Programm des Gedichtes vor, nämlich zu erklären, was Mythenschöpfung ist, damit also den Wahrheitsstatus von Mythen aufzuzeigen.

Das Gedicht umfasst 148 Zeilen in 12 Strophen uneinheitlicher Länge. Es ist verfasst in sogenannten heroic couplets, einer Form des fünfhebigen Jambus:

You look at trees and label them just so,

(for trees are ›trees‹, and growing is ›to grow‹)

Die Herkunft des heroic couplet ist unbekannt. Es findet sich in der englischen Dichtung aber spätestens seit dem 14. Jahrhundert. Chaucer war der erste Dichter, der extensiven Gebrauch davon machte. Im 17. Jahrhundert entwik-

---

[4] Carpenter schreibt, Tolkien habe in dem Gespräch »seinen Glauben an die *Wahrheit* in der Mythologie erklärt« (*Biographie* 171; Hvhbg. i. Orig.); Hooper spricht von Mythen als einem »way of conveying truths« (zit. n. Pearce 58, Paraphrase).

[5] Das heißt, es muss für diese Zwecke nicht übersetzt werden, andernfalls wäre an dieser Stelle ein äußerst umfangreicher Exkurs notwendig, der beschreibt, was Mythos – eine Vokabel, die ursprünglich nichts weiter bedeutete als »Erzählung« – für Bedeutungen annehmen kann. Vgl. zu näheren Betrachtungen über den Mythos Schneidewind und Weinreich, *Fantasy*, Kap. 3.

kelte sich das heroic couplet zum vorherrschenden Versmaß in der englischen dramatischen Dichtung und erreichte seine Höhepunkte in der Dichtung John Drydens und Alexander Popes.

Die formale Struktur von *Mythopoeia* weicht damit von der Dichtung ab, die man sonst von Tolkien kennt. Clive Tolley nimmt an, dies liege darin begründet, dass Tolkien mit *Mythopoeia* nicht einfach nur eine Antwort auf C.S. Lewis' Lügenvorwurf geben, sondern viel weiter ausholen und in einem großen Wurf das von dem Katholiken Alexander Pope in den Gedichten *Essay on Criticism* und *Essay on Man* skizzierte Welt- und Menschenbild in die richtige Richtung korrigieren will (vgl. 82ff). Pope verfasste die genannten Gedichte ebenfalls in heroic couplets, was es angelegen erscheinen lassen würde, ihm in gleichem Versmaß zu antworten. Doch ein eventueller Zwist von Pope und Tolkien ist hier nicht das Thema von Interesse.

III

Wichtiger als die Form, die für den Zweck dieser Betrachtungen nicht mehr als Hinweise auf den Gesamtzusammenhang der Aufnahmen eines Widerstreites von wissenschaftlicher und romantischer Weltsicht geben kann, ist der Inhalt. Allerdings ist es in diesem Rahmen nicht möglich, aber auch gar nicht nötig, das Gedicht Vers für Vers durchzugehen. Ich beschränke mich auf die meiner Ansicht nach entscheidenden Passagen.

Das eigentliche Gedicht beginnt, wie erwähnt (Fn 1), nicht sofort. Nach der Widmung an C.S. Lewis[6] folgt zunächst die Zwischenüberschrift »Philomythus to Misomythus« – das Stück stellt also eine Mitteilung des Mythenfreundes Philomythus an den Mythenskeptiker, vielleicht auch Mythenfeind, Misomythus dar. Nun glaube ich keinesfalls, dass Tolkien mit der Bezeichnung Misomythus Lewis ernsthaft charakterisieren wollte – auch 1931, weit vor der Publikation der mythenstrotzenden Zyklen *Perelandra* und *Narnia*, wird man Lewis keine Feindlichkeit vorwerfen können, sondern eben nur Ungläubigkeit. Die Vorsilbe »mis-« bedeutet zwar »falsch«, sie trägt aber ebenso die Bedeutung »schlecht« und trägt diese negative Konnotation auch in der Bedeutung von Falschheit mit sich. Eine ästhetische oder moralische Schlechtigkeit des Mythos aber wollte auch Lewis wohl nicht andeuten, vielmehr kann man wohl annehmen, der Hinweis auf das veredelnde Silber meine auch, dass Mythen wertvoll sein können. Nein, es ist wohl eher anzunehmen, dass mit Misomythus der Materialist, der Gläubige der Naturwissenschaften und der rein empirischen

---

6 Die Widmung in den publizierten Fassungen trägt nur den Satz »To one who said usw.«. Carpenter berichtet aber von mindestens einem Manuskript, das zusätzlich den Vermerk »Für C.S.L.« trug (vgl. 170).

Erkenntnis gemeint ist. Und diese Erkenntnisform wird zunächst und in der ersten Strophe angesprochen.

Misomythus ist es, von dem in dieser Strophe behauptet wird: »You look at trees and label them just so usw.« Die erste Strophe bildet die materialistische Weltsicht der Zeit, besonders aber die Weltsicht der empirischen Wissenschaften ab. Man bemerkt Phänomene in der wahrnehmbaren Welt und gibt ihnen zunächst rein klassifikatorische Bezeichnungen wie Baum, Erde, Weltkugel. Selbst ein Stern, eine Himmelserscheinung, die immerhin Gegenstand unzähliger mythischer wie romantisierender Interpretationen ist, ist für die empiristische Weltsicht letztlich nichts weiter als etwas Materie in der Form eines Balles (»some matter in a ball«, My 5). Das Materielle verläuft in geregelten Bahnen, damit aber auch kalt und dumm, wobei man »inane« (7) an dieser Stelle wohl besser mit geistlos im Sinne von entspiritualisiert übersetzt. Es ist ein Universum, in dem die Sterne auf berechenbaren Kursen ihre Bahn ziehen, dies aber unausweichlich.

Interessant ist dann in besonderem Maße die achte Zeile, in der es von der Materie heißt »where destined atoms are each moment slain«. Selbst die Atome haben demnach ein unausweichliches Schicksal, das sie in jedem Augenblick vernichten kann. Diese Zeile ist meines Erachtens eine Anspielung auf das Bohr'sche Atommodell von 1913, das die Regelhaftigkeit der Eigenschaften der Atome beschreibt. Und 1931 waren natürlich auch die Grundlagen der Thermodynamik schon längst bekannt und dürften einem so gebildeten und interessierten Menschen wie Tolkien nicht verborgen geblieben sein. Man kann also davon ausgehen, dass Tolkien das Atommodell kannte und auch, dass es nach den verschiedenen Erhaltungssätzen nicht möglich ist, dass ein Atom einfach »erschlagen« werden kann.

Es stellt sich die Frage: Was soll dann die Falschaussage? Denn es ist ja offensichtlich, dass Atome im Regelfall nicht vergehen. Dass sie vernichtet werden können, mag 1931 eine Idee gewesen sein, die unter Kernphysikern wie Bohr, Born, Fermi und Heisenberg diskutiert wurde, aber dass diese Idee da schon bis zu Tolkien durchgedrungen ist, ist wenig wahrscheinlich. Für viel wahrscheinlicher halte ich es, dass Tolkien hier in Zeile 8 an den vorempirischen Atombegriff Leukippos' und Demokrits[7] anschließt und damit also die materielle Grundlage allen physischen Seins meint. Und im Gegensatz zu den aktuellsten Ahnungen seiner zeitgenössischen Physik dürfte Tolkien um die Spekulationen der antiken Physiker sehr wohl gewusst haben, denn die Rekonstruktionsarbeiten zu den Fragmenten der Vorsokratiker lagen bis 1930 vor und dürften gerade einem Philologen wohlbekannt gewesen sein.

Dass aber doch ein Bezug zur modernen Kernphysik besteht, geht aus der Formulierung »destined atoms« hervor, denn ein Schicksal sahen die antiken

---

7 Vgl. zum Atombegriff bei Leukippos und Demokrit Capelle 290-296 u. 396-405.

Atomisten für die kleinsten Teilchen nicht vor, sie waren hingegen sowohl von ihrer Unvergänglichkeit (vgl. Capelle 291f u. 397f) als auch von ihrer Ziellosigkeit überzeugt (vgl. 405). Und diese Grundlage ist es, die in jedem Augenblick zerstört wird. Wie? Warum? Das ist noch unbekannt. Man muss also weiterlesen.

Strophe zwei berichtet von der Entwicklung von Zeit, Kosmos und Welt: »from dark beginnings to uncertain goals« (Zeile 12). Erwähnt wird einerseits die Evolution, ohne das Konzept explizit als falsch zu bezeichnen. In den Zeilen 15 und 16 steht »an endless multitude of forms appear, some grim some frail some beautiful, some queer«, und sie stammen nach Zeilen 17/18 aus einer Quelle, aus »one remote Origo«. Das ist nichts anderes als die poetische Kurzform des Evolutionsprinzips. Doch schon eine Zeile weiter besteht das Gedicht andererseits darauf, dass Gott die Welt und das Leben auf ihr schuf – »God made the petreous rocks, the arboreal trees«. Das ist aus heutiger Sicht kein Problem, denn Evolution und Gottesglaube schließen einander nicht aus, und dazu braucht man nicht einmal die Hilfe der fragwürdigen Anhängerschaft des sogenannten Konzeptes des intelligent design zu bemühen[8]. Aber in der ersten Hälfte des 20. Jahrhunderts kann man den Hinweis auf Gottes Schöpferschaft eigentlich nur als Einwand gegen die Evolutionstheorie lesen.[9] Damit wäre also eine weitere kritische Anmerkung gegen die Erkenntnisse der modernen Naturwissenschaften zu konstatieren.

In Strophe drei gibt es den ersten Hinweis auf die starke Rolle der Sprache, der Namensgebung und des Menschen als Zeuge für ihr Dasein (»trees are not trees until so named and seen«): Bäume werden erst zu Bäumen, wenn sie so benannt (»named«) und von jemandem wahrgenommen (»and seen«) wurden, so heißt es in Zeile 29. Und bemerkt ebenso wie benannt werden konnten sie erst, nachdem ein Benennender auf den Plan getreten ist – der Mensch.
Der Mensch, der erst zum Menschen wird, indem er über Sprache verfügt, das sagt Zeile 31 (»who speech's involuted breath unfurled«). Der Mensch entfaltet sich erst zum Menschen durch den »schwer verständlichen Atem der Sprache«, die ein schwaches Echo und dunkles Bild der Welt ist, aber nicht im Sinne einer Aufzeichnung oder einer Photographie. Es ist nicht ganz einfach auseinanderzunehmen, was hier in dieser so wichtigen dritten Strophe zu finden ist, man sollte es Stück für Stück durchgehen.
Bäume werden erst zu Bäumen, wenn sie erkannt und vor allem auch benannt wurden. Baum steht hier meines Erachtens für jegliches Phänomen der belebten Welt, vielleicht auch für die unbelebte, denn in der Strophe vorher

---

8   Vgl. zusammenfassend und aktuell die Dokumentation *Zum Kreationismus und zur Theorie des intelligenten Designs* der Evangelischen Zentralstelle für Weltanschauungsfragen.
9   Zu einer knappen Darstellung von Problemen der Evolutionstheorie im Kontext der Geschichte vgl. Weinreich, *Evolution*.

werden Fels und Baum als Schöpfungsprodukt auch gleichgesetzt (Zeile 19). Das hieße dann, die Welt wird im eigentlichen Sinne erst zu dem Zeitpunkt zur Welt, wenn sie benannt wurde, ein Umstand, der erst mit dem Auftreten des Menschen passieren kann.

Einem Materialisten muss das unverständlich erscheinen, denn für diesen ist die Welt natürlich die Welt als ein gegebenes Ding, eine Realität völlig unabhängig von einem Beobachter. Aber natürlich ist das nach Tolkiens Überzeugung durchaus nicht unverständlich, sondern ein erster starker Hinweis auf eine zweite Existenzebene, die vielleicht darin zu suchen ist, dass es sich bei dieser ›Welt im eigentlichen Sinne‹ um eine spezifische ›Menschenwelt‹ handelt: Bäume werden erst zu wahren Bäumen, wenn ein vernünftiges Wesen sie erkannt und benannt hat.

Es gibt also einmal einen Baum, der evolutionär aus einer Materiesuppe entstand; das ist eine der Formen aus Zeile 15: »an endless multitude of forms appear«. Und es existiert ein anderer Baum, der eigentliche Baum, denn der trägt einen Namen. Da der benannte vom unbenannten Baum aber weder durch Berührung noch durch mikroskopische Sektion oder biochemische Analyse zu unterscheiden ist, muss das Wesen des benannten Baumes irgendwo anders existieren. Wo? Das werden wir später Platon fragen.

Zeile 31 erzählt dann ziemlich verklausuliert von dem Benennenden. Eine schwer verständliche Sprache bringt diese oder diesen zur Entfaltung. Die Entfaltung heißt nun nichts anderes, als dass der oder die Benennende erst durch Sprache zu dem wird, was er oder sie ist – ein Mensch. Und das ist ein Topos, den ein Philologe in jedem Fall wiedererkennt, denn das ist das aristotelische zoon logon echon: das Tier, das über Sprache verfügt. Seit der Antike gilt die Sprachfähigkeit als die differentia specifica, die den Menschen von allen anderen Lebewesen unterscheidet.

Dann geht es in den nächsten Zeilen um eine erste Charakterisierung von Sprache. Es ist unerheblich, ob in Zeile 32 der Mensch oder die Sprache gemeint ist, wenn es heißt, sie sei ein schwaches Echo und dunkles Abbild der Welt (»faint echo and dim picture of the world«), denn Mensch und Sprache sind im Bild des zoon logon echon als identisch gedacht.

Warum also ist die Sprache des Menschen schwach und dunkel in der Abbildungsleistung der Welt? Das Gedicht betont, die Sprache sei keine getreue Abbildung in Form einer Aufzeichnung oder eines Bildes (»but neither record nor a photograph«, Zeile 33). Eine Erklärung drängt sich auf: Wäre die Sprache und Namenszuweisung eine Fotografie, so würde sie *nur* eine der »multitude forms« aus Zeile 15 abbilden können. Das tut sie aber nicht, so die klare Aussage von Zeile 33. Was sie stattdessen erreicht, steht in Zeile 32, wo es heißt, sie bilde die Welt unvollkommen ab. Dafür kann es nur einen Grund geben: Sie muss in Wirklichkeit eine andere Welt abbilden als jene, die der Fotoapparat abbilden würde, eine andere Welt als die der bloßen Materie mithin. Das kann dann nur die Welt sein, auf die Zeile 29 hinweist: die Welt, in der der benannte Baum, der echte Baum, das Wesen des Baumes zuhause ist. Andernfalls hätte der Dichter vorher weitere Hinweise geben müssen.

Aus der Betrachtung der Zeilen 29 bis 30 ist also Folgendes zu ziehen: Es gibt eine Existenzebene neben der materiellen Ebene, auf der sich unsere Körper gerade befinden, und diese zweite Ebene muss irgendetwas mit Sprache zu tun haben. Das legt den Verdacht nahe, dass der Mensch, das aristotelische zoon logon echon, einen Schlüssel besitzt, mit dem er diese Ebene aufschließen kann.

Das Gedicht fährt fort, indem es die typisch menschlichen Denktätigkeiten beschreibt. In den Zeilen 39 bis 44 heißt es dann, dass er, der Mensch, das Vorhergewusste aus der Erfahrung ausgräbt und das Spirituelle hervorbringt, im Falle Tolkiens und seiner Leserinnen und Leser insbesondere die Elben und ihre künstlerischen Fähigkeiten.

Zwei Dinge sind hier wichtig. Erstens das Wort »foreknown« (Zeile 39). Vorhergewusstes wird da ausgegraben. Es handelt sich um Wissen, das der Mensch nicht erlernt hat, sondern das er vorher, vor der subjektiven Erfahrung, ja vor dem Beginn seines Lebens, denn der Beginn des Lebens ist ja auch der Beginn seiner Erfahrungen, besessen hat. Die antike griechische Philosophie würde hier nicht von »digging« (Zeile 39), von Ausgraben, sondern von Geburt sprechen und von der Kunst, eine Geburt zu begleiten, von der sokratischen Mäeutik. Es ist das von Sokrates[10] postulierte Sicherinnern an vorgewusste Wahrheiten, von dem Tolkien hier spricht. Die Erinnerungen werden wiedergeboren und so das Wissen erneut gewusst. Das Konzept der Möglichkeit einer Wiedererinnerung an ewige Wahrheiten wird erstmals ausführlich entwickelt in Platons *Phaidon*. Aber woher kommt das von Sokrates bzw. Platon postulierte Wissen, dessen man sich erinnert? Das kommt wieder von einer anderen Existenzebene, aus der Welt der Ideen[11]. Damit findet sich hier also ein erneuter Verweis auf das Übernatürliche.

Zudem findet sich hier der erste Hinweis auf die besondere Stellung der Kunst und der Kreativität. Denn woran erinnert sich der Mensch da nach Überzeugung Tolkiens wieder? An die Elben und ihre Schmieden und Webstühle (Zeilen 42-44). Jene Elben, von denen er später in dem berühmten Brief an Milton Waldman sagen wird: »Ihr Zweck ist Kunst und nicht Macht, Zweitschöpfung und nicht Bezwingen und tyrannisches Re-Formieren der Schöpfung« (L 146).

---

10 Der Topos wird von Platon mehrfach aufgenommen und über die Person des Sokrates in Szene gesetzt. Am eindrücklichsten in *Symposion* 206 c-e.
11 Platon hing einer scharfen dualistischen Weltsicht an, er war überzeugt von der Existenz einer übersinnlichen Welt neben der sinnlichen Welt, die wir als reale Welt miteinander teilen. Die Komplexität der Ideenlehre durchzieht die gesamte Philosophie Platons und kann aus Platzgründen hier nicht einmal angedeutet werden. Einen guten Zugang zu Platons Denken bietet immer noch Walter Bröckers *Platos Gespräche*, besonders der Aufsatz über den Dialog *Phaidros*.

Die Elben und ihre Schmieden und Webstühle, die hier ihre Arbeit in den Köpfen der Menschen verrichten, dienen als Metapher für die Kunst und den Stellenwert von Kunst und schöpferischer Tätigkeit, an die sich der Mensch erinnert. Und diese ist mit »great power« ausgestattet (Zeile 41).

Strophe vier beschreibt in sehr schönen Bildern den Zauber, den man in der Welt wahrnehmen kann, wenn man sie mit Elbenaugen, mit den Augen des Künstlers also, sieht. Strophe fünf beobachtet dann den Menschen hinsichtlich seines Platzes in der Ordnung der Dinge. Es ist der gefallene Mensch, von dem das Gedicht berichtet, aber Gott hat ihn nicht aufgegeben, sondern schenkt ihm weiterhin seine Weisheit, er muss nur in der Lage sein, sie zu erkennen (Zeilen 55-58). Er ist Mensch, Zweitschöpfer, und spaltet das eine weiße Licht, um es in unzähligen Kombinationen neu zusammenzufügen. Und diese Fähigkeit und das Recht dazu hat auch der Sündenfall nicht beendet.

Weiterhin ist der Mensch aufgerufen, seine Fähigkeiten als Zweitschöpfer auszuüben: »We make still by the law in which we're made«, so heißt es in Zeile 70, mit der Strophe fünf endet. Strophe fünf bietet den stärksten Anknüpfungspunkt an den Essay *On Fairy-Stories*, der sechs Jahre später entstehen wird und der völlig zu Recht in engen Zusammenhang mit dem Gedicht *Mythopoiea* gestellt wird.

Die Strophen sechs bis neun erzählen von den Gefahren der Welt und davon, dass es das Böse wirklich gibt: »of evil this alone is dreadly certain, evil is« (Zeilen 79f). Letzteres ist ein Gedanke, von dem man einen Materialisten natürlich schwer wird überzeugen können, denn damit ist ein metaphysisches Böses gemeint, eine Macht, die Tolkien in der Mittelerdedichtung letztlich in Melkor verkörpern wird, die aber nach des Professors Überzeugung auch für uns Menschen der Primärwelt eine reale Macht ist. Und Aufgabe der Mythen – und deren Wahrheit gegenüber C.S. Lewis darzulegen, ist ja der Sinn des Gedichtes – ist es, vor diesem Bösen zu warnen. Wer sich dessen bewusst ist und trotzdem ein wenig Mut zusammenhalten kann, der ist gesegnet (Strophe 8). Gesegnet sind aber besonders jene, die dann auch noch ihre Stimme erheben und von diesen Erkenntnissen in mythischer Erzählung berichten: »the legend-makers with their rhyme« (Zeile 91).

In Zeile 92 steckt dann wieder ein Hinweis auf die andere Existenzebene, denn die »legend-makers« berichten Wahres, aber sie berichten von Dingen, die in der wissenschaftlichen Geschichtsschreibung nicht zu finden sind, denn das sind »things not found within recorded time« (Zeile 92). Bescheiden, wie Tolkien typischerweise auftritt, wünscht er sich dann in Strophe 10 nur, dass er doch auch einmal mit den Barden singen dürfe, um seine Stimme in diesem Sinn erheben zu können. Nun, das war 1931, und sein Wunsch sollte bald in Erfüllung gehen.

Strophe 11 ist dann besonders interessant wegen des Bildes, das von den Naturwissenschaften gezeichnet wird. Die fortschreitenden Affen aus Zeile 119 stellen eine Spitze gegen die Evolutionstheorie dar, die Tolkien wahrscheinlich in erster Linie als Beleidigung des Glaubens an die Gottesebenbildlichkeit des Menschen empfand. Wichtiger aber ist der Abgrund, der sich vor dem Fortschritt auftut (Zeile 120f). Dass Tolkien den Fortschritt in Form des technischen Fortschrittes ablehnte, ist bekannt und bedarf keiner kritischen Analyse mehr. Technischer Fortschritt aber hängt vom Fortschreiten der Erkenntnisse in den Naturwissenschaften ab. Spitzen gegen diese aber sind aus des Professors Feder in weit geringerer Zahl bekannt und versteckter als solch eindeutige Aussagen wie jene, dass die Moderne Mordor in unserer Mitte sei (vgl. L 165).

Es ist aber nur folgerichtig, eine ähnlich kritische Haltung auch gegenüber der Naturwissenschaft, vielleicht jeglicher Wissenschaft, anzunehmen, denn die Soziologie eines Auguste Comte mit ihrem Positivismus widerspricht auch dem in *Mythopoeia* entworfenen Menschenbild und trägt umgekehrt ebenso zum Erfolgszug einer technokratischen Gesellschaft bei, wie die Erfindung des Fluges durch Daedalos nach Tolkiens Überzeugung direkt zu den großen Bombern des Zweiten Weltkriegs führte (vgl. L 88). Umso wichtiger ist es, hier in Zeile 119 die Spitze gegen Darwin zu notieren.

Die Zeilen 125 bis 130 sind dann der unmissverständliche Ausdruck der Verweigerung gegenüber der unspirituellen Moderne und dem als vorherrschend empfundenen Materialismus der Gesellschaften des 20. Jahrhunderts. Diesen Weg geht der Dichter nicht; er verneigt sich nicht vor der eisernen Krone des Materialismus, und er wird sein goldenes Szepter der schöpferischen Kreativität nicht ablegen.

Bemerkenswert ist noch die Zeile 126, denn »denoting this and that by this and that«, also Bedeutungen von einem Sachverhalt aus einem anderen zu entwickeln und wieder zurückzuverweisen, halte ich für eine verklausulierte Kritik an den Erkenntnisprinzipien von Induktion, dem Schluss vom Besonderen auf das Allgemeine, und Deduktion, dem Schluss aus dem Allgemeinen auf das Besondere. Induktion und Deduktion sind aber die wichtigsten Erkenntnismittel der Empirie. Neben Beobachtung und Experiment sind es vor allem Induktion und Deduktion, aus denen man die Erkenntnisse »a star's a star, some matter in a ball« (Zeile 5) und von den »destined atoms« (8) entwickelte. Die Prinzipien von Induktion und Deduktion sowie die gesamte Empirie beruhen letztlich auf der aristotelischen Kategorienlehre.

Und Tolkien stünde mit einer Kritik an Aristoteles als demjenigen, der mit seiner kalten Sachlichkeit letztlich der Grund für alle wissenschaftlichen Übel der Entzauberung der Welt ist, bei weitem nicht allein. Das musste sich der alte Stagirit, der doch nur versuchte, die himmelsstürmenden Spekulationen Platons auf die Füße zu stellen, schon oft gefallen lassen. Und in die gleiche Richtung geht auch die Kritik der britischen Romantiker Coleridge, Yates, Keats und anderer, die dem Naturwissenschaftler Isaac Newton bittere Vorwürfe machten, der Welt ihren Zauber entrissen zu haben: »philosophy will clip an angel's wing«, heißt es bei John Keats.[12]

Die Hinweise auf eine gewisse Wissenschaftsfeindlichkeit des Sprachwissenschaftlers Tolkien verdichten sich. Warum sind die Aussagen so umständlich versteckt? Vielleicht weil Tolkien Mitglied der Scientific Community war und das Nest nicht beschmutzen wollte? Mag sein. Aber wohl auch, weil er ja nicht etwa wissensfeindlich war. Nein, Tolkien war Zeit seines Lebens auf der Suche nach Erkenntnis, nach Wissen. Sicher sah er nur Teile des Prozesses der Erkenntnisgewinnung als falsch an. Vielleicht sehen seine Formulierungen auch aus dem Grund nur verklausuliert aus, weil er dezidiert zu differenzieren versuchte. Und einiges an Formulierungskunst ist natürlich der literarischen Form geschuldet, die er hier verwendet.

Doch wie weit reicht die Erkenntnis denn nun? Tolkien hat klargemacht, was er ablehnt; er hat gezeigt, was ein Mythos ist und dass der Mythos Wahrheiten berichten kann. Aber das sind nur schwach zu hörende und abgedimmt zu sehende Wahrheiten. Auch die menschliche Schöpferkraft ist, selbst wenn sie elbisch zu werden imstande ist, doch nur in der Lage, Abbilder der Wahrheit zu zeigen. Spätestens hier erinnert man sich an antike Schriften – abgeschwächt zu sehende Bilder, schwer zu hörende Töne? Das klingt doch ganz wie Platons Höhle?

Die bis hierhin mehrfach ins Spiel gebrachte zweite Existenzebene kann nach dem bisherigen Text von *Mythopoeia* nicht auf unsere Erde gebracht werden. Und dabei bleibt es auch. Die Zeilen 131 bis 136 zeigen, dass die wahre Erscheinung der Dinge nur auf der zweiten Existenzebene wahrgenommen werden kann; einer Ebene, die im Gedicht mit dem Paradies gleichgesetzt wird. Im Paradies hat das müde Menschenauge die Möglichkeit, abseits vom immer gleichen Tag, den es gewohnt ist, diesen Tag in einem neuen Licht zu sehen.

Die Formulierung erinnert an das platonische Sonnengleichnis, das die Sonne, also ein Objekt, das hellstes Licht spendet, mit der Idee des Guten gleichsetzt – ein Gut, das zur Schau der Wahrheit im Lichte der Sonne erst befähigt (*Politeia* 508a-d). Nach dem platonischen Liniengleichnis (509d-511a) hängt die mögliche Schau der Wahrheit von dem Grad ab, in dem das Sonnenlicht einzuwirken vermag. Einen Anklang daran findet man in Zeile

---

12 John Keats: *Lamia*, Zeile 234. »Philosophy« war zu Newtons Zeiten, und auf dessen *Philosophiae Naturalis Principia Mathematica* bezieht sich Keats explizit, ein Sammelbegriff, der in erster Linie die Naturwissenschaften zusammenfasste, es sind also die Sciences, die den Flügel des Engels abschneiden. Die romantischen Dichter nahmen demgegenüber für sich in Anspruch, die ewigen Wahrheiten zu beschreiben (bspw. Coleridge 179), und stellten diese in Opposition zum Welt- und ›Zahlenwissen‹ der Naturwissenschaftler, wie bspw. Novalis es nicht nur kritisierte, sondern auch unterliegen sah: »dann fliegt vor einem geheimen Wort / das ganze verkehrte Wesen fort« (Novalis, *Wenn nicht mehr Zahlen und Figuren*, Zeilen 11f).

133 von *Mythopoeia* im Bild des illuminierten Tages. Noch wichtiger ist Zeile 134, wo es heißt, dass es im Paradies, also auf der anderen Existenzebene, möglich ist, *wieder von neuem den Blick von der gespiegelten Wahrheit auf die ganze Wahrheit zu richten*. Der dann angesprochene Blick auf das gesegnete Land erlaubt, alles so zu sehen, wie es ist: befreit.[13] Und zwar befreit von den falschen Ansichten der Empirie.

Wichtig für das Resümee ist besonders der Satz, dass es im Paradies möglich sei, den Blick von der Spiegelung des Wahren abzuwenden und *erneut* das Wahre zu sehen: »renew« und »mirrored truth« sind die Schlüsseltermini. »Renew« nimmt nämlich wieder den sokratischen Topos des Sicherinnerns an vorgeburtliches Wissen auf. »Mirrored truth« ist eine Anspielung auf das Höhlengleichnis Platons. In der realen Welt, in der einzigen Welt, an die der Materialist glaubt (glauben darf!), gibt es allenfalls Spiegelungen der Wahrheit und des wahren Seins zu sehen, ganz wie es in Platons Höhlengleichnis nur die Schatten der Dinge zu sehen gibt (514a-515c). Die Möglichkeit »[to] see that all is as it is«, die besteht nur auf der zweiten Existenzebene. Und auch das, was man sieht – »all ... as it is, and yet made free«, ist eine Anspielung auf Platons Höhle, denn die Schau der Wahrheit ist nach Platon auch ein Akt der Befreiung.[14]

IV

Was ist in ontologischer Hinsicht nun festzuhalten, nach diesem Durchgang durch *Mythopoeia*? Mit der materiellen Weltsicht stimmt offensichtlich etwas nicht. Betrachtet man die Welt, wie sie ist, so rührt einen aber etwas an (»nerves that tingle touched by sound and light« heißt es schon in Zeile 22). Damit wird ein Erkenntnisprozess in Bewegung gesetzt, der den Menschen auf eine zweite Existenzebene hinweist. Der Wert dieser zweiten Existenzebene besteht darin, so muss man zumindest aus der Kritik an der physischen Realität schließen, dass dort die Dinge erscheinen, wie sie wirklich sind. Insbesondere natürlich in allen Belangen von Gottes Existenz!

Doch diese Ebene kann man nicht betreten, zumindest als lebender Mensch nicht auf direkte, auf unvermittelte Weise. Aber Worte können diese Vermittlung übernehmen. Worte können eine Ahnung der Wahrheiten vermitteln.

---

13 »to see the day illumined, and renew / from mirrored truth the likeness of the True. / Then looking on the Blessed Land 'twill see / that all is as it is, and yet made free:«; My Zeilen 133-136.

14 Platons Höhlengleichnis ist eine der berühmtesten und wichtigsten Metaphern der Philosophie, das in der wissenschaftlichen und sogar der populärwissenschaftlichen Literatur höchste Aufmerksamkeit gewonnen hat. Neben den Standardausgaben der Werksammlungen Platons ist neuerdings für das Verständnis des Höhlengleichnisses besonders empfehlenswert die zweisprachige Ausgabe *Platons Höhlengleichnis* mit neuer Übersetzung und Kommentierung von Rudolf Rehn.

Und diese Ahnung wahrer Worte und Sachverhalte, die ist in den Mythen zu finden. Die werden aber auch und gerade 1931 nicht von Professoren in ihren vom Positivismus aufgeladenen Kreisen in Wien und in ihren Vorlesungen in Cambridge weitergegeben, sondern von den Dichtern, die sich auf die elbische Schöpferkraft besinnen und die beweisen, dass es weit mehr Dinge gibt, von denen man sprechen kann, als mancher moderne Philosoph sich vorzustellen in der Lage ist.

Was aber bedeutet das Gesagte in philosophischen Termini? Das ist recht einfach auf den Punkt zu bringen: Die in *Mythopoeia* steckenden Ansichten und ihre Verbildlichung sind purer Platonismus! Das ganze Gedicht ist eine Art poetische Kürzestfassung der Erkenntnistheorie von *Phaidon* und *Politeia*. *Mythopoeia* ist sozusagen das Höhlengleichnis des romantischen Dichters. Denn nichts anderes findet sich in der platonischen Ideenlehre und Ontologie: der Dualismus, die Überzeugung, dass die Erkenntnis im Licht zu finden ist; die Ansicht, dass, wer nur in der materiellen Welt nach Erkenntnis sucht, auf eine Höhlenwand blickt, auf der er nichts anderes als die Schatten jener echten Dinge und Wesen zu erkennen vermag, die gleichzeitig hinter seinem Rücken das wahre Sein leben. Erst wenn der Mensch aufsteht und sich umdreht und die Höhle verlässt, ist er in der Lage, den Blick von den Schatten an der Wand zu wenden und »from mirrored truth the likeness of the True« (Zeile 134) zu sehen. Nur ist es für Tolkien noch viel schlimmer als für Platon, denn Tolkien sieht die Menschheit nicht auf eine Wand schauen, sondern in einen Abgrund blicken: »I will not walk with you progressive apes, erect and sapient. Before them gapes the dark abyss to which that progress tends« (Zeilen 120-122).

Natürlich gibt es mögliche Einwände: Aber er war doch Christ, gläubiger Katholik; da wird Platon in Tolkiens Denken viel zu hoch gehängt. Oder: Es ist doch allgemein bekannt, dass Tolkien, besonders beim Verfassen von *Mythopoeia*, zutiefst unter dem Einfluss von Barfields *Poetic Diction* stand. Speziell zu diesen Einwänden möchte ich sagen. Das ist ja beides richtig. Und sicherlich überwiegt der Glaube an die christlichen Lehren das philologische Wissen um die Spekulationen Platons. Barfields gnostisch angehauchte Anthroposophie hat Tolkien auch vielleicht emotional stärker berührt als das Buchwissen antiker Philosophen. Sicherlich hat ihm die tendentielle Verteufelung des Materiellen in der Anthroposophie affektiv näher gestanden als die unaufgeregte Ironie des Sokrates.

Aber es ist doch so, dass man bei der Betrachtung von Theorien und Ansichten auf die Quellen schauen muss, um zu verstehen, um was es in den Theorien wirklich geht. Und die Quelle des gnostischen Denkens, die Quelle der anthroposophischen Lehren und der Ursprung des theoretischen Unterbaus der christlichen Theologie sind platonisch. In einem berühmten Ausspruch des Philosophen Alfred North Whitehead heißt es, dass alle Philosophie nur

Fußnote zu Platons Lehren sei.[15] In einem gewissen Sinne stimmt das, und die Philosophie in *Mythopoeia* legt Zeugnis davon ab.

Wie man das nun einschätzen soll? Ideenlehre und zweite Existenzebene? Schöpferkraft und Zweitschöpfung? Zunächst einmal ist es Spekulation und kann nicht mehr sein, ehe sich die zweite Existenzebene oder Gott nicht direkt zu Wort melden. Es sind Glaubensfragen, auch die Philosophie Platons ist eine. Doch ich bin nicht hier angetreten, um meinen Glauben oder Unglauben zu vertreten, sondern um meinungsarm daran zu erinnern, dass die Wurzeln tief reichen und dass man ihnen folgen muss, wenn man das Verstehen sucht.

---

15 »The safest general characterization of the European philosophical tradition is that it consists of a series of footnotes to Plato. I do not mean the systematic scheme of thought which scholars have doubtfully extracted from his writings. I allude to the wealth of general ideas scattered through them« (Whitehead 39).

Bibliographie:

Barfield, Owen. *Poetic Diction. A Study in Meaning.* Middletown: Wesleyan University Press, 1973

Bröcker, Walter. *Platos Gespräche.* 4. Auflage. Frankfurt/M.: Klostermann, 1990

Capelle, Wilhelm, Hg. *Die Vorsokratiker.* Stuttgart: Kröner, 1968

Carpenter, Humphrey. *J.R.R. Tolkien. Eine Biographie.* Stuttgart: Klett-Cotta, 1979

---. Hg. unter Mithilfe von Christopher Tolkien. *The Letters of J.R.R. Tolkien.* London: Allen & Unwin, 2000

Coleridge, Samuel Taylor. *Biographia Literaria. Or Biographical Sketches of My Literary Life and Opinions.* London: J.M. Dent & Sons, 1965

Evangelische Zentralstelle für Weltanschauungsfragen. »Dokumentation: Zum Kreationismus und zur Theorie des intelligenten Designs«. *Zeitschrift für Religion und Weltanschauungsfragen* 9/07 (2007): 337-342

Keats, John. *The Poetical Works of John Keats.* London: Warne, 1884

Lewis, Clive Staples. *Überrascht von Freude.* Gießen: Brunnen, 1998

Novalis [Georg Friedrich Philipp Freiherr von Hardenberg]. *Werke.* München: Beck, 2001

Pearce, Joseph. *Tolkien: Man and Myth.* London, HarperCollins, 1998

Platon. *Sämtliche Dialoge.* Hg. O. Apelt. Hamburg: Meiner, 1993

Pope, Alexander. *Essay on Criticism.* 1711
   WWW-Dokument, zit. am 30.4.2007: http://www.gutenberg.org/dirs/etext05/esycr10h.htm

---. *Essay on Man.* 1734
   WWW-Dokument, zit. am 30.4.2007: http://www.gutenberg.org/dirs/etext00/esymn10.txt

Rehn, Rudolf. *Platons Höhlengleichnis. Das Siebte Buch der Politeia,* gr.-dt. Exzerpta Klassika, Band 23. Mainz: Diethrich'sche Verlagsbuchhandlung, 2005

Schneidewind, Friedhelm. *Mythen und Phantastik.* Essen: Oldib, 2007

Shippey, Tom. *The Road to Middle-earth.* Boston, New York: Houghton Mifflin, 2003

Tolley, Clive. »Tolkien's ›Essay on Man‹: a Look at Mythopoeia«. *The Chesterton Review.* J.R.R. Tolkien. Mythos and Modernity in Middle-earth. Vol. XVIII (2002), 79-95

Tolkien, John Ronald Reuel. *Tree and Leaf.* Including the Poem Mythopoeia. London: Grafton, 1992

Weinreich, Frank. Die Evolution. Bochum 2005
   WWW-Dokument, zit. am 6.9.2007: http://www.polyoinos.de/philstuff/evolution.html

---. *Fantasy.* Einführung. Essen: Oldib, 2007

Whitehead, Alfred North. *Process and Reality. An Essay in Cosmology.* Corr. Ed. David Ray Griffin. New York: Free Press, 1979

Tolkiens sub-creation – Die kleinen Werke als fairy-stories?

Thomas Fornet-Ponse (Bonn)

Einführung

Hat man es wie bei Tolkien mit einem Autoren zu tun, der nicht nur narrative Werke verfasst, sondern auch eine eigenständige Theorie phantastischer Geschichten entworfen hat, liegt es nahe, seine Werke daraufhin zu untersuchen, ob sie dieser Theorie entsprechen. Unternimmt dies ein Theologe, mag dieser Umstand auf den ersten Blick verwundern. Es scheint eher eine Frage zu sein, die besser den Literaturwissenschaftlern überlassen werden sollte. Und was für einen Gewinn könnte ein Theologe aus der Lektüre ziehen? Während eine theologische Wortmeldung zu *Leaf by Niggle* noch durchaus angebracht scheint, kann dies von *Farmer Giles of Ham* oder *Roverandom* nicht ohne Weiteres behauptet werden. Denn was könnte die Lektüre des Reiseberichtes eines verzauberten Hundes auf der Suche nach seiner ursprünglichen Größe oder eine Mittelalter-Parodie an theologischer Erkenntnis erzeugen?

Indes gibt es sowohl eine genuin theologische als auch eine genuin tolkienische Begründung für eine theologische Lektüre der kleinen Werke. Bevor ich mich ausführlicher der ersten und in ihr dem theologischen Element von Tolkiens Theorie über fairy-stories[1] zuwende (was erklärt, wieso ein Theologe sich berechtigterweise als Theologe die Titelfrage stellen kann), sei zunächst die genuin tolkienische Begründung kurz skizziert.

Die genuin tolkienische Begründung findet sich in *Mythopoeia* und *On Fairy-Stories*. Das darin entfaltete Konzept der Zweitschöpfung[2] sowie die dargestellten Funktionen von fairy-stories bilden die mögliche Basis für eine theologische Lektüre auch jener fairy-stories, die Religion nicht explizit enthalten, da Tolkien zufolge in erfolgreichen fairy-stories das Evangelium aufscheinen könne.

Nach einer Darstellung dieses Konzeptes widme ich mich einigen der kleinen Werke (*Roverandom*, *Leaf by Niggle*, *Farmer Giles of Ham* und *Smith of Wootton Major*) unter der Fragestellung, ob es auf sie angewandt werden kann, d.h. ob und inwiefern sie als fairy-stories angesehen werden können.

---

1 Da die übliche deutsche Übersetzung »Märchen« nicht ganz auf die von Tolkien mit dem Begriff »fairy-stories« bezeichneten Geschichten anzuwenden ist, verwende ich in der Folge weiterhin den Originalbegriff.

2 Diese Übersetzung von »sub-creation« scheint mir angemessener als die mit »Nebenschöpfung«, da dort der ontologische Unterschied nicht so deutlich wird.

Sollen Theologen phantastische Geschichten lesen?

Auf der Basis eines Ansatzes der Interkulturellen Philosophie ist es für die Theologie wichtig, »ihr Feld theologischer Rationalität zu erweitern, oder, besser gesagt, dieses Feld nicht auf von logischen Kategorien oder analytischen Konzepten beherrschten Bereichen zu beschränken« (Fornet-Betancourt 194). So müssen die Grenzen eines rationalen theologischen Diskurses nicht mit denen eines strikt kategorialen Wissens logisch-begrifflicher und analytischer Ausrichtung übereinstimmen. In der Begegnung mit Poesie und Literatur lernt die Theologie direkt, Volkslieder, Erzählungen, orale Traditionen etc. vor allem in ihrer hermeneutischen und kognitiven Relevanz zu schätzen. Ähnlich stellt der bedeutende Befreiungsphilosoph und -theologe Ignacio Ellacuría SJ in seinen grundlegenden Überlegungen zur Heilsgeschichte und zum Heil in Geschichte auch Forderungen an die Theologie: »Faith and theology must take the world of today in all seriousness« (Ellacuría 7). Schließlich muss sich Theologie an den Situationen und Bedürfnissen des wirklichen Lebens ausrichten. In einer zunehmend säkularisierten Welt, d.h. in der die Welt zunehmend ein positiver Wert ist und das Religiöse zunehmend weniger wert geschätzt wird, »it is obvious that only a secularized faith and theology have, or can have, complete meaning for an increasingly secularized world« (Ellacuría 7). Daraus folgt m. E. die Notwendigkeit, sich als Theologe gerade mit den Elementen der säkularisierten Kultur auseinanderzusetzen. Zu diesen gehört aber ohne Zweifel auch die phantastische Literatur oder Fantasy.

Erkenntnistheologisch könnte dies dahingehend formuliert werden, dass die menschliche Kultur bzw. Kunst einen locus theologicus darstellt – zwar einen alienus, um die Typologie Canos aufzugreifen, aber einen locus theologicus. Schließlich gilt der Eröffnungssatz von *Gaudium et spes* weiterhin:

> Freude und Hoffnung, Trauer und Angst der Menschen von heute, besonders der Armen und Bedrängten aller Art, sind auch Freude und Hoffnung, Trauer und Angst der Jünger Christi, und es findet sich nichts wahrhaft Menschliches, das nicht in ihrem Herz seinen Widerhall fände. (GS 1)

Das aber beschränkt eine theologische Auseinandersetzung mit Werken der Kunst und Kultur nicht nur auf jene mit offensichtlich theologischen oder religiösen Konnotationen. Sondern es fordert gerade auch die Beschäftigung mit ›rein‹ säkularen Ausdrücken menschlicher Kunst und Kultur. Ohne die kleinen Werke Tolkiens als rein säkulare Werke bezeichnen zu wollen, sind sie zweifelsohne Ausdrücke menschlicher Kunst und Kultur und daher auch von Theologen zu untersuchen. Mehr noch, wenn der Autor sogar in einen literaturtheoretischen Überlegungen theologische Gedankengänge entfaltet, die nun untersucht werden sollen.

Sub-creation und Fantasy

Tolkiens Theorie der Zweitschöpfung[3]

Zunächst seien einige Voraussetzungen genannt, die Tolkien für sein Konzept der sub-creation benötigt. Zum ersten ist die Existenz eines (allmächtigen) Schöpfergottes zu nennen; zum zweiten die Existenz freier, von diesem Gott als sein Abbild geschaffener Wesen und zum dritten die Existenz eines Sündenfalls mit der mit diesem verbundenen veränderten faktischen Beschaffenheit des Menschen.[4]

Vor allem in *Mythopoeia* diskutiert Tolkien die aktuelle Beschaffenheit des Menschen im Verhältnis zu seiner ursprünglichen:

> The heart of man is not compound of lies,
> but draws some wisdom from the only Wise,
> and still recalls him. Though now long estranged,
> man is not wholly lost nor wholly changed.
> Dis-graced he may be, yet is not dethroned,[5]
> and keeps the rags of lordship once he owned,
> his world-dominion by creative act: (My 87)

In diesen Zeilen spricht Tolkien die Gottebenbildlichkeit des Menschen an, die vor allem in der schöpferischen Fähigkeit des Menschen besteht. Durch sie erfüllt der Mensch den in Gen 1,28 ergangenen Herrschafts- bzw. Hüteauftrag. Sie umfasst sämtliche Bereiche der künstlerischen Tätigkeit des Menschen, wobei Tolkien vor allem die literarische im Blick hat. Seine herausgehobene Stellung und diese Fähigkeit hat der Mensch selbst durch den Sündenfall nicht verloren. Zudem lehnt Tolkien eine vollkommene Verderbnis der menschlichen Natur durch den Sündenfall ab und unterstreicht die immer noch vorhandene grundsätzliche Hinordnung des Menschen auf bzw. Erinnerung an Gott und seine Weisheit. Von diesem ist er zwar schon lange entfremdet, aber deswegen noch nicht völlig verloren oder verdorben. Daher kann er davon ausgehen, dass der Mensch auch im Paradies noch schöpferisch tätig sein wird (vgl. My 90, FS 73).

---

3 Vgl. u.a. Agøy; Birzer 23-44.
4 Vgl. für eine knappe Skizze der Mythopoesis, der Fiktionalität und deren Verhältnis zum Christentum Steinmetz 73ff.
5 Vgl. BMC 23: »man fallen and not yet saved, disgraced but not dethroned«.

Während der Begriff »sub-creator« in *Mythopoeia* nur genannt und kaum weiter expliziert wird, beschreibt Tolkien in *On Fairy-Stories* ausführlicher, wie sub-creation erfolgt:

> When we can take green from grass, blue from heaven, and red from blood, we have already an enchanter's power – upon one plane; and the desire to wield that power in the world external to our minds awakes. It does not follow that we shall use that power well upon any plane. We may put a deadly green upon a man's face and produce a horror; we may make the rare and terrible blue moon to shine; or we may cause woods to spring with silver leaves and rams to wear fleeces of gold, and put hot fire into the belly of the cold worm. But in such 'fantasy', as it is called, new form is made; Faërie begins; Man becomes a sub-creator. (FS 23)

In der Zweitschöpfung schafft der Künstler mithin etwas, was in der Primärwelt nicht gegeben ist. Allerdings verwendet er dazu aus der Primärwelt bekannte Kategorien. Das Neue entsteht durch die neuartige Kombination; das künstlerische Schaffen des Menschen ist eine von Gott gegebene Gabe und Aufgabe, die der Mensch mit den von Gott geschaffenen Dingen ausübt. So sind z.B. die Götter in Mythologien zwar menschliche Konstrukte, benötigen aber einen Bezug zur realen Welt und werden vom Menschen mit Personalität ausgestattet. Wenn der Mensch sie mit Naturphänomenen in Zusammenhang bringt, hat er diese von Sonne, Mond und Wolken abstrahiert; »their personality they get direct from him; the shadow or flicker of divinity that is upon them they receive through him from the invisible world, the Supernatural« (FS 24)[6].

Der Erfolg einer sub-creation bemisst sich nach dem Glauben, den der Leser bzw. die Hörerin der Geschichte entgegenbringt. In eine erfolgreiche Zweitschöpfung kann man eintreten und das von ihr Berichtete ist ›wahr‹ – gemäß den Gesetzen dieser Welt. Der Glaube an eine Geschichte hat dabei nichts damit zu tun, ob dies auch in der Primärwelt möglich sei. »Fairy-stories were plainly not primarily concerned with possibility, but with desirability« (FS 40f). So können nach Tolkien verschiedene Dinge aus Sicht unserer, d.h. der äußeren Wirklichkeit als fundamental falsch erscheinen, aber nicht in der imaginären Welt, weil sie genau so gemacht ist. Ferner sieht Tolkien es als einen Aufweis der Unendlichkeit Gottes an, sich in einer Zweitschöpfung von den bekannten Wegen zu lösen (vgl. L 188, #153).

---

6 Von dieser Warte aus besteht auch kein grundsätzlicher Unterschied zwischen höheren und niederen Mythologien. In beiden zeigt sich auch die auch nach dem Sündenfall noch vorhandene Verwiesenheit des Menschen auf Gott, denn gelegentlich erkennt man etwas Höheres in ihnen: »Divinity, the right to power (as distinct from its possession), the due of worship; in fact ›religion‹« (FS 26). Mythologie und Religion sind – obwohl voneinander zu unterscheiden – eng miteinander verbunden.

Das operative Verbindungsglied zwischen der von Gott gegebenen über das in der Primärwelt Vorfindliche hinausgehenden Imagination[7] und der Zweitschöpfung ist die Kunst, die Tolkien behelfsmäßig »fantasy« nennt und in menschlicher Kunst am ehesten in der Literatur erreicht wird (vgl. FS 48).

Um die Legitimität der Fantasy, der zweitschöpferischen Kunst, zu begründen, zitiert Tolkien in *On Fairy-Stories* eine Passage aus *Mythopoeia* (vgl. My 87, FS 55), in der er die Analogie zwischen göttlichem Schaffen und menschlicher künstlerischer Zweitschöpfung als Ausdruck der Gottebenbildlichkeit des Menschen unterstreicht. Dabei geht es ihm auch um die Vernünftigkeit der Fantasy: »Fantasy is a natural human activity. It certainly does not destroy or even insult Reason; and it does not either blunt the appetite for, nor obscure the perception of, scientific verity« (FS 55). Vielmehr ist innere Logik notwendig für eine plausible Sekundärwelt. Unter Rekurs auf die Gottebenbildlichkeit des Menschen verteidigt Tolkien auch das Recht des Menschen auf Gebrauch der Phantasie trotz ihres möglichen Missbrauchs (vgl. FS 56).

Nach Tolkiens Auffassung will jeder menschliche Künstler in gewissem Maße tatsächlich etwas Wirkliches schaffen und kann ein Werk ohne eine irgendwie geartete Teilhabe an der Wirklichkeit nicht die innere Konsistenz der Wirklichkeit aufweisen (vgl. FS 70f). Im Blick auf die Ainur, die diesen Aspekt der Zweitschöpfung am deutlichsten zeigen (vgl. L 284, #212), sieht er mit der Verleihung der Fähigkeit zur Zweitschöpfung das Versprechen von Seiten Gottes verbunden, dieser Zweitschöpfung die Wirklichkeit der Schöpfung zu verleihen (vgl. L 195, #153). Auch wenn er hier nichts darüber sagen möchte, ob es sich auch in der Primärwelt so verhält, scheint die Argumentation aus *Mythopoeia* und *On Fairy-Stories* doch die Annahme zu unterstützen, auch menschliches Kunstschaffen könne als Mitwirkung am Schöpfungswerk verstanden werden. Gestützt wird dies durch einen Hinweis bezüglich *Leaf by Niggle*: »I tried to show allegorically how that [= sub-creation] might come to be taken up into Creation in some plane in my ›purgatorial‹ story *Leaf by Niggle* (Dublin Review 1945)« (L 195).

Funktionen von Fantasy

Nach Tolkien hat Fantasy vor allem die Funktionen Recovery, Escape und Consolation.

Unter Recovery versteht er in erster Linie das Wiedererlangen eines klaren Blicks. »I do not say ›seeing things as they are‹ and involve myself with the philosophers, though I might venture to say ›seeing things as we are (or were)

---

7 »Faery might be said indeed to represent Imagination (without definition because taking in all the definitions of this world): esthetic: exploratory and receptive; and artistic; intentive, dynamic, (sub)creative« (SWME 101).

meant to see them‹ – as things apart from ourselves« (FS 57f). Möglich wird die Wiedererlangung durch die Bereitschaft, sich von der Erzählkunst verzaubern zu lassen. Auch wenn fairy-stories sich zum großen Teil mit einfachen, von der Phantasie unberührten, Dingen beschäftigen, werden sie durch ihre phantastische Umgebung anders beleuchtet. »It was in fairy-stories that I first divined (sic!) the potency of words, and the wonder of the things, such as stone, and wood, and iron; tree and grass; house and fire; bread and wine« (FS 60).

Den Zusammenhang von Recovery mit dem nächsten Aspekt, Escape, spricht Tolkien in seinem Essay zu *Smith of Wootton Major* an: »Faery represents at its weakest a breaking out (at least in mind) from the iron ring of the familiar, still more from the adamantine ring of belief that it is known, possessed, controlled, and so (ultimately) all that is worth being considered – a constant awareness of a world beyond these rings« (SWME 101).

Im Blick auf Escape ist Tolkiens Unterscheidung der zwei grundlegend unterschiedlichen Weisen einer Flucht von Bedeutung, denn ihre Kritiker »are confusing, not always by sincere error, the Escape of the Prisoner with the Flight of the Deserter« (FS 61). Während der Deserteur vor der Wirklichkeit weglaufen will, geht es in der Fluchtmöglichkeit durch eine fairy-story eher um Widerstand denn um Weglaufen. Tolkien wendet sich auch gegen Vorstellungen, Fabriken oder Autos als wirklicher denn Zentauren oder Drachen anzusehen (vgl. FS 63).

Sehr wichtig und auf den Aspekt der Consolation hindeutend ist die Flucht vor Hunger, Durst, Armut und dem Menschen seit langer Zeit bewussten Beschränkungen, z.B. der Unmöglichkeit, mit anderen Lebewesen konversieren zu können (vgl. FS 66). Das älteste und tiefste Sehnen indes meint »the Great Escape: the Escape from Death« (FS 68), wozu sich zahlreiche Beispiele und Möglichkeiten in fairy-stories finden. Mithin versteht Tolkien die durch fairy-stories ermöglichten Fluchtmöglichkeiten primär als »eine Möglichkeit der Erfüllung von Sehnsüchten und Befriedigungen, die die primäre Welt nicht bieten kann« (Weinreich 54).

Neben diesem Trost durch die imaginative Erfüllung uralter Wünsche besitzt der Trost der fairy-stories noch einen weiteren Aspekt. »Far more important is the Consolation of the Happy Ending« (FS 68). In Ermangelung eines Wortes für diesen Zustand benutzt Tolkien das Wort »eucatastrophe«.

> The consolation of fairy-stories, the joy of the happy ending: or more correctly of the good catastrophe, the sudden joyous 'turn' (for there is no true end to any fairy-tale): this joy, which is one of the things which fairy-stories can produce supremely well, is not essentially 'escapist', nor 'fugitive'. In its fairy-tale – or otherworld – setting, it is a sudden and miraculous grace: never to be counted on to recur. (FS 69)

Die Existenz von Leiden und Scheitern wird dabei nicht negiert; vielmehr ist ihre Möglichkeit die Voraussetzung für die Freude über die Erlösung davon. Negiert wird die universelle finale Niederlage, wodurch dieser Trost »in so far is *evangelium*, giving a fleeting glimpse of Joy, Joy beyond the walls of the world, poignant as grief« (FS 69). Diese Freude kann nach Tolkien ein Wiederschein des Evangeliums in der realen Welt sein. Wegen der Partizipation einer gelungenen Zweitschöpfung an der Wirklichkeit kann die besondere Qualität der durch die Eukatastrophe bewirkten Freude (joy) in einer erfolgreichen Fantasy erklärt werden als »sudden glimpse of the underlying reality or truth« (FS 71). Zunächst bezieht sich die Befriedigung hervorrufende Wahrheit der Geschichte auf die Sekundärwelt; in der Eukatastrophe scheint aber etwas Größeres auf: »it may be a far-off gleam or echo of *evangelium* in the real world« (FS 71).

Bei den weiteren Ausführungen Tolkiens ist für uns nur von Belang, dass er die in den Evangelien enthaltene fairy-story als die größte und vollständigste denkbare ansieht und sie historisch geschehen ist. Die Freude über die Historizität einer besonders schönen fairy-story vergleicht Tolkien mit der durch eine Eukatastrophe hervorgerufenen Freude, die auf die Große Eukatastrophe verweist.

> The Christian joy, the *Gloria*, is of the same kind; but it is preeminently (infinitely, if our capacity were not finite) high and joyous. Because this story is supreme; and it is true. Art has been verified. God is the Lord, of angels, and of men – and of Elves. Legend and History have met and fused.   (FS 73)

Wie *Mythopoeia* endet auch *On Fairy-Stories* mit einem Ausdruck der eschatologischen Hoffnung. Allerdings gilt: »Salvation changes not, nor yet destroys, / garden nor gardener, children nor their toys« (M 90). Ähnlich formuliert Tolkien es in *On Fairy-Stories*: »Redeemed Man is still man. Story, fantasy, still go on, and should go on. The Evangelium has not abrogated legends; it has hallowed them, especially the ›happy ending‹« (FS 73). Vom Evangelium her können mithin die bekannten Fairy-stories noch einmal anders gelesen werden.

Zusammenfassung

Tolkien versteht mithin in *Mythopoeia* und in *On Fairy-Stories* die künstlerische und vor allem literarische Tätigkeit des Menschen als sub-creation, d.h. analog zum Schöpferwirken Gottes. In besonderem Maße ist die Zweitschöpfung für Fantasy von Bedeutung. Die Kreativität ist eine dem Menschen von Gott verliehene und zur Verwirklichung des Herrschaftsauftrags bzw. seiner Gottebenbildlichkeit notwendige Fähigkeit. Ohne die gravierende Veränderung der faktischen Beschaffenheit des Menschen zu leugnen, besteht diese grundsätzlich auch nach dem Sündenfall weiter – auch das Recht, künstlerisch tätig zu sein, wurde nicht aufgehoben. Mit Hilfe dieser Fähigkeit kann er sich der vollen Wirklichkeit der Welt nähern und letztlich auf Erlösung hoffen, die nicht als Einschränkung, sondern als Erfüllung der schöpferischen Tätigkeit des Menschen verstanden wird. Eine erfolgreiche Fantasy kann dabei – auch ohne explizit religiöse Themen zu behandeln – vor allem durch ihre Funktionen der Recovery, Escape und Consolation und durch die in ihr enthaltende Eukatastrophe – sogar das Evangelium aufscheinen lassen. Dies alles entspricht dann auch der Forderung Tolkiens aus seinem Brief an Milton Waldman:

> Myth and fairy-story must, as all art, reflect and contain in solution elements of moral and religious truth (or error), but not explicit, not in the known form of the primary 'real' world.
> (L 144, # 131)[8]

Die kleinen Werke – fairy-stories?

Was ist eine fairy-story?

Nach der ausführlichen Darlegung von Tolkiens Theorie der Zweitschöpfung sei hier nur kurz zitiert, wovon es abhängt, ob eine Geschichte eine fairy-story ist (und damit die oben genannten Funktionen erfüllt):

> The definition of a fairy-story – what it is, or what it should be – does not, then, depend on any definition or historical account of elf or fairy, but upon the nature of *Faërie*: the Perilous Realm itself, and the air that blows in that country... Faërie cannot be caught in a net of words; for it is one of its qualities to be indescribable, though not imperceptible. (FS 10)

Wie oben schon zitiert, beginnt Faërie dort, wo Fantasy wirkt und indem der Mensch als sub-creator wirkt. Dabei weist Tolkien noch auf drei ›Gesichter‹ einer fairy-story hin: mystisch gegenüber dem Übernatürlichen, magisch gegenüber

---

8 Vgl. BMC 15: »The significance of a myth is not easily to be pinned on paper by analytical reasoning. It is at its best when it is presented by a poet who feels rather than makes explicit what his theme portends; who presents it incarnate in the world of history and geography, as our poet has done« (MC 15). Vgl. ausführlicher Fornet-Ponse, *Tolkien* 52ff.
Vgl. auch Ross Smith: »We can therefore affirm that the central tenets of a Tolkienian theory of language would be that myth and storytelling, poetry and imagination, are at least as important as structural and logical analysis« (149).

der Natur und als Spiegel von Spott und Mitleid gegenüber dem Menschen (vgl. FS 26f). Diese Passage aufgreifend, schreibt Purtill über die drei seinerzeit bekannten der nun zu behandelnden Werke:

> This passage gives us the essential clue to understanding Tolkien's minor works of fiction. "Leaf by Niggle" shows us the mystical face of fairy story; *Farmer Giles of Ham* shows us the mirror of Man, pity and scorn masked by laughter but still there as in all comedy with any depth. *Smith of Wootton Major* gives us the central, magical face of fairy tale. (Purtill 36f)

Roverandom

1925-27 entstanden, ist es das früheste der zu behandelnden Werke und älter als *On Fairy-Stories*. Schon die Herausgeber Hammond und Scull weisen auf eine Diskrepanz zwischen beiden Werken hin. Denn in seinem Essay kritisierte Tolkien die »flower-and-butterfly minuteness« (FS 6), hält *Roverandom* aber nicht ganz frei von »whimsical ideas such as moon-gnomes riding on rabbits and making pancakes out of snowflakes, and sea-faries who drive in shell carriages harnessed to tiny fishes« (R xxi). Scull/Hammond verweisen auf einen Briefentwurf von 1959, indem Tolkien zugibt, in den 1920er und 30er Jahren noch der Ansicht gewesen zu sein, Märchen seien Literatur für Kinder – was er in *On Fairy-Stories* deutlich ablehnt. Schließlich nennen sie auch einige Bezüge zwischen *Roverandom* und Tolkiens *Legendarium*; so entspricht die Beschreibung von Faërie (hier Elvenhome) der Geographie Valinors während der 20er und 30er Jahre und besteht auch hier ein Verbot für Lebewesen aus den Äußeren Landen/ Mittelerde, dieses zu betreten.

Betrachten wir andere Charakteristika von fairy-stories, kann in *Roverandom* sehr gut gesehen werden, wie Tolkien als Zweitschöpfer mit dem ihm vorgegebenen Material umgeht und in den Neukombinationen auch Neues schafft. Ob es der Mann im Mond ist, der sich mit Drachen auseinandersetzen muss, von denen einer regelmäßig die Mondfinsternisse verursacht; ob es die Möglichkeit für Rover und Roverandom ist, sich mit Flügeln auszustatten und durch die Gegend zu fliegen; ob es unter dem Meer die Beschreibung der sea-fairies ist oder die Reise mit dem Walfisch – alles zeigt einen kreativen Umgang mit Traditionen und erzeugt in der Kombination etwas Neues. Auch eine Eukatastrophe ist ansatzweise vorhanden, denn als Roverandom schon die Hoffnung aufgeben will, seine ursprüngliche Größe wiederzuerlangen, weil Artaxerxes keine Magie mehr zu haben glaubt, bewirkt der Hinweis von dessen Frau eine plötzliche glückliche Wendung (vgl. R 85); sowie weiterhin noch, als sich herausstellt, dass seine ursprüngliche Besitzerin die Großmutter des ›Little Boy

Two‹ ist (vgl. R 88). Von den drei Funktionen der Fantasy dürften die ersten beiden problemlos allein durch die phantastische Gestaltung der Geschichte vorhanden sein – welcher Trost durch die Geschichte gespendet wird, hängt zum einen von der Wirkung der Eukatastrophe ab und zum anderen von der Entstehungssituation – denn *Roverandom* war gerade als Trost für Michael Tolkien gedacht, der seinen Spielzeughund verloren hatte.

An *Roverandom* im Vergleich zu *Smith* zeigt sich mithin deutlich, wie Tolkien praktisch als sub-creator gewirkt hat und wie sich sein Verständnis von Faërie und fairy-stories verändert hat – denn *Roverandom* ist noch ganz eindeutig ein Kinderbuch, während er in *On Fairy-Stories* betont: »The value of fairy-stories is thus not, in my opinion, to be found by considering children in particular« (FS 36).

Leaf by Niggle

Bei diesem Werk spricht der stark allegorische Charakter und die sehr deutlichen religiösen und theologischen Konnotationen nicht dafür, es als fairy-story zu klassifizieren.[9] Wenn ich es dennoch hier behandele, dann, weil hier das Konzept der sub-creation und der möglichen Aufnahme in die Schöpfung sehr deutlich narrativ umgesetzt wird. Ellison bezeichnet *Leaf by Niggle* sogar als »a fictional and poetic counterpart of the essay, a fable or fantasy woven around the theme of ›sub-creation‹« (23).

Den von Shippey deutlich herausgearbeiteten und von anderen Forschern immer wieder erwähnten autobiographischen Aspekt des Werkes (vgl. Shippey, Author 266ff) können wir übergehen. Interessanter ist für unsere Fragestellung, wie Niggles Bild beschrieben wird:

> There was one picture in particular which bothered him. It had begun with a leaf caught in the wind, and it became a tree; and the tree grew, sending out innumerable branches, and thrusting out the most fantastic roots. Strange birds came and settled on the twigs and had to be attended to. Then all round the Tree, and behind it, through the gaps in the leaves and boughs, a country began to open out; and there were glimpses of a forest marching over the land, and of mountains tipped with snow. (LN 94)

---

9 So firmiert es bei Shippey, *Author* 266ff, unter »Autobiographical Allegory«. Purtill nennt gleich verschiedene Möglichkeiten der allegorischen Anwendbarkeit: die moralische, die ästhetische, die religiöse (vgl. 24ff). »The very fact that it can be given a religious interpretation at all makes it unique among Tolkien's work; there is no plausible religious interpretation of, for example, *Smith of Wootton Major* or *The Hobbit*« (Purtill 35).

Abgesehen von den deutlichen schon hinlänglich untersuchten Parallelen zwischen Niggles Bild und Tolkiens *Legendarium* zeigt diese Beschreibung klar, wie eine höchst umfangreiche (literarische) sub-creation weit über das hinausgeht, was am Anfang intendiert war und gewissermaßen ein Eigenleben gewinnt.

Obwohl Niggle darum weiß, eine Reise antreten zu müssen und dieses Bild fertig stellen will, gelingt ihm dies aus verschiedenen Gründen nicht vor seiner Reise. Nach seiner Behandlung gelangt er in sein Bild und kann es mit der Hilfe seines Nachbarns Parish vollenden. Indem diese Landschaft »Niggle's Parish« sogar für andere Menschen als Hinführung zu den Bergen geeignet ist, wurde die Zweitschöpfung in die Erstschöpfung aufgenommen und erfüllt dort einen guten Zweck (vgl. LN 118).

Die Funktionen der Fantasy werden in *Leaf by Niggle* illustriert durch den deutlichen Kontrast zwischen der hiesigen Welt, in der Niggle schnell vergessen wird, weil er nichts nützliches für die Gesellschaft produziert hat (vgl. LN 116ff), und der Welt, in der seine Zweitschöpfung ihr Sein erhält und eine positive Funktion übernimmt.[10] Zur Wiedererlangung der klaren Sicht gehört nach Chance Niggles Erkenntnis, einige der schönsten Blätter seien nur in der Zusammenarbeit mit Parish entstanden. Auf der anderen Seite versteht Parish nun endlich seinen Nachbarn. Beide entkommen aus den in der Geschichte deutlich geschilderten Nöten dieser Welt, »to receive Consolation in the secondary world« (Chance 98). Trost kann *Leaf by Niggle* auf mehrere Weisen bewirken: Zum einen kann es einem Zweitschöpfer Trost spenden, der befürchtet, nach seinem Tod vollkommen vergessen zu werden und sein Werk als nichtig betrachtet zu sehen. Zum anderen kann es aber auch – als ›purgatorial story‹ gelesen – die Furcht vor dem Tod verringern, indem der Tod und das Fegfeuer als notwendiges Durchgangsstadium zur endgültigen Erlösung dargestellt wird (vgl. Fornet-Ponse, *Theologie*).

In *Leaf by Niggle* kann auch eine Eukatastrophe ausgemacht werden: »*Leaf by Niggle* is a ›eucatastrophic‹ story in Tolkien's terminology. The final sentence, ›They both laughed. Laughed – the Mountains rang with it!‹, is a flash of pure joy« (Ellison 30). Nach Shippey hängt dieses erfolgreiche Ende von der Zusammenarbeit Niggles und Parishs ab, die auch gerne als zwei Seiten einer Persönlichkeit (zuweilen auch Tolkiens selbst, vgl. Ellison, Chance) verstanden werden. Diese Kooperation geht so weit, »that ›Niggle's Picture‹ and ›Parish's Garden‹ combine, to become ›Niggle's Parish‹« (Shippey, *Author* 274). Allerdings gilt das positive Ende nur für die Welt, in die Niggle nach seinem purgatorischen Aufenthalt kommt, da die reale Welt Niggle vergisst – aus ihrer Sicht ist seine Geschichte eine Tragödie. »The *other* real world, the world after death, turns to ›eucatastrophe‹« (Shippey, *Author* 276).

---

10 Vgl. Chance 97: »Tolkien here illustrates the virtues of Faërie's secondary world in this ›world‹ called Niggle, the virtues of Escape, Recovery, and Consolation.«

Mithin kann *Leaf by Niggle* nicht als klassische fairy-story im Sinne Tolkiens angesehen werden; vielmehr werden alle zentralen von Tolkien in *On Fairy-Stories* geforderten Charakteristika in dieser Geschichte narrativ erläutert. Auf diese Weise können sie aber vermittelt auch auf den Leser wirken.

Farmer Giles of Ham

In *Farmer Giles of Ham* findet sich weder ein so spielerischer und umfangreicher Umgang mit Traditionen und aus der Primärwelt bekannten Gegenständen wie in *Roverandom* noch ist es eine narrative Entfaltung von *On Fairy-Stories*. Chance behandelt es als Parodie mittelalterlicher Legenden (vgl. 125-133) und Shippey schlug in *The Road to Middle-earth* eine allegorische Lesart vor[11], von der er sich aber in *Author of a Century* wieder distanzierte. »I freely concede, however, that this is probably *furor allegoricus*, or allegorist's mania: *Farmer Giles of Ham* makes too much sense as a narrative in its own right to need an allegorical reading, and is furthermore entirely light-hearted« (*Author* 289). Unter Rekurs auf den neben Giles einzig erfolgreichen Pfarrer mit seiner Bildung verweist Shippey eher auf die Bedeutung von in einer Gesellschaft vergessen wordenen Legenden – ähnlich wie im *Hobbit* in Laketown. Dies weist aber schon auf eine geforderte Wiedergewinnung eines klaren Blicks und eine eröffnete Fluchtmöglichkeit aus der profanen modernen Welt, in der Legenden ebenfalls eine zunehmend geringere Rolle spielen.

Während die Namen, Daten und andere Elemente *Farmer Giles of Ham* in unserer Welt lokalisieren und auch das Vorwort für eine Parodie spricht, unterstützt das Vorhandensein eines Drachen, Riesen, berühmten Schwertes, etc. eine anfängliche Charakterisierung als fairy-story.

Der Erfolg der Geschichte spricht schon für eine glaubwürdige sub-creation – die Existenz des Drachen z.B. wirkt nicht unglaubwürdig, sondern gehört notwendig in die Geschichte hinein und belegt das am Beispiel des am königlichen Hof zu einem Backwerk degenerierten Drachenschwanzes illustrierte Zurückdrängen der Legenden. Es können auch mehrere kleine Eukatastrophen ausgemacht werden – zunächst nach dem Angriff Chrysophylaxens auf die Ritter, wo einzig Giles Widerstand leistet und mit Hilfe von Caudimordax triumphiert; schließlich auch beim Versuch des Königs, den Schatz des Drachen für sich zu beanspruchen.

---

11 »The story of Farmer Giles is therefore largely the triumph of native over foreign (for in Giles's court ›the vulgar tongue came into fashion, and none of his speeches were in the Book-latin‹), as simultaneously of worth over fashion and of heroic song and popular lay over pompous pernickety rationalistic scholarship« (Shippey, Road 89).

›Lightning of Heaven! Seize him and bind him!' cried the King,
justly enraged beyond bearing. 'What do you hang back for? Seize
him or slay him!'
The men-at-arms strode forward.
'Help! Help! Help!' cried Garm.
Just at that moment the dragon got up from the bridge.
(FGH 53)

Blicken wir auf die verschiedenen Funktionen gelungener Fantasy, können wir auch hier fündig werden. Shippey weist vor allem auf den Aspekt der Recovery hin, wenn er in *Farmer Giles* vor allem den Triumph des Einfachen, Ungelernten und der alten Überlieferung gegen die höfische Dekadenz etc. ausgedrückt sieht (vgl. *Road* 89; *Author* 291). Dies impliziert die mögliche Flucht in diese einfache Welt und kann dadurch auch eine tröstende Funktion haben. Nähme man an, in dieser Verteidigung des Einfachen, Ungelernten und der alten Überlieferung scheine etwas vom Evangelium auf, könne dies gerade in der Verteidigung der Volksfrömmigkeit, des *sensus fidelium*, des Glaubens gegen die Anfechtungen des Rationalismus, der alten Theologie gegen die neuen – man denke an Tolkiens Zeitgenossenschaft zum Antimodernismus – etc. liegen.

Smith of Wootton Major

Analog zu *Leaf by Niggle* versteht Shippey dieses Werk als autobiographische Allegorie (vgl. *Author* 297), was von Doughan, Flieger und Purtill nicht geteilt wird. Flieger betont die enge Beziehung zu *On Fairy-Stories*: »The story is thus the imaginal realization of the theoretical concept he put forward in his 1939 lecture-essay *On Fairy-Stories*« (60). Gerade bei Einbeziehung von Tolkiens Essay zu *Smith* zeigt sich die Berechtigung der Kennzeichnung dieses Werk als eine narrative Umsetzung des theoretischen Konzepts – oder, um mit Martin Simonson zu sprechen, ein ›re-enactment of *On Fairy-Stories*‹.

Blickt man von der Entstehungsgeschichte und Tolkiens Essay auf dieses Werk, steht vor allem die Frage nach der Natur und den Wirkungen Faerys im Zentrum der Aufmerksamkeit. Indem Faery eine ganz gewichtige Rolle spielt, entspricht *Smith* der eingangs zitierten Definition einer fairy-story über Faërie. In seinem Essay weist er die Lesart als Allegorie deutlich zurück:[12]

---

12 Wenn Tolkien eine allegorische Deutung allgemein ablehnt, gibt er zu, die große Halle könne als Allegorie der Dorfkirche verstanden werden, der Meisterkoch als den Pfarrer repräsentierend etc. – worin sich Tolkiens Ablehnung einiger Veränderungen des II. Vatikanums zeigt (vgl. SWME 100). Aber auch hier legt er Wert auf die Feststellung, Religion sei nicht das primäre Thema.

It is a 'Fairy Story', of the kind in which beings that may be called 'fairies' or 'elves' play a part and are associates in action with human people, and are regarded as having a 'real' existence, that is one in their own right and independent of human imagination and invention. (SWME 84)

Fast direkt im Anschluss diskutiert Tolkien das Verhältnis von Faery und der realen Welt. In *Smith* kann man problemlos von einer Welt in die andere übergehen, aber auch wenn sie sich in Kontakt befinden, besetzen sie eine unterschiedliche Zeit und einen unterschiedlichen Raum – was die unterschiedlichen je vergangenen Zeiträume erklärt.

Die Geschichte spielt zu einem Zeitpunkt, an dem die von Nokes paradigmatisch gezeigte Vulgarisierung des Ortes einigermaßen weit fortgeschritten ist, die sich in der Weise der Feiern niederschlägt – nun geht es ausschließlich um Essen und Trinken, während Lieder, Legenden und Tanzen keine Rolle mehr spielen. Verbunden damit wurden auch die Legenden über Faery weniger beachtet. Dass der König Faerys nach Wootton Major kommt, um dort diesem Trend entgegenzuwirken, zeigt, dass sich Faery mit den Menschen beschäftigt. Weil es aber von der Welt der Menschen unabhängig ist, muss es sich um eine Beziehung der Liebe handeln: »the Elven Folk, the chief and ruling inhabitants of Faery, have an ultimate kinship with Men and have a permanent love for them in general« (SWME 93). Diese Liebe charakterisiert Tolkien näherhin als eine Beziehung zu allen lebenden und nicht lebenden Dingen, die Liebe und Respekt einschließt und den Geist des Besitzens und der Herrschaft entfernt oder modifiziert (vgl. SWME 94, 101). In dieser Hinsicht könnten die Menschen viel von den Elben lernen, was in der Geschichte an Rider und Smith sehr deutlich wird.

Der Kontakt mit Faery ist für die Menschen von großem Vorteil – wie sich in der Kunst des Schmiedes und seiner Freude an der Arbeit zeigt. Ferner geht es auch um die Restaurierung einer Festkultur – die eben über die reine Befriedigung der materiellen Bedürfnisse hinausgeht und in Liedern, Legenden, Musik und Tanz auf anderes verweist.

Die von Tolkien genannten Funktionen einer gelungenen Fantasy werden – wie in *Leaf by Niggle* – hier in einer Geschichte umgesetzt, können aber auch in dieser Ausdrücklichkeit ihre Wirkung auf die Leserin ausüben: Rider und Smith entfliehen ihrer Welt durch die ihnen ermöglichten Besuche Faerys, sie kommen von dort erfrischt wieder und haben einen anderen Blick auf die Dinge als vorher. Von dieser Warte aus lässt sich auch Tolkiens Aussage in seinem Essay erklären: »BUT Faery is *not* religious. It is fairly evident that it is not Heaven or Paradise« (SWME 100). Mit dieser Aussage steht er auf der Linie von *On Fairy-Stories*. So geht es den Elben nicht darum, die religiöse Hingabe der Menschen zu verbessern – wohl aber geht es um einen Ausbruch aus dem eisernen Ring des Bekannten, das Wachhalten der Kenntnis einer Welt über diese Ringe hinaus. Und weiter noch um die oben genannte Liebe. »Things seen in its light will be respected, and they will also appear delightful, beautiful, wonderful even glorious« (SWME 101). Indem Faery die Imagination repräsentiert, eine Verbindung darstellt des Bewusstseins einer unbeschränkten Welt außerhalb unseres domestizierten Bezirks, der nichtbesitzenden Liebe für die in ihr enthaltenden Dinge und des Sehnens nach Staunen und Wundern ist Faery »as necessary for the health and complete functioning of the Human as is sunlight for physical life: sunlight as distinguished from the soil, say, through it in fact permeates and modifies even that« (SWME 101).

Indem *Smith* die drei Aspekte der Recovery, Escape und Consolation narrativ demonstriert, sie aber auch auf die Leserin ausüben kann – zumal Faery eine ganz gewichtige Rolle darin spielt –, kann es als fairy-story im Sinne Tolkiens angesehen werden, auch wenn es primär eine narrative Verwirklichung seiner Theorie ist. Zudem ist es gerade in der Verwirklichung eine Unterstützung der Ausführungen in *On Fairy-Stories*.

Und was hat das alles mit Theologie zu tun?

Es dürfte deutlich geworden sein, wie jedes der besprochenen kleinen Werke Tolkiens auf seine Weise seine Theorie der Nebenschöpfung unterstützt und auch die entscheidenden Elemente einer fairy-story enthalten oder thematisieren – abgesehen von *Roverandom*, das aber ein hervorragendes Beispiel der Arbeitsweise der Nebenschöpfung ist.

Folgen wir Tolkiens Argument, eine gelungene Nebenschöpfung könne zum Widerschein des Evangeliums werden und seiner Auffassung, eine fairy-story sollte Elemente der religiösen Wahrheit oder des Irrtums nur implizit enthalten, können diese in den von ihm geschriebenen fairy-stories gesucht werden. Die Funktionen der Fantasy bzw. Faerys (Recovery, Escape und Consolation) zeigen die Bedürfnisse der Menschen und die Begrenztheit der (gefallenen) Schöpfung an – gleichzeitig aber auch dienen sie als Hinweis auf das Eschaton und die übernatürliche Erfüllung des Menschen. Auf diese Weise können die kleinen Werke tatsächlich zum Widerschein des Evangeliums vom universalen Heilswillen Gottes werden und lohnt sich eine Auseinandersetzung mit ihnen aus theologischer Sicht, um diese Spuren weniger im spekulativ-theologischen, als vielmehr im pastoralen Interesse aufzuspüren – ganz im Sinne des letzten Canons des Codex Iuris Canonici: »salus animarum suprema lex debet esse«.

Bibliographie:

Agøy, Nils Ivar. "Quid Hinieldus cum Christo? – New Perspectives on Tolkien's Theological Dilemma and his Sub-Creation Theory". *Proceedings of the J.R.R. Tolkien Centenary Conference*. Patricia Reynolds and Glen H. Goodknight. Milton Keynes and Altadena: Mythopoeic Press, 1995, 31-38

Birzer, Bradley J. *Tolkien's Sanctifying Myth. Understanding Middle-earth*. Wilmington: ISI Books, 2002

Carpenter, Humphrey, ed. with assistance of Christopher Tolkien. *The Letters of J.R.R. Tolkien*. Boston und New York: Houghton Mifflin, 2000

Chance, Jane. *Tolkien's Art. A Mythology for England. Revised Edition*. Kentucky: University Press, 2001

Doughan, David. "In search of the bounce: Tolkien seen through Smith". *Leaves from the Tree*. Tom Shippey et. al. Tolkien Society 1991, 17-22

Ellacuría, Ignacio. *Freedom made Flesh. The mission of Christ and his Church*. New York: Orbis, 1976

Ellison, John A. "The 'Why', and the 'How': Reflections on *Leaf by Niggle*". *Leaves from the Tree*. Tom Shippey et. al. Tolkien Society 1991, 23-32

Flieger, Verlyn. Afterword. *Smith of Wootton Major. Extended Edition*. HarperCollins, 2005, 59-68

Fornet-Betancourt, Raúl. *Lateinamerikanische Philosophie zwischen Inkulturation und Interkulturalität*. Frankfurt a.M.: IKO, 1997

Fornet-Ponse, Thomas. »Tolkiens Theologie des Todes«. *Hither Shore* 2 (2005): 157-186

---. »Tolkien und die Theologie«. *Stimmen der Zeit* 223 (2005): 51-62

Purtill, Richard L. *J.R.R. Tolkien. Myth, Morality, and Religion*. San Francisco: Ignatius Press, 2003

Shippey, Tom. *The Road to Middle-earth. How J.R.R. Tolkien created a Mythology*. London: HarperCollins, 1992

---. *J.R.R. Tolkien – Author of the Century*. London: HarperCollins, 2000

Smith, Ross. *Inside Language. Linguistic and Aesthetic Theory in Tolkien*. Zurich and Berne: Walking Tree Publishers, 2007

Steinmetz, Karl-Heinz. »Ritter, Drache, Perle. Mythopoeisis bei J.R.R. Tolkien«. *Der Herr der Ringe. Fantasy – Mythologie – Theologie*. Ders. et.al. Salzburg: Aleph-Omega-Verlag, 2006, 59-76

Tolkien, John Ronald Reuel. "Farmer Giles of Ham". *Tales from the Perilous Realm*. London: HarperCollins, 1998, 1-57

---. "Leaf by Niggle". *Tree and Leaf*. London: HarperCollins, 2001, 93-118

---. "Mythopoeia". *Tree and Leaf*. London: HarperCollins, 2001, 85-90

---. „On Fairy-Stories". *Tree and Leaf*. London: HarperCollins, 2001, 1-81

---. *Roverandom*. London: HarperCollins, 1998

---. "Smith of Wootton Major". *Smith of Wootton Major. Extended Edition*. Ed. Verlyn Flieger. HarperCollins, 2005, 5-58

---. "Smith of Wootton Major essay". *Smith of Wootton Major. Extended Edition*. HarperCollins, 2005, 84-101

---. "Beowulf: The Monster and the Critics". *The Monster and the Critics and Other Essays*. Ed. Christopher Tolkien. London: HarperCollins, 1997, 5-48

Weinreich, Frank. *The Lord of the Rings*. Mentor-Lektürehilfen. Stuttgart, 2002

… Martin Sternberg

Smith of Wootton Major als religiöser Text
Martin Sternberg (Bonn)

olkiens Legitimation des Phantastischen wird regelmäßig aus seinem Essay *On Fairy-Stories* und der Geschichte *Leaf by Niggle* als dessen erzählerischer Illustration erschlossen, und als solche ist sie religiös: Als Zweitschöpfer folgt der Mensch dem Vor-Bild Gottes, in dessen Bilde er geschaffen ist, und das Märchen folgt mit seinem guten Ende dem heilsgeschichtlichen Vorbild der durch die Inkarnation, Passion und Auferstehung Christi zu einem guten Ende gebrachten Menschheitsgeschichte.

Diese Gedanken beruhen natürlich auf Tolkiens christlichem Glauben, aber die Anbindung des Phantastischen an die Religion könnte auch aus einer inneren Notwendigkeit folgen: Wenn Gegenstand von Religion ein Außerhalb der beobachtbaren Wirklichkeit ist, sei es ein vom Profanen abgesetztes Heiliges im Sinne Rudolf Ottos und Mircea Eliades (vgl. Otto 28-35; Eliade 14f) oder sei es die unterbestimmte und bedrohliche Umwelt des Systems im Sinne Niklas Luhmanns (vgl. 18-20, 33-38) – dann ist es wahrscheinlich, dass eine Literatur, die außerhalb der beobachtbaren Wirklichkeit spielt, ebenfalls in diesem Außerhalb und der Beziehung zu ihm ihren Sitz und ihre Funktionen haben könnte.

Im Folgenden soll daher der Frage nachgegangen werden, ob auch *Smith of Wootton Major* und seine von Verlyn Flieger herausgegebenen Begleittexte eine religiöse Begründung für das Phantastische liefern, und zwar in drei Schritten: der Analyse von Smiths Erfahrungen in Faery als religiösen Erfahrungen, des Weges zu diesen Erfahrungen als religiösem Weg und des Verhältnisses Faerys zur Menschenwelt und dessen Auswirkungen als religiöser Ordnung.

Faery als Raum religiöser Erfahrungen

ie Bestimmung Faerys als Raum religiöser Erfahrungen ist sowohl aus einem Abgleich mit Tolkiens eigenem Werk als auch werkextern möglich. Werkextern ergibt sie sich aus den Kriterien, die Rudolf Otto für die Erfahrung des Heiligen aufgestellt hat.

Für Otto ist das Heilige keine ethische oder religiöse Vollkommenheit, sondern hiervon losgelöst zu betrachten. Dieses Heilige ohne ethischen Bezug nennt er »das Numinose«, dessen Erfahrung eine in dem Sinne irrationale Gefühlsregung ist, als sie nicht mit Begriffen zutreffend beschrieben werden kann (vgl. Otto 5-8). Das Numinose ist einmal ein *tremendum*, etwas, das Furcht, Angst, Schrecken, Scheu auslöst und auf den Erfahrenden abdrängend wirkt. Gleichzeitig ist das Numinose aber auch anziehend und beseligend, es ist ein *fascinans* (vgl. 15-20, 42-45). All dies sind aber nur Näherungen, denn das Numinose und seine Erfahrung sind nicht beschreibbar, sie verweigern sich der begrifflichen Fassbarkeit und sind Geheimnis, *mysterium* (vgl. 35f).

Faery wird nun von Smith im geschilderten Sinne als numinos erfahren: »In longer journeys he had seen things of both beauty and terror that he could not clearly remember nor report to his friends, but he knew that they dwelt deep in his heart« (SWM 26) – viele seiner Wunder sind also tremendum und fascinans zugleich.[1]

Besonders hervorzuheben ist die Betonung des mysterium in dieser Beschreibung, das im Vergleich zu mystischen Texten als Gradmesser für die Stärke der Andersartigkeit der Erfahrung Faerys herangezogen werden kann. Rudolf Otto hat betont, dass die Erfahrung des Numinosen nicht mit anderen Kontrastharmonien aus Furcht und Faszination verwechselt werden dürfe, die ihm ähneln, aber nicht entsprechen (56-60). Smiths Erfahrungen lassen sich aber nicht nur sprachlich nicht beschreiben, sondern auch nicht deutlich erinnern. Sie übersteigen nicht nur das Darstellungsvermögen der Sprache, sondern auch das Fassungsvermögen des Bewusstseins und müssen daher als genuin numinose Erfahrungen großer Intensität gewertet werden.

Neben der werkexternen religiösen Qualifikation Faerys als Raum numinoser Erfahrungen gibt es auch eine werkinterne Referenz durch ein übereinstimmendes Element mit *Leaf by Niggle*: Als Niggle in sein Wirklichkeit gewordenes Bild eintritt, bemerkt er als Unterschied zu seiner bisherigen Welterfahrung, dass die Annäherung an etwas nicht den Zauber verschwinden lässt, den die Ferne darauf legt, ja das sich dieser Zauber sogar zu denen weiterer überwundener Fernen addieren lässt (vgl. TL 89). In *On Fairy-Stories* hatte Tolkien davon gesprochen, dass der Zauber der Dinge verlorengeht, dass wir sie zu sehen aufhören, wenn wir sie in Besitz nehmen (vgl. 53f). Im Jenseits von *Leaf by Niggle* lassen sich die Dinge nicht auf diese Weise verbrauchen, sie werden von der Inbesitznahme, die in der Annäherung liegt, nicht berührt.

Genau diesen Effekt beschreibt Tolkien nun in *Smith of Wootton Major* an der aus Faery mitgebrachten *Living Flower*: Obwohl sie direkt vor dem Betrachter liegt, sieht sie weiterhin wie etwas aus, das aus großer Ferne betrachtet wird. Sie ist gegen den Gewöhnungs- und Abstumpfungseffekt gefeit, den räumliche Nähe und Besitz sonst mit sich bringen. Auch die Zeit der Menschenwelt kann ihr nichts anhaben, denn weder verwelkt sie, noch vermindert sich ihr Licht (vgl. SWM 35).

---

[1] Näheres zur Erfahrung des Heiligen bei Tolkien in SWM und LotR siehe Hopp 138-143.

Tolkien hat diese Faery definierende Eigenschaft im Begleitessay vertieft erläutert:

> Faery represents at its weakest a breaking out (at least in mind) from the iron ring of the familiar, still more from the adamantine ring of belief that it is known, possessed, controlled, and so (ultimately) all that it is worth being considered – a constant awareness of a world beyond these rings. More strongly it represents love: that is, a love and respect for all things, ›inanimate‹ and ›animate‹, an unpossessive love of them as ›other‹. This love will produce both *ruth* and *delight*.   (SWME 101)

Wenn Tolkien hier von einer Welt außerhalb der Ringe der Vertrautheit, des Besitzens, des Wissens und der Kontrolle spricht, dann unterscheidet sich diese Welt von der der Alltäglichkeit nicht allein durch ihren Inhalt, sondern durch unser Verhältnis zu ihr. Faery ist wunderbar, weil es die Welt außerhalb der menschlichen Besitz-, Bemächtigungs- und Erkenntnisverhältnisse ist, weil es diesen *inkommensurabel* ist.

In der Religion ist Inkommensurabilität die Domäne der Mystik. Ihr Ausgangspunkt ist, dass Gott gerade nicht durch rationale Überlegungen in seinem Wesen erkannt werden kann, sondern eine Erkenntnis Gottes nur durch Erfahrung in der mystischen Schau Gottes und der Vereinigung mit ihm in der *unio mystica* möglich ist (vgl. Langer 28, 200ff). Dabei ist es nach Ansicht vieler Mystiker Vorbedingung für die mystische Schau, dass man alle Vorstellungen über Gott hinter sich lässt. Der Autor der *Cloud of Unknowing* bringt dies auf die Formel, nicht nur alles Geschaffene, sondern auch jede Eigenschaft Gottes müsse vergessen werden, weil auch sie den Zugang zu Gott verstelle (vgl. *Cloud* 37-39). Auch hier geht es darum, den Blick auf Gott von allen bestehenden Zuschreibungen zu befreien.

Dies entspricht zwar Tolkiens Ausbruch aus den eisernen Ringen des Besitzens, nur sind Gegenstand von Tolkiens inkommensurablem Blick nicht Gott, sondern konkrete, partikuläre Dinge. In der Moderne tritt aber neben der traditionellen Auffassung von Mystik, die auf Gott gerichtet ist, eine Auffassung von Mystik, in der sich diese nicht mehr durch ihren Gegenstand, sondern eben durch die Inkommensurabilität der Erfahrung bestimmt (vgl. Berensmeyer 142, Spörl 26). In diesem Sinne ist Faery als Reich des inkommensurablen Anderen durchaus mystisch zu nennen.

Auch Tolkiens »unpossessive love« hat eine Parallele in der traditionellen Mystik. Dort ist das Instrument der Gotteserkenntnis nicht die ratio, sondern die Liebe zu Gott. Der Autor der *Cloud of Unknowing* etwa spricht davon, dass der Kontemplative mit seiner Liebe unablässig an die Wolke des Nichtwissens stoßen soll, in der sich Gott verbirgt, um dann in raren Fällen einen Strahl göttlichen Lichtes zu empfangen, in dem Gott seine Geheimnisse mitteilt (vgl. Cloud 30 f). Diese mystische Liebe wird keusch oder rein genannt *(amor castus* oder *amor purus)*, weil sie nichts anderes erstrebt als das Geliebte selbst, mit ihm also keine weiteren Zwecke verfolgt (vgl. Langer 204, Cloud 59).

Auch in Tolkiens Faery ist wie in der Mystik Liebe und nicht die ratio die Grundlage des Verhältnisses. Indem die Dinge »as other« geliebt werden, werden sie um ihrer selbst willen geliebt, was gleichermaßen Freude und geistigen Schmerz, *ruth* and *delight*, hervorbringen werde.

Diese Paarung ist ebenfalls in der Mystik vorgebildet. Der Mystiker kann mystische Schau nämlich nicht dauerhaft erfahren und sie auch nicht willentlich herbeiführen, auf die Verzückung folgt schnell die entäuschende Leere: »Mystics call such oscillations the ›Game of Love‹ in which God plays, as it were, ›hide and seek‹ with the questing soul« (vgl. Underhill 273 f). Diesem Schwingen wird nun vom Autor der *Cloud of Unknowing* der Sinn beigelegt, dass Gott durch sein zeitweises Entziehen dafür sorgen wolle, dass der Mensch nicht stolz werde und die Schau seinen eigenen Fähigkeiten zuschreibe (also Gott zu besitzen meint) oder sich bei der nächsten Schau umso mehr über sie freue (vgl. Cloud 94f). In der mystischen Literatur finden sich also Parallelen zu Tolkiens Gefahren der *possessiveness* ebenso vorgebildet wie seine *love in ruth and delight* als Heilmittel dagegen.

Angesichts der Bedeutung, die materielle wie geistige Besitzlosigkeit als Topos in der Mystik haben, ist allerdings auf die hier vorliegenden Besonderheiten hinzuweisen. Traditionellerweise ist Besitzstreben in der Mystik schädlich, weil es entweder auf andere Dinge als Gott gerichtet ist, weil es, sofern es auf Gott gerichtet ist, diesen zu zwingen versucht, was mit einem Rückzug seinerseits beantwortet wird, oder weil etwas zu besitzen voraussetzt, dass das Besessene vom Besitzer getrennt ist. Wer Gott besitzt, kann also nicht mit ihm eins sein, kann die unio mystica, von der gleich zu sprechen sein wird, nicht erreichen (vgl. Langer 332ff zu Meister Eckhart).

Bei Tolkien hingegen, das machen sowohl *Leaf by Niggle* als auch die Living Flower in *Smith of Wootton Major* deutlich, ist die Voraussetzung für die mystische Schau nicht Nähe, sondern Distanz, die durch die Inbesitznahme zerstört wird. Darum auch ist die erste Begegnung mit etwas, bevor es in Besitz genommen ist, ein mystischer Moment, und darum wird Frodos mystische Welterfahrung auf dem Cerin Amroth von Tolkien als ein Sehen wie zum ersten Mal beschrieben (vgl. Hopp 143f).

Neben der mystischen Schau gehört zu Mystik aber auch die *unio mystica*, die Vereinigung des Mystikers mit der Gottheit; die Schau kann dabei die Vorstufe der Vereinigung bilden. Dabei ist zu berücksichtigen, dass diese unio in der theologischen Reflexion nicht als Verschmelzung in Natur und Person, sondern als Teilhabe an Aspekten Gottes, insbesondere seinem Willen, bestimmt worden ist (vgl. Langer 207).

Es lässt sich nun zeigen, dass Smiths Begegnungen mit der Königin einerseits als sich steigernde Formen einer unio mystica gesehen werden können, andererseits diese Entwicklung auf ihrem Höhepunkt in etwas anderes umschlägt, dadurch aber die Konsistenz der »weltlichen Mystik« Tolkiens in *Smith of Wootton Major* wahrt.

Eine erste unio mit der Königin dürfte Smiths Treffen mit ihr im Vale of Evermorn darstellen, als er im Reigentanz mit ihr erfährt, wie es ist, »to have the swiftness and the power and the joy to accompany her« (SWM 33). Diese Formulierung legt nahe, dass Smith unter normalen Bedingungen diese Fähigkeiten nicht hätte und sie ihm erst bei der Berührung im Ringtanz verliehen werden, er also diese Fähigkeiten der noch unerkannten Königin teilt. Und wie es solchen unio-Erfahrungen eigen ist, erscheint Smith dieser Tanz kurz, augenblickshaft und von geringer Tiefe: eine erste, aber flüchtige Berührung.

Smiths zweites Treffen mit der Königin stellt quantitativ wie qualitativ eine Steigerung dar. Nun erkennt er sie als die Königin, die sie ist, und es berühren sich nicht ihre Hände, sondern ihre Gedanken, und Smith lernt viele Dinge, die ihn mit Freude oder Trauer erfüllen. Er hat so teil am Wissen der Königin.

Nach der mystischen Steigerungslogik wäre jetzt eine unio mit der Königin zu erwarten, und in ihrer höchsten Form ist die unio ein Zustand völliger Passivität, ein todesähnliches Ruhen in Gott (vgl. Riehle 190–194). Aber diese unio findet nicht statt. Die Königin kann, wie sie selbst sagt, Smith nicht mehr geben. Stattdessen finden Smiths Reisen durch Faery ihren Höhepunkt im Ruhen im Kosmos: »A great stillness came came upon him, and he seemed to be both in Faery, and the World, and also outside them and surveying them, so that he was once in bereavement, and in ownership, and in peace« (SWM 38). Am Ende steht also keine unio mit der Königin, sondern mit dem Kosmos und allen Daseinsmöglichkeiten, die Smith darin hat.

Der Weg nach Faery als religiöser Weg

Als bisheriges Ergebnis lässt sich festhalten, dass Faery ein Raum ist, in dem Formen religiöser Erfahrungen gemacht werden können. Wie gelangt man nun dorthin? Faery, dass macht Tolkien ausdrücklich klar, ist eine materielle Welt wie die unsere, auch wenn sie einen anderen räumlichen und zeitlichen Existenzmodus hat; und es gibt Pforten zwischen diesen beiden Welten im Wald westlich von Wootton Major, die nicht nur von Trägern des Sterns durchschritten werden können, sondern auch von normalen Menschen (vgl. SWME 86f). Der vom König geschaffene Stern vermittelt seinem Träger

nur einen Schutz vor den Gefahren Faerys, der es ihm ermöglicht, tiefer als gewöhnliche Sterbliche darin einzudringen (vgl. 95).
Der Stern gibt jedoch keine Erlaubnis zu gehen, wohin man will (vgl. 95). Dies zeigt sich, als die unerkannte Königin im Vale of Evermorn bemerkt, dass Starbrow (Smith) nun kühn werde, oder wenn die Birke Smith sagt, dass er nicht nach Faery gehört. Dementsprechend muss Smith bei vielen Fahrten zu den Wundern Faerys geführt werden, und dies oftmals auf ihm nicht erkennbaren Wegen, weil Nebel und Schatten seinen Blick blockieren. Die Schau Faerys ist also nicht dem menschlichen Willen unterworfen, Faery kann nur gesehen werden, wenn es sich dem Menschen zeigt. Dies gilt sogar noch im Kleinen für die Living Flower, deren Kästchen sich schließt, ohne dass der Betrachter darauf Einfluss nehmen könnte (vgl. SWM 35).

Die Schau Faerys ist also eine Gnade, und dies verbindet *Smith of Wootton Major* wieder mit der Mystik. Denn auch dort kann der Mystiker visio und unio nicht durch Handlungen seinerseits herbeizwingen, weil dies hieße, Gott dem menschlichen Willen zu unterwerfen und ihn besitzen zu können, was dem Menschen aber nicht möglich ist. Die Schau Gottes ist auf den letzten Stufen immer eine Gnade Gottes, der durch die Anstrengungen des Mystikers nur der Boden bereitet werden kann (vgl. Langer 281, 328-331).

Zu diesen Vorkehrungen auf dem Weg zu Gott gehört in der mystischen Tradition die Einkehr in sich selbst, weil in der Seele des Menschen aufgrund seiner Gottesebenbildlichkeit ein – rudimentäres – Abbild Gottes vorhanden ist. Nach einem auf Augustinus zurückgehenden Gedanken bildet die Dreiheit der geistigen Kräfte Intellekt, Erinnerungsvermögen und Wille die Dreifaltigkeit Gottes in der Trinität in der Seele ab. Die Erkenntnis dieses Abbildes Gottes in der Seele kann daher als ein Leitbild für den weiteren Aufstieg zu Gott dienen (vgl. Bonventura 51-61).

Eine solche innere Anlage finden wir auch in *Smith of Wootton Major*, und wieder wird sie von Faery besetzt. Der Vogelgesang am Morgen seines Geburtstages erinnert Smith an Faery. Dass diese Erinnerung nicht dem Stern geschuldet ist, zeigt sich später an seinem Sohn, als dieser an der aus Faery mitgebrachten Babyrassel riecht und über den Duft sagt: »It reminds me of something I have forgotten« (SWM 50).

In jedem Menschen ist also eine Erinnerung an Faery angelegt, die darauf wartet, geweckt zu werden. Dies kann selbst durch würdelose Wiedergaben Faerys geschehen wie die Puppe der tanzenden Königin auf dem Großen Kuchen: »Better a little doll, maybe, than no memory of Faery at all. For some the only glimpse. For some the awaking« (38). Mit der im Menschen angelegten Erinnerung an Faery entspricht *Smith of Wootton Major* auch hier einem Element des mystischen Weges.

Die Religiöse Ordnung

Wir haben gesehen, dass Faery als Raum numinoser Erfahrungen und als Raum der außeralltäglichen, (neo)mystischen Schau der konkreten Dinge betrachtet werden kann. Diese sind in Faery dem Menschen unverfügbar, und zwar nicht nur seiner Machtausübung, sondern auch seinem Blick, denn sie müssen sich ihm zeigen, seiner Sprache, denn er kann von ihnen oft nicht berichten, ja selbst seiner Erinnerung, denn er kann sich ihrer nicht klar erinnern.

Auch in Hoffmansthals *Ein Brief* geht die mystikartige Schau der Dinge mit der Unfähigkeit einher, über etwas zusammenhängend zu denken oder zu reden (vgl. Hoffmannsthal 55ff). Dies ist nur konsequent, weil beim Sprechen und Erinnern das unverfügbare Geschaute ja abwesend ist und dem Menschen durch ein Sich-Zeigen nicht zur Hilfe kommen kann.

Tolkien macht in seinem Begleitessay sehr deutlich, dass die Grenze zu Faery nicht die zwischen beobachtbarer und nicht beobachtbarer Realität oder Realität und Irrealität ist, sondern dass Faery an den Grenzen der menschlichen Machtausübung beginnt. Die Zugänge zu Faery befinden sich im Wald westlich von Wootton Major, weil der Wald eine von menschlichen Aktivitäten unberührte Region ist. Von diesen Zugängen tiefer in Faery hineinzugehen, heißt, sich weiter und weiter von der »familiar or anthropocentric world« zu entfernen, bis man schließlich erkennt, dass Faery grenzenlos ist und »mainly involved in vast regions and events that do not concern Men and are impenetrable by them« (SWME 87).

Darum ist die Trennung zwischen Faery und der Menschenwelt auch die Trennung zwischen menschlicher Aktivität und Passivität: dem Ort der passiven Schau Smiths und der Menschenwelt als dem Ort seines aktiven schöpferischen Tuns.

Als Summe der vorangegangenen Beobachtungen können wir damit von Faery als Heiligem und der Welt als Profanem sprechen. Religion besteht aber nicht nur aus der Differenz zwischen Heiligem und Profanem, sondern auch aus ihrer Überbrückung im Interesse des Profanen. Nach Mircea Eliade entlässt das Heilige aus sich die profane Alltäglichkeit, gibt ihre Formen und Orientierungen vor und ist Quelle ihrer Kräfte (vgl. Eliade 15f). Daher muss die religiöse Praxis die Rückanbindung des Profanen an das Heilige zum Erhalt des ersteren erreichen. Auch der ganz auf die religiöse Erfahrung ausgerichtete Religionsbegriff William James' stellt auf die Verbindung zu einer lebensmehrenden »Kraftquelle« ab (vgl. James 382f).

Tolkien sieht den Kontakt mit Faery ebenfalls als notwendig für das vollständige Funktionieren und die Gesundheit des Menschen an:

This ›love‹ (of Faery, MS) will produce both *ruth* and *delight*. Things seen in its light will be respected, and they will also appear delightful, beautiful, wonderful even glorious. Faery might be said indeed to represent Imagination (without definition because taking in all definitions of this word): esthetic; exploratory and receptive; and artistic; inventive, dynamic, (sub)creative. This compound – of awareness of a limitless world outside our domestic parish; a love (in ruth and admiration) for the things in it; and a desire for wonder, marvels, both perceived and conceived – this ›Faery‹ is as necessary for the health and functioning of the Human as is sunlight for physical life: sunlight as distinguished from the soil, say, though it in fact permeates and modifies even that.

(SWME 101)

Wie sich diese durch die Erfahrung der Inkommensurabilität der Dinge in Faery entstehende *love in ruth and delight* auf das Verhalten in der Menschenwelt auswirkt, lässt sich am einfachsten für den rezeptiv-passiven Umgang mit den Dingen erläutern: Wenn die außerhalb ihrer menschlichen Kategorisierungen und Zweckbestimmungen betrachteten Dinge wegen ihrer *otherness* geliebt werden, werden sie um ihrer selbst willen geliebt und sind für den Menschen in sich selbst ein Wert. Die Aussicht auf ihren Verlust erzeugt dann *ruth*, geistigen Schmerz in Tolkiens Deutung dieses Wortes in seinem *Middle English Dictionary*, um ihrer selbst willen.

Dadurch kann der Mensch zu welterhaltendem Handeln motiviert werden, das oftmals das Nichthandeln sein wird, das etwas so sein lässt, wie es ist. Patrick Curry hat diesen Gedanken für den »ökologischen Nutzen« von Fantasy in seinem Buch *Defending Middle-earth* sehr stark herausgestellt: »The things, places and people we love will either be saved for their own sake or not at all; and that is ultimately a religious valuing« (119).

Der Einfluss Faerys auf das aktiv-schöpferische Leben ist komplexer. In *Smith of Wootton Major* stellt er sich so dar: Wootton Major ist ein Dorf von Handwerkern, deren Produkte für ihre Qualität berühmt sind, eine Qualität, die ursprünglich von den intensiven Kontakten der Bewohner mit Faery herrührte. Aber der Erfolg hatte zu Selbstzufriedenheit und Grobheit geführt. Die Bewohner Wootton Majors vergessen ihre Kontakte zu Faery, verbannen Gesang, Geschichtenerzählen und Tanz aus den Festivitäten der Großen Halle und halten diese nur noch in gebäudetechnisch gutem Zustand, pflegen ihre Bildwerke aber nicht mehr. Durch diese Entwicklung vermindern sich auch die »künstlerische« Qualität der Produkte des Dorfes wie die handwerklichen Fähigkeiten seiner Bewohner, so dass der wirschaftliche Abstieg droht (SWME 92f).

In dieser Situation beschließt der König von Faery den »missionary plan«, Wootton Major zu retten, indem er einzelnen Menschen eine viel tiefere Kenntnis Faerys gewährt, als dies lange Zeit möglich war, und erfindet dafür den Stern als deren »Schutzausweis«, der sie von der Gefahren Faerys bewahrt (vgl. 95).

Aber warum will der König überhaupt die Situation in Wootton Major verbessern? Tolkien gibt hierfür drei mögliche Gründe: Weil Faery von den Menschen unabhängig besteht, müsse die Beziehung nicht auf Notwendigkeit, sondern auf Liebe gründen, die Menschen werden also selbst zum Gegenstand jener Liebe, die Faery auszeichnet. Zweitens könne diese Beziehung auf einer letztlichen Verwandtschaft zwischen Elben und Menschen beruhen. Drittens sei Faery von der Menschenwelt zwar in seiner Existenz unabhängig, und die Menschen könnten die Elben nicht in ihren Angelegenheiten unterstützen. Die Zerstörung der Menschenwelt würde aber auch Faery beeinträchtigen, so dass die Elben ein aufgeklärtes Eigeninteresse daran hätten, dass die Menschen ihre Welt pfleglich behandeln (vgl. 93f).

Der König steht dadurch in zwei religiösen Traditionen: Der Fortbestand der Welt, die ein Heilsgut ist, ist die gemeinsame Sorge von Elben und Menschen und entspricht damit den Verhältnissen kosmotheistischer Religionen. In solchen Religionen ist die Bewahrung des Kosmos das zentrale Ziel, zu dessen Erreichung die Götter von den Menschen durch religiöse Handlungen unterstützt werden müssen (vgl. Assmann 232-235).

In *Smith of Wootton Major* fiele den Elben die Götterrolle zu, und die Unterstützungsleistung der Menschen zeigte sich nicht in Riten und Opfern, sondern im Erhalten und Nichtzerstören ihrer Welt durch einen achtsamen und schonenden Vollzug ihrer alltäglichen Tätigkeiten, insbesonderer auch ihrer – zweitschöpferischen – Produktion. Indem die Elben den Menschen wieder die *love of Faery* vermitteln, kann das Verhältnis der Menschen zur Welt wieder von den dazu notwendigen *ruth and delight* geprägt werden.

Zweitens werden die Menschen durch die Zuwendung Faerys selbst zum Gegenstand der *love of Faery*. Die Motivation des Königs und der Elben aus Liebe erinnert stark an den christlichen Gedanken, dass die Schöpfung und die Inkarnation Gottes Ausflüsse der Liebe Gottes sind.

Damit ist aber noch ungeklärt, wie die in Faery zu machenden religiösen Erfahrungen dieses Ziele erreichen, etwa die Produktion Wootton Majors verbessern können.

Der erste Ansatz wäre, dass in Faery jene geistige Inbesitznahme überwunden wird, die einen bekannten Gegenstand auf bestimmte Eigenschaften und damit bestimmte Möglichkeiten festlegt. Alle anderen Möglichkeiten würden ignoriert, und dies führt zur Erstarrung. Ziel wäre dann das Sehen und Schaffen von Neuem. Eine solche Kritik des Festhaltens als Erstarrung findet sich häufig in Tolkiens Werk, etwa wenn er bemerkt, dass die Elben im Dritten Zeitalter nichts Neues mehr schüfen (vgl. LotR III 456), oder in der Schilderung des Verfalls Gondors (vgl. LotR II 357). Dies entspräche auch Robert Musils Überlegungen zum »anderen Zustand«: Während im Normalzustand jeder Gegenstand nur an wenigen Punkten vom wahrnehmenden Geist berührt werde, scheine er im anderen Zustand in der Fülle seiner Möglichkeiten auf, die dann auch ergriffen und zur Schaffung von Neuem genutzt werden könnten (vgl. Reinhardt 50-52).

In Parallele zu einem in der Mystik vertretenen Gedanken, dass Gott zum einen Teil unablässig schöpferisches Leben sei (vgl. Langer 326f), ließe sich auch annehmen, dass sich mit der Überwindung der Besitzergreifung in Faery der Mensch wieder Teil des göttlichen Schöpfungsstromes wird.

Tatsächlich enthielten Vorentwürfe Anhaltspunkte für diesen Gedanken: So brachte Smiths Großvater von seinen Reisen aus Faery neue Rezepte mit, die im Dorf wegen ihrer Neuheit bei einigen auf Ablehnung stießen (vgl. SWM 105), und der Verlust des Sterns ließ es ursprünglich zwar zu, dass Smith Faery betrat, er konnte dort jedoch nichts Neues mehr entdecken (121).

Nun hat Tolkien aber diese Textstellen gestrichen, und wohl nicht zufällig. Tatsächlich trifft diese Fixierung auf das Neue schon nicht die Probleme Wootton Majors im Ganzen. Tolkien betont hier nicht nur Erstarrung, sondern Verfall: Nicht nur die künstlerischen Qualitäten der Produkte, die man der Fähigkeit zur Innovation zuordnen kann, sondern auch die traditionellen handwerklichen Fähigkeiten der Bewohner vermindern sich: Nicht nur neue Entwürfe fehlen, die alten werden auch schlechter ausgeführt. Es mangelt also auch an der Achtsamkeit für und der Zuwendung zum Bekannten.

Vor allem entspricht die alleinige Betonung der Fähigkeit zum Schaffen und Erblicken von Neuem keiner Befreiung von der Inbesitznahme, sondern steigert sie sogar noch. Denn durch die Fixierung auf das Neue wird das Bekannte nur wegen seiner Bekanntheit keines Blickes mehr gewürdigt und stattdessen die geistige Inbesitznahme um bisher nicht betrachtete Aspekte und Möglichkeiten erweitert. Der wiederhergestellte Blick dagegen erfasst das Betrachtete, ohne zwischen alten und neuen, bekannten und unbekannten Aspekten zu unterscheiden.

Tolkien hat in *On Fairy-Stories* betont, dass gerade die von der Phantasie *unberührten* Dinge in der Zweitschöpfung ihre Leuchtkraft zurückgewännen: »made luminous by their setting« (TL 55). Dies ist möglich, weil die unvertrauten und phantastischen Elemente Faerys dem Menschen aufzeigen, dass er seinen Macht- und Besitzbereich verlassen hat. Indem er dann von seinem besitzergreifenden Weltverhältnis abläs005Ft, werden auch die einfachen und bekannten Dinge vom Grauschleier der *possessiveness* befreit und der *love in ruth and delight* geöffnet.

Dieser *delight* an der *otherness* wäre ebenfalls nicht bei der Fixierung auf das Neue angemessen zu bewerten, weil diese es wieder nur als Rohmaterial für menschliche Zwecke betrachtet, und sei es die Gewinnung neuer Ideen. Sich an etwas als etwas anderem erfreuen heißt eben, sich an ihm als etwas eigenem und einem zu erfreuen. Nur hieraus kann schließlich der Respekt fließen, den Tolkien als eine der Wirkungen der Liebe Faerys nennt.

Der in Faery regenerierte Blick erlaubt also die Schaffung von Neuem wie die Respektierung und gute Ausführung von Bekanntem gleichermaßen. Dies kann einmal durch das in Faery Gesehene bedingt sein: Die Erinnerung an den in Faery gesehenen Baum bestimmt das Verhalten zum Baum in der Primärwelt, und das regenerierte Bild des Baumes fließt in die eigenen Schöpfungen als Anregung und Ausgangsmaterial ein.

Aus mystischer Perspektive besteht aber noch eine weitere Wirkmöglichkeit Faerys jenseits der Erzeugung distinkter Bewusstseinsinhalte. Sowohl beim Autor der *Cloud of Unknowing* als auch bei Meister Eckhart findet sich der Gedanke, dass die Zurückdrängung der Gedanken an die einzelnen Schöpfungen und Eigenschaften Gottes, um ihn in seiner Ganzheit erfahren zu können, anfangs schwer, aber mit zunehmender Übung immer leichter fällt, bis es schließlich zur Gewohnheit, zu einer sich ohne Willensanstrengungen verwirklichenden Grundeinstellung gefestigt hat. Eine solche Grundeinstellung wird Habitus genannt (vgl. Langer 328f, *Cloud* 61f).

Übertragen auf die Wirkung Faerys bedeutet dies, dass der Reisende aus jenem Land nicht nur regenerierte Bilder, sondern auch einen regenerierten, einen freistellenden Blick und damit ein anderes Weltverhältnis als Habitus mitbringt, der ihm dann in Tolkiens Worten gestattet, Dinge der Primärwelt in Lichte Faerys zu sehen und zu behandeln: Nicht nur eine Transformation von Bewusstseinsinhalten, sondern eine Transformation seines Bewusstseins selbst.

Smith selbst nun bietet reiches Anschauungsmaterial für solche Wirkungen. Zum einen hinsichtlich seiner handwerklichen Produktion: Hier handelt es sich zum größten Teil um Alltgsgegenstände wie Pfannen oder Schürhaken, die ebenso gebrauchstauglich wie schön sind, deren Vorbilder er aber kaum in Faery geschaut haben dürfte. Vielmehr dürfte der Kontakt mit Faery es ihm ermöglicht haben, Dinge außerhalb vorgegebener Kategorien und frei vom Grauschleier der Gewohnheit zu betrachten. Er ist daher in der Lage, sich ihnen in einem Maße selbst zuzuwenden, das über das von Markterwartung und Funktionsbestimmung geforderte Maß hinausgeht. Das ist letztlich Gnade, und so heißt es in einer ganz zutreffenden Doppelsinnigkeit des Wortes *grace*: »But they also had a grace about them, being shapely in their kind« (SWM 21).

Zum anderen verleiht ihm die Bekanntschaft mit Faery die Fähigkeit, Eisen, das Metall von Nützlichkeit, Zwang und Machtausübung, in leichte und zierliche Formen zu bringen, die trotzdem die Festigkeit des Eisens behalten. Solche Dinge fertigt er »for delight« und singt dabei, was immer ein Zeichen einer Faery entsprechenden Gestimmtheit ist. Dies sind nun bisher in Wootton Major unbekannte Dinge. Hier liegt Imagination als die Schaffung von etwas Neuem vor.

Diese Transformation durch Faery lässt Smith bei der Aufgabe des Sterns und der Neubestimmung des nächsten Trägers schließlich das erreichen, was in Faery noch ausstand: die unio mystica mit der Königin – und dem König. Eine weit verbreitete Vorstellung darüber, wie sich die unio mystica vollziehen kann, besteht nämlich darin, dass der Mensch seinen Eigenwillen aufgibt und gegen den Willen Gottes austauscht. Dies bedeutet keine Unterwerfung unter den Willen Gottes im Sinne eines »Hörens und Umsetzens«, sondern ein am Willen Gottes Teilhaben (vgl. Langer 207, 336-341).

Ein derartiger Willensgleichklang beginnt sich zu entwickeln, als die Königin Smith mit der Botschaft für den König »The time has come. Let him choose« die Vollmacht erteilt, den nächsten Träger des Sterns auszuwählen. Smith wählt zwar denjenigen, den auch der König im Auge hatte, aber der König macht deutlich, dass er einen anderen Träger bestimmt hätte, hätte Smith sich anders entschieden.

Hier ist also eine Gleichordnung der Willen erreicht: mit dem der Königin, weil sie Smith die Wahl überlässt, und mit dem des Königs, weil Smith dieselbe Entscheidung fällt wie er, aber eben nicht in Form einer Unterordnung, sondern eines »Gleichentstehens« des Willens.

Hierbei spielt auch wieder die *love of Faery* eine Rolle. Die Wahl Tims beruht nämlich weder auf der Verwandtschaft mit Smith, noch wird sie durch seine Verwandtschaft mit Nokes verhindert: »Nokes of Townsend's Tim is quite *different*... But apart from the kinship I *love* little Tim. Though he is not an *obvious* choice« (SWM 48, Hervorhebungen MS). Sie orientiert sich an den Eigenschaften Tims selbst, nicht an Verwandtschaftbeziehungen oder offensichtlichen Vorzügen, und ist, zumindest für Smith, von Liebe motiviert. Der freistellende Blick Faerys wirkt auch hier.

Was hat aber nun Liebe mit Imagination zu tun? Weil hier nicht der Raum gegeben ist, die mögliche Bedeutung von Liebe, insbesondere der schöpferischen Liebe, für die Imagination an verschiedenen Theorien über Liebe zu reflektieren, soll stattdessen eine Antwort möglichst eng am Text von Tolkiens Begleitessay gesucht werden.

Wenn Tolkien schreibt »this love will produce both ruth and delight«, differenziert er zwischen der Liebe und den aus ihr fließenden Gefühlen.

Tolkien folgt damit der traditionellen Auffassung, dass Liebe nicht nur ein Gefühl, sondern eine auf einen Gegenstand gerichtete Willensbetätigung ist; deshalb kann sie mit dem Willen sogar gleichgesetzt werden (vgl. Augustinus 122f, 216f). Weiter hat Liebe eine Doppelnatur (bzw. tritt in zwei Arten auf): die nach dem Geliebten verlangende Liebe und die sich dem Geliebten schenkende Liebe, in der Theologie häufig mit den Begriffen *eros* und *agape* belegt (vgl. Nygren 135-148).

Für die *love of Faery* zusammengefasst: Der Mensch strebt nach Anderem (love of things as other) um dessen selbst willen. Weil diese Liebe ihren Lohn im Genuss des Geliebten hat, kann sie dieses von seinen Fesseln durch Zuschreibungen und seiner Unterordnung unter andere Zwecke befreien. Aber dieses Streben kann sich nicht nur im Erstreben und Erhalten von Anderem verwirklichen, sondern auch im Erschaffen von neuem, bisher noch nicht dagewesenem Anderen. Liebe ist gewissermaßen der Motor in der Imagination, der das Schauen und die Umsetzung des Geschauten in Geschaffenes antreibt.

Aber Bilder verblassen, der aktive Umgang mit Dingen zwingt zu ihrer Betrachtung unter bestimmten Aspekten und Nutzanwendungen, der Blick trübt sich. Beim aktiven Umgang, auch dem schöpferischen Umgang, mit Dingen müssen diese notwendig in Besitz genommen, generalisierend betrachtet und den Kategorien der Ratio unterworfen werden. Der in Faery erworbene Habitus der Fähigkeit zur besitzlosen, akategorialen Schau kommt so »aus der Übung«. Dann gilt es, wieder in Faery einzutreten oder, religiös gesprochen, wieder in den Urzustand des ersten Anfangs zurückzukehren und sich darin zu regenerieren.

Zwischen Menschenwelt und Faery ist daher ein Pendeln zwischen zwei Welten mit Aufenthalten von jeweils begrenzter Dauer erforderlich. Dementsprechend ist *Smith of Wootton Major* nach an Faery ausgerichteten Zyklen strukturiert: Dem alle 24 Jahre stattfindenden Feast of Good Children, Smiths Pendeln zwischen seiner Welt und Faery und schließlich der Notwendigkeit, den Stern an einen neuen Träger weiterzugeben, um das Fortdauern eines intensiven Kontaktes mit Faery zu ermöglichen.

Faery ist damit funktionsgleich mit jener mythischen Urzeit, die in vielen Religionen in festen Zyklen wieder kultisch aktiviert werden muss, um die verbrauchte Welt zu erneuern (vgl. Eliade 70-75). Dies gilt auch dann, wenn der Schritt von Faery als Welt zu Faery als Erzählung vollzogen wird. Es ist oben bereits gesagt worden, dass die Schau der Dinge in Faery derjenigen bei der ersten Begegnung mit etwas in der Menschenwelt entspricht. Der Eintritt in Faery ist für den Leser dann nicht die Reaktualisierung der objektiven Weltschöpfung, sondern seiner persönlichen mythischen Urzeit der erstmaligen Welterschließung.

Bevor *Smith of Wootton Major* nun endgültig als religiös zu lesender Text bestimmt werden kann, sind noch ein Hinweis zu geben und ein Hindernis zu überwinden.

Hinzuweisen ist darauf, dass die religiöse Qualifizierung der Erfahrung Faerys und seiner Funktionen nicht bedeutet, dass es damit *sämtliche* Funktionen von Religion übernimmt. Die Frage des Todes etwa wird in *Smith of Wootton Major*, anders als in *Leaf by Niggle*, ausgeklammert. Auch ist eine Transzendenz über Welt und Faery hinaus nicht ausgeschlossen. Eine Andeutung hierauf könnte etwa jenes seltsame Berührtwerden Smiths durch die Schönheit eines Sterns sein, nachdem er seinen Stern aufgegeben hat. Wie Faery in einem solchermaßen erweiterten Rahmen einzuordnen wäre, muss einer gesonderten Untersuchung vorbehalten bleiben.

Das zu überwindende Hindernis ist Tolkiens Ansicht zum Religionsbezug Faerys selbst. Für ihn ist Faery ausdrücklich nicht religiös zu verstehen. Als Allegorie von Religion zu deuten seien lediglich die Große Halle als Allgeorie der Dorfkirche und der Koch als Priester. Essen und Kochen repräsentierten die Verehrung Gottes: Das Essen zu Hause stehe für das private Gebet, die Festmähler in der Halle für den gemeinschaftlichen Gottesdienstdienst (SWME 99f).

Aber diese Deutung beruht einmal auf Tolkiens rein kultischem Begriff von Religion, die er als das Anflehen und Danken höherer Mächte bestimmt. Werkextern betrachtet ist dieser Begriff aber zu eng und umfasst weder die Bedeutung religiöser Erfahrungen noch das Verhältnis von Heiligem und Profanem. Und werkintern ist er widersprüchlich. Denn wenn die Große Halle die Dorfkirche und der Koch der Priester ist, was folgt dann daraus, dass der König von Faery Priester wird und Faery zugeordnete Elemente wie Gesang, Tanz und Geschichtenerzählen wieder in die »Kirche« und ihre Feste integriert werden? Wenn Faery tatsächlich nicht religiös ist, dann wäre SWM eine Geschichte darüber, wie die Welt die Religion von innen übernimmt, oder, um eine Unterscheidung Tolkiens aus *On Fairy-Stories* zu übernehmen, das Magische das Mystische (vgl. TL 28).

Ein Ansatz zur Überbrückung dieses Gegensatzes könnte sein, dass die aller Bezüge auf Faery beraubte Halle nicht irgendeine Kirche ist, sondern nach Tolkien eine *reformierte* Kirche. Die Machtübernahme des Königs von Faery wäre dann so etwas wie eine Gegenreformation, in der die Bilderfreundlichkeit, Weltbezogenheit und Emotionalität des katholischen Glaubens in den kahlen, mit dem Ökonomischen verbundenen und rationalen Protestantismus eindringt und ihn in eine ältere Form von Religiosität zurück re-formiert.

Brücken können aber immer in zwei Richtungen überquert werden. Der Protestantismus wendete sich ja gerade auch gegen die Weltverhaftetheit des Katholizismus in ihren vielfältigen Formen, vom weltlichen Verhalten des Klerus bis zur Bilderverehrung und Werkgerechtigkeit, und strebte eine Reformation zum (aus seiner Sicht) ursprünglichen Christentum an. Tolkiens »Gegenreformation« durch den König von Faery könnte darum auch als Beweis dafür gewertet werden, dass das, was den Katholizismus auszeichnet bzw. hier als attraktiv dargestellt wird, eben nicht christlich, sondern weltlich, ja heidnisch ist.

Smith of Wootton Major bietet damit einen notwendigen Hinweis darauf, dass die Möglichkeit, etwas als katholisch zu bezeichnen, noch lange nicht bedeutet, dass es auch unstreitig christlich ist, und dies gilt insbesondere dann, wenn es nicht spezifisch christlich ist und damit auch anderen religiösen Überzeugungen zugänglich wäre.

Das Verhältnis zwischen Faery, und das heißt übertragen der Sekundärwelt der Fantasy, und der primären Welt ist der Wechsel zwischen Heiligem und Profanem, Passivität und Aktivität, Regeneration und Verbrauch. Es hat also eine religiöse Struktur, und der Kontakt mit Faery hat für die Welt Funktionen, wie sie in Religionen der Kontakt mit der göttlichen Sphäre hat.

Zwischen diesen Polen als Zuständen gibt es kein gleichzeitiges Nebeneinander. Es gibt auch kein Ineinander oder Miteinander in einem dritten Zustand, der beide vereinigen könnte. Auch wenn eine Geschichte aus Faery wie jede Erzählung interpretiert werden kann, lassen sich die *spezifischen* Wirkungen Faerys schon deshalb nicht durch eine Interpretation erfassen, weil diese sprachlich ist, die mystische Erfahrung Faerys sich aber, wie wir an Smith gesehen haben, nicht sprachlich fassen lässt.

Die Spannung zwischen Menschenwelt und Faery löst sich nicht im Denken, sondern entlädt sich im Handeln, nicht im Glauben, sondern in den Werken dessen, der diese Schwingung vollzieht, indem er sie lebt. Nur in den Werken haben Faery und Menschenwelt ein Miteinander, nämlich in ihren Wirkungen.

Von Meister Eckart stammt der Satz, man solle auch die größte mystische Exstase fahren lassen, wenn es gelte, einem kranken Mitmenschen eine Suppe zu kochen. Mit Tolkien, der ja auch ein Freund von Suppengleichnissen war, kann man stattdessen hinsichtlich der religiösen Erfahrungmöglichkeiten Faerys sagen: Er sollte seine Ekstase bis zum Ende auskosten. Damit er eine nahrhafte Suppe kochen kann.

Bibliographie

Assmann, Jan. *Ägypten. Eine Sinngeschichte*. Frankfurt am Main: Fischer Taschenbuchverlag, 1999

Augustinus. *De trinitate*. Hg. u. Übers. Johann Kreuzer. Darmstadt:Wissenschaftliche Buchgesellschaft, 2001

Berensmeyer, Ingo. »Aufbrüche nach Anderswo. Zum Verhältnis von Rationalität und Mystik in der Literatur der Moderne«. *Jenseits der entzauberten Welt*. Hg. Klaus Vondung und K. Ludwig Pfeiffer. München: Wilhelm Fink Verlag, 2006

Bonaventura. *Itinerarium mentis in Deum – Der Pilgerweg des Menschen zu Gott*. Hg. u. Übers. Marianne Schlosser. Münster: LIT Verlag, 2004

Curry, Patrick. *Defending Middle Earth*. London: Harper Collins Publishers, 1998

Die Wolke des Nichtwissens. Übers. Elisabeth Strakosch. Einsiedeln: Johannes Verlag, 1958

Eliade, Mircea. *Das Heilige und das Profane*. Frankfurt am Main: Insel, 1998

Hoffmannsthal, Hugo von. *Der Brief des Lord Chandos*. Stuttgart: Reclam, 2004

Hopp, Martin. »Das Heilige und das Andere«. *Hither Shore* 2 (2005): 137-155

James, William. *The Varieties of Religious Experience*. Cambridge und London: Harvard University Press, 1985

Langer, Otto. *Christliche Mystik im Mittelalter*. Darmstadt: Wissenschaftliche Buchgesellschaft, 2004

Luhmann, Niklas. *Funktion der Religion*. Frankfurt am Main: Suhrkamp, 1977

Nygren, Anders. *Eros und Agape*. 2. Auflage. Gütersloh: Bertelsmann, o.J.

Otto, Rudolf. *Das Heilige: Über das Irrationale in der Idee des Göttlichen und sein Verhältnis zum Rationalen*. München: C. H. Beck, 1987

Reinhardt, Ursula. *Religion und Moderne Kunst in geistiger Verwandschaft*. Marburg: N.G. Elwert Verlag, 2003

Riehle, Wolfgang. *Studien zur englischen Mystik des Mittelalters unter besonderer Berücksichtigung ihrer Metaphorik*. Heidelberg: Carl Winter, 1977

Spörl, Uwe. *Gottlose Mystik in der deutschen Literatur der Jahrhundertwende*. Paderborn u. a.: Ferdinand Schöning, 1997

Tolkien, John Ronald Reuel. "A Middle English Vocabulary". Sisam, Kenneth (Ed.). *Fourteenth Century Verse and Prose*. Oxford: Clarendon Press, 1959

---. *The Lord of the Rings*. 4. Aufl. London: Unwin Hyman, 1988

---. *Smith of Wootton Major*. Extended Edition. Ed. Verlyn Flieger. London: HarperCollins, 2005

---. "Smith of Wootton Major essay". *Smith of Wootton Major*. HarperCollins, 2005, 84-101

---. *Tree and Leaf*. 2. Aufl. London: Allen&Unwin, 1988

Underhill, Evelyn. *Mysticism*. 11. Aufl. London: Methuen & Co., 1926

Friedhelm Schneidewind

Farmer Giles of Ham: eine prototypische Drachengeschichte in humorvoller Tradition
Friedhelm Schneidewind (Hemsbach)

1 Einleitung

Drachen haben Tolkien seit seiner Kindheit interessiert.[1] Das geht u. a. aus seinen Bildern hervor wie dem Gemälde *Glórund bricht auf, um Túrin zu suchen*[2] (1927, Hammond/Scull 51) und den Zeichnungen *Drache und Krieger* (1928) und *Ringborta Heorte Gefysed* (1929, beide Hammond/Scull 52). 1923 veröffentlichte Tolkien eine erste Fassung des Gedichts *Der Hort* (ATB 74-77) mit einem ganz ›traditionellen‹ Drachen. Drachen tauchen auch in *Roverandom* auf und in einer der fünf Zeichnungen dazu (Hammond/Scull 81, R Farbteil), entstanden wohl um 1927, wie auch in einem der *Briefe vom Weihnachtsmann* (BW 1927).

Farmer Giles of Ham[3] entstand 1936, wurde aber erst 1949 veröffentlicht. So ist der erste Drache, mit dem Tolkien bekannt wurde, Smaug aus *Der Hobbit* (1937). Kurz nach dessen Erscheinen im Januar 1938 hielt Tolkien im Naturwissenschaftlichen(!) Museum einen Vortrag für Kinder über Drachen, bei dem er auch einige seiner Zeichnungen zeigte. Auch in seiner wissenschaftlichen Arbeit beschäftigte sich Tolkien hin und wieder mit Drachen: in dem Vortrag *Beowulf: The Monsters and The Critics*[4] und dem Essay *On Translating Beowulf*[5].

Dieser Beitrag beginnt mit einer kurzen Einführung in die Mythologie und Geschichte der Drachen im westlichen Kulturkreis, da sich Tolkien hauptsächlich auf diese bezieht, und einem Überblick über Drachen in Tolkiens Werk allgemein. Nach einem Überblick über die deutschen Ausgaben des *Farmer* und einer Inhaltsangabe der Geschichte werden die darin verwendeten Topoi

---

1 »Ich verlangte nach den Drachen mit einer tiefen Sehnsucht ... eine Welt, die auch nur die Vorstellung von Fáfnir enthielt, war reicher und schöner, um den Preis jedweder Gefahr.« (ÜM 95)
2 Glórund ist eine von mehreren Vorformen von Glaurung. Auch wenn dessen Geschichte erst sehr viel später, nach Tolkiens Tod, im *Silmarillion*, veröffentlicht wurde, war sie doch schon in wesentlichen Zügen um 1919 fertiggestellt (als »Turambar und der Foalóke«, KH 11).
3 Da es mehrere deutsche Titel und Ausgaben gibt (siehe Bibliographie), verwende ich hier i. d. R. den englischen Originaltitel.
4 Gehalten 1936 vor der Britischen Akademie, veröffentlicht 1937 in den »Proceedings of the British Academy 22« (GD 141-214)
5 »Prefatory Remarks on Prose Translation of *Beowulf*« zu *Beowulf and the Finnesburg Fragment: A Translation into Modern English Prose*, Neubearbeitung der *Beowulf*-Übersetzung von John R. Clark Hall (1911 von C. L. Wrenn, 1940 (1. Teil BUK 75-91)

und Motive aus Mythen, Sagen und Märchen beleuchtet, Tolkiens Humor in dieser Geschichte und die Tradition, in der er steht, sowie der Einfluss, den die Geschichte auf moderne Drachenstories hat(te).

2 Die westliche Tradition vor Tolkien

Bei seinen Drachen hat Tolkien wie in anderen Bereichen verschiedene Mythologien und Sagen zusammengeführt. Schon seit Jahrtausenden gelten Drachen als mythische, oft geflügelte Wesen, die nicht selten auch mit Schlangen gleichgesetzt werden.[6] Häufig sind sie sehr mächtig. So war die Urgöttin Tiamat, die von Marduk, dem obersten Gott der Assyrer und Babylonier, erschlagen wurde, eine große Drachin; laut dem Schöpfungsmythos *Enuma Elisch* schuf er aus ihrem Leichnam Himmel und Erde und aus ihrem Blut und Lehm die Menschen. In der hinduistischen Vorstellung ruht Vishnu mit seiner Gattin Lakshmi im »Milchmeer«, getragen von dem tausendköpfigen männlichen Drachen (auch Schlange) Ananta; am Ende der Zeit wird dieser giftiges Feuer spucken und die Schöpfung vernichten.

Weltumspannend ist die Midgardschlange der nordischen Mythologie *Jörmungandr/Jormungand* (unter ihrem altnordischen Namen Miðgarðsormr erwähnt Tolkien sie im *Beowulf*-Vortrag, BUK 154), wie Hel und der Fenriswolf ein Kind von Loki. Dreimal kämpft Thor gegen sie, bei der Ragnarök werden sie sich gegenseitig töten. Nach der Ragnarök stirbt auch der meist als Drache beschriebene leichenfressende Nidhöggr (Neiddrache), der stets an der Wurzel der Weltenesche Yggdrasil genagt hat.

Die Schlange im ersten Buch Mose (Gen 3) wird in Judentum und Christentum sehr unterschiedlich interpretiert und keineswegs immer mit dem Satan gleichgesetzt. Die in der Hebräischen Bibel vorkommenden Drachen Leviatan[7] und Behemoth[8] spielten vor allem in mittelalterlichen Vorstellungen

---

6 Einen bebilderten Überblick über die mythologischen Wurzeln bietet meine Foliensammlung http://www.villa-fledermaus.de/drachen.pdf. Darin finden sich auch die verbreitetsten Theorien, wieso Drachen eine so wichtige mythologische Rolle spielen und in der einen oder anderen Form in den Mythen und Legenden fast aller Kulturen auftauchen und wie es zu diesen Mythen gekommen sein könnte. Auch die östlichen Traditionen (China, Japan ...), auf die dieser Beitrag verzichtet, finden dort Erwähnung.
7 Auch *Leviathan*, von hebr. *liwyatan* (gewundenes Tier): Tier der altorientalischen Mythologie, in Ijob/Hiob 40 und 41 als schreckliches feuerspeiendes gepanzertes Ungeheuer beschrieben, Sinnbild des Chaos und der gottfeindlichen Weltmächte, wird von Gott erschlagen: »An jenem Tag bestraft der Herr mit seinem harten, großen, starken Schwert den Leviatan, die schnelle Schlange, den Leviatan, die gewundene Schlange. Den Drachen im Meer wird er töten« (Jes 27,1; alle Bibelübersetzungen nach der Einheitsübersetzung von 1979).
8 Laut Ijob 40,15-24 landbewohnendes pflanzenfressendes Gegenstück zum Leviatan, manchmal als Nilpferd interpretiert; im apokryphen 1. Buch Henoch (äthiopisches He-

eine Rolle und werden in politischen und soziologischen Schriften auch im übertragenen Sinne genutzt. Die Geschichte von Daniel, der einen babylonischen Drachen(götzen) tötet, indem er ihn mit Fladen aus Pech, Fett und Haaren füttert (Dan 14, 23-27), kann als Gleichnis gelesen werden wie auch als Erzählung über einen sehr erfindungsreichen Propheten.

Von großer Bedeutung für die christliche Mythologie und auch Tolkiens Vorstellungen von Drachen ist die Offenbarung des Johannes, in der der Drache mit Satan gleichgesetzt wird. Der Kampf des Drachen mit dem Engel weist deutliche Parallelen auf zum Kampf von Earendil mit Ancalagon, auch darin, dass auf beiden Seiten ganze Heere kämpfen (S 278): »Er wurde gestürzt, der große Drache, die alte Schlange, der Teufel oder Satan heißt und die ganze Welt verführt, der Drache wurde auf die Erde gestürzt, und mit ihm wurden seine Engel hinabgeworfen« (Offb 12,9).

Neben dieser urchristlichen Überlieferung wurden die Drachenvorstellungen des Abendlandes stark geprägt von griechischen Sagen und Mythen. Herakles muss, um die goldenen Äpfel der Hesperiden zu erlangen, einen Drachen bezwingen (je nach Variante tut er dies selbst oder er schickt listigerweise einen anderen), und er erschlägt die siebenköpfige Hydra, eine Drachenvariante. Typhoon, Sohn der Gaia und des Tartaros, wird oft als Riese mit hundert Drachen- oder Schlangenköpfen beschrieben; er konnte nicht getötet werden, sondern wurde von Zeus unter dem Ätna begraben, wo er heute noch manchmal Feuer spuckt. Perseus rettete Andromeda vor der Opferung an einen Drachen. Kadmos, Gründer und König von Theben, erschlug einen Drachen und pflanzte dessen Zähne in den Boden; daraus erwuchsen die fünf Stammväter der thebanischen Adelsgeschlechter. Nach seinem Tod wurde der Vater der Europa angeblich in einen Drachen verwandelt.

Ab dem frühen Mittelalter wuchsen alle diese Wurzeln zu verschiedenen Drachensagen und -vorstellungen zusammen, bei denen es meistens mehr um den Drachentöter als um den Drachen geht. Zu den bekanntesten literarischen Ausformungen gehören im deutschen Sprachraum das *Nibelungenlied*[9] und

---

nochbuch) männliches Gegenstück zum weiblichen Leviatan, mit diesem von Gott zur Züchtigung der Menschen gesandt und Herrscher der Wüste (1. Hen 59,7ff); im Mittelalter gerne dargestellt als Dämon, Diener des Teufels und »Mundschenk und Kellermeister der Hölle«.

9 Starker Einfluss u. a. auf Richard Wagner und Tolkien; zumindest bis in die Zeit der Völkerwanderung reichende mündlich überlieferte Wurzeln, wohl Ende des 12. Jh. niedergeschrieben; der historische Kern wird im 5. Jh. um Worms angesiedelt, die Geschichte war im Mittelalter gut bekannt und weit verbreitet. Siegfried taucht als Figur, wenn auch unter anderen Namen, viel früher auch in anderen Epen auf, so in der Edda als Sigurd, in der Thidreks-Saga und im *Beowulf*, hier im Lied über den Helden Sigmund als dessen Neffe Fitela. Sigmund wird als »waelses eafara« (Nachkomme der Welsi) bezeichnet; damit verweist das Beowulf-Epos auf die Wälsungen-Sage/Völsunga-Saga (10. Jh., um 1370 niedergeschrieben). – Mindestens genauso bedeutsam ist die Geschichte des Drachen Fafnir, eines verwandelten Riesen, in der Edda, der von Sigurd erschlagen wird,

im Englischen das *Beowulf-Epos*[10]. Im christlichen Kontext sind die über 80 heiligen Drachentöter bedeutsam, unter denen besonders Georg hervorsticht. Nur wenige gehen liebevoll mit Drachen um, so die heilige Martha, die im 12. Jahrhundert den Meeresdrachen Tarasque zähmte, weswegen man ihrer heute noch jährlich in Tarascon gedenkt.

Nach vielen Vorstellungen sollen Drachen besonders gerne Jungfrauen fressen, die ihnen oft geopfert werden müssen; dies ist ja schon in der Antike so bei Perseus und Andromeda. Schiller lässt die Drachen in seinem Gedicht *Der Taucher* im tiefen Abgrund hausen. Das Blut der Drachen soll laut einigen Mythen unverwundbar machen, man denke an Siegfried. Sigurd (*Edda*) versteht, nachdem er davon gekostet hat, die Sprache der Vögel, der »hürnen Seyfried« (15. Jh.) muss dazu das Drachenherz verspeisen. Häufiger aber gilt das Blut als giftig, Beowulf stirbt an dem Drachengift in der Wunde. Hier hält sich Tolkien etwa bei Glaurung sehr eng an die Sagen[11], auch was den gefährlichen, evt. bannenden Blick der Drachen betrifft. In diesem Punkt ist der Drache dem im Mittelalter sehr gefürchteten Basilisken verwandt.[12]

Im Mittelalter ebenfalls bedeutend war der gekrümmte, sich selbst in den Schwanz beißende Drache (Ouroborus oder Uroboros) als Symbol für die zyklische Natur des Universums. Er war auch das Zeichen des Drachenordens[13].

Bis ins frühe 19. Jahrhundert war die Existenz von Drachen Konsens. Conrad Gessner stellte sie in seinem berühmten *Schlangenbuch* (1589) vor, Ulisse Aldrovandi in *Serpentum et Draconum historia* (1605) und der Autor

---

und die sich in mehreren Sagas wiederfindet. Fafnirs (später Sigurds) Schreckenshelm Oegishjálmr könnte Vorbild für Tolkiens Drachenhelm gewesen sein; Tolkien erwähnt Fafnir mehrfach (vgl. ÜM 95, BUK 154).

10 Für Tolkien als Spezialist für die angelsächsische Sprache sowohl Forschungsgegenstand wie auch seit frühester Jugend Inspirationsquelle; stilbildendes Werk der englischen Literatur, bedeutendstes altenglisches Heldenepos, umfangreichstes erhaltenes altgermanisches Heldenlied und erstes großes Versepos in einer germanischen Volkssprache; spielt später als das Nibelungenlied, im mittelschwedischen Gautenreich in der ersten Hälfte des 6. Jh., wahrscheinlich im 8. oder 9. Jh. von einem Mönch niedergeschrieben. Im *Beowulf* findet man Teile der Siegfried-Sage des Nibelungenliedes vorgeprägt (s. Fußnote 9).

11 Bei den Gebrüdern Grimm überrascht und tötet das Gift im Drachenblut die Helden in mehreren Sagen, und J. K. Rowling stellt in ihren *Harry-Potter*-Büchern mindestens 12 verschiedene Anwendungsmöglichkeiten für Drachenblut vor.

12 »König der Schlangen« (gr. basileus = König), schlüpft laut Hildegard von Bingen aus einem Schlangenei, das von einer Kröte brütet wird. In der Antike erzählte man von seinem alles versteinernden Blick und dem Pestatem, der die Wüste schaffe. Laut dem *Malleus maleficarum* von 1487 schlüpft der Basilisk aus dem Ei eines Hahns, das von einer Kröte bebrütet wurde, und bringt Tod, Pest und Dürre. Er ist nur zu töten, wenn man ihm seinen tödlichen Blick mithilfe eines Spiegels zurückwirft.

13 Die »gesellschaft mit dem trakchen«, auch »ordo draconis« und »societas draconia/draconis«, 1408 gegründet vom späteren Kaiser Sigismund zur Bekämpfung der Ungläubigen (der Osmanen) und der »im Verborgenen wütenden Christen« (Hussiten). Über das Mitglied Vlad II. Dracul indirekt Namensgeber des Vampirs Dracula.

des *Musaeum Hermeticum* (1678). Der Lindwurmbrunnen in Klagenfurth (um 1590) ist nur ein Beispiel dafür, wie allgemein verbreitet Drachenvorstellungen waren. Das Wappen des Herzogs von Marlborough zeigt zwei Drachen, die Flagge von Wales einen.

Tolkien bewegte sich mit dem *Farmer Giles of Ham* in einer respektablen Tradition, zu der u. a. die humorvollen Drachengeschichten der bekannten englischen Kinderbuchautorin Edith Nesbit gehören.[14]

3 Drachen bei Tolkien

Betrachten wir zunächst die Drachen außerhalb von Mittelerde (außer natürlich jenem im *Farmer Giles of Ham*).

Im Gedicht *Der Hort*[15] erschlägt ein junger Drache einen Zwerg und übernimmt dessen Schatz, bewacht goldgierig seinen Hort und wird als alter Drache von einem jungen Krieger erschlagen. In der wunderschönen melancholisch-moralischen Ballade über Gier und das Vergehen von Magie und Schönheit ist der Drache wie alle anderen Protagonisten eine klischeehafte Figur.

Der Weiße Drache in *Roverandom*[16] kommt vom Mond, wie alle weißen Drachen. Er kämpfte zu Zeiten von Merlin und Artus auf der Erde mit dem Roten Drachen von Caerdragon (»Schloss der Drachen«); hier greift Tolkien die alte Legende auf, wonach der rote Drache der Kelten durch den weißen Drachen der Angelsachsen besiegt wurde. Er kann rotes und grünes Feuer spucken und färbt damit schon mal den Mond rot oder verfinstert ihn durch seinen Rauch; wenn es zu einer solchen Mondfinsternis kommt, muss der Mann im Mond dies mit starken Zaubersprüchen in Ordnung bringen (R 43-46).

Man sieht hier, wie gerne Tolkien Geschichten spinnt, die Reelles durch Mythisches oder Märchenhaftes erklären, Phänomene der Primär- durch Geschehnisse oder Bedingungen in der Sekundärwelt. Dies finden wir später wieder beim *Farmer Giles of Ham*.[17] Und dies ist auch ein Kennzeichen der *Briefe vom Weihnachtsmann*. 1927 erklärt Tolkien, wie es zu einer Mondfinsternis

---

14 u. a. »Der letzte Drache«, »Die Befreier ihres Landes« und »Billy der König« (in: Nesbit). Die Autorin von über 40 Kinderbüchern (1858-1924) gilt als Klassikerin und Wegbereiterin der englischen Kinderliteratur; sie beeinflusste Tolkien (auf eine ihrer Figuren gehen die Psamathisten, die Sandzauberer, in *Roverandom* zurück) und ist neben C.S. Lewis das große Vorbild von Joanne K. Rowling.
15 Erstmals 1923 veröffentlicht unter dem Titel *Iúmonna Gold Galdre Bewunden* in *The Gryphon*, dann 1937 unter dem gleichen Titel in *The Oxford Magazine* und dann 1962 als 14. Gedicht mit dem Titel »The Hoard« in *The Adventures of Tom Bombadil and other verses from The Red Book*.
16 Diese Geschichte erzählte Tolkien 1925 seinen Kindern, um seinen Sohn Michael zu trösten, der seinen Spielzeughund verloren hatte. Aufgeschrieben spätestens 1927; 1936 Allen & Unwin angeboten, der Verlag lehnte ab; erschien erst 1998.
17 Und natürlich kann der ganze *Herr der Ringe* auch so gelesen werden.

kam: Der Mann im Mond hatte den Weihnachtsmann am Nordpol besucht, zu viel gegessen und getrunken und die rechtzeitige Rückkehr verschlafen. Die Drachen auf dem Mond trauten sich hervor und verursachten durch zuviel Rauch eine Mondfinsternis (BW 1927).

In den belletristischen Werken gibt es außer dem Drachen im *Farmer* sonst keine weiteren außerhalb von Mittelerde. Die dort beheimateten Drachen sind beachtenswert, weil Tolkien mit ihnen ein ausgereiftes Gesamtkonzept entwickelt hat. Die Drachen sind in Mittelerde sehr ernst zu nehmen und sowohl mythologisch wie biologisch und literarisch ›voll ausgereift‹.

Sie wurden von Melkor in Angband erschaffen, Tolkien entwickelte eine in sich schlüssige Entwicklungsgeschichte.[18] Die ersten Drachen waren die flügellosen Urulóki (»Feuerschlangen«), die aussahen wie riesige Echsen; der mächtigste war ihr Stammvater, Glaurung der Goldene. Sie konnten magisches Feuer speien; wie in vielen Sagen waren ihre Ausscheidungen und ihr Blut giftig (S 243, 248). Sie waren intelligent, eitel, boshaft und konnten sprechen, einige verfügten auch über Magie: Glaurung etwa konnte Túrin und Niënor durch seinen Blick verzaubern (S 238f, 243, 249).[19]

Später züchtete Melkor Kaltdrachen – sie konnten hervorragend fliegen, aber kein Feuer speien – und die geflügelten Feuerdrachen (wie Smaug), die sich eher unbeholfen in der Luft bewegten und an riesige Fledermäuse erinnerten. Deren Feuer war magisch und so stark, dass es wahrscheinlich sogar die Ringe der Macht hätte zerstören können mit Ausnahme des Herrscherrings (vgl. HdR I 84). Der mächtigste der Feuerdrachen war Ancalagon der Schwarze, der in der letzten Schlacht des Ersten Zeitalters von Earendil erschlagen wurde. Auch im Dritten Zeitalter gab es noch Kalt-[20] und Feuerdrachen[21].

---

18 Mehr zu Biologie und Entwicklungsgeschichte der Drachen in Schneidewind, *Biologie*.
19 Glaurung wird in *Die Kinder Húrins* ausführlicher vor- und dargestellt, bleibt aber der Gleiche.
20 Fram von den Rohirrim erschlug im 21. Jahrhundert des Dritten Zeitalters den Drachen Scatha (vgl. HdR III A 390); Dáin I., König der Zwerge, wurde 2589 DZ mit seinem zweiten Sohn Frór vor den Türen seines Palastes in den Ered Mithrin von einem großen Kaltdrachen erschlagen (399).
21 »Smaug der Goldene« war »der Größte der Drachen seiner Zeit« (HdR III A 399). Also muss es zumindest zum Zeitpunkt der Vertreibung der Zwerge vom Erebor, etwa 250 Jahre vor dem Ringkrieg, noch mehr Drachen gegeben haben. Tolkien dachte auch über die Möglichkeit nach, dass Drachen über das Dritte Zeitalter hinaus überlebt haben könnten: »Drachen. Sie hatten nicht aufgehört; weil sie ja viel später, fast bis in unsere Zeit, noch aktiv waren. ... meine ich, daß es immer noch Drachen gibt, wenn auch nicht mehr vom vollen, urtümlichen Wuchs« (B 193). Wenn Feuerschlangen, Feuer- und Kaltdrachen überlebt haben und es auch noch Kreuzungen gab, erklärte das alle Formen in Mythen und Legenden – womit wir wieder ein Beispiel für Tolkiens Geschick haben, primärweltliche Phänomene sekundärweltlich zu erklären.

4 Farmer Giles of Ham

Schon der Untertitel zeigt in Sprache und Darstellung, dass wir es mit einer humorvollen Geschichte zu tun haben:

Aegidii Ahenobarbi Julii Agricole de Hammo
Domini de Domito
Aule Draconarie Comitis
Regni Minimi Regis
et Basilei mira facinora
et mirabilis

or in the vulgar tongue

The Rise and Wonderful Adventures
of Farmer Giles, Lord of Tame,
Count of Worminghall
and King of the Little Kingdom

oder auf Deutsch

Der Aufstieg und die wunderbaren Abenteuer
des Bauern Giles, Herrn von Tame,
Grafen von Würmlingshausen
und Königs des Kleinen Königreiches[22]

Tolkien hat die Geschichte wohl 1936 niedergeschrieben und sie 1937 Allen & Unwin – vergeblich – angeboten. 1938 überarbeitete er sie für eine Lesung vor einem Studenten-Club, in dieser Form wurde sie vom Verlag angenommen. Wegen des Krieges und Unstimmigkeiten bzgl. der Illustrationen wurde sie aber erst 1949 veröffentlicht, ein Jahr später in den USA, 1955 in Deutschland bei Reclam (auf Englisch). Es folgten zahlreiche Nachdrucke und Übersetzungen: Schwedisch (1961), Polnisch (1965), Hebräisch (1968), Holländisch (1971), Italienisch (1975), Französisch (1975) und Japanisch (1975).

Die erste deutsche Ausgabe erschien 1970 zweisprachig, übersetzt von Angela Uthe-Spencker beim Verlag Langewiesche-Brandt. Es folgte 1974 eine Lizenzausgabe bei dtv, 1992 und 1999 Neuausgaben mit jeweils leicht verändertem Titel. Bei Klett-Cotta ist die Geschichte in dem Sammelband

---

22 In Darstellung und Aufteilung den deutschen Ausgaben nachempfunden. Die letzte Zeile heißt in der Klett-Cotta-Ausgabe etwas anders: »und Königs im Kleinen Königreich«.

Fabelhafte Geschichten (1975) zu finden in einer Bearbeitung der ursprünglichen Übersetzung Karl A. Klewers.[23]

4.1 Inhalt, Topoi und Motive

Tolkien schreibt diese tiefsinnig-humorvolle »mock-heroic tale«, als handele es sich um die wenn auch fragwürdige Wiedergabe einer mittelalterlichen Familienchronik. Im pseudowissenschaftlichen Vorwort untermauert er das:

> Von der Geschichte des Kleinen Königreiches sind nur wenige Bruchstücke überliefert; doch durch Zufall ist ein Bericht seiner Entstehung erhalten, eher vielleicht eine Sage als ein Bericht: es ist offenbar eine späte Zusammenstellung, von Fabeln durchsetzt, die nicht aus zuverlässigen Quellen schöpft, sondern aus volkstümlichen Liedern ... Schauplatz ist das Tal der Themse mit einer Abweichung nach Nordwesten bis zu den Wällen von Wales.
> (BHG 7+9[24])

Dort lebt, wohl im 5. Jahrhundert, Bauer Giles mit seiner Frau und dem treuen, etwas feigen Hund Garm zufrieden in seinem kleinen Dorf, als eines Nachts ein tollpatschiger Riese, der sich verlaufen hat, aus Versehen eine seiner Kühe tot trampelt. Von Garm alarmiert, verpasst Giles dem Riesen eine Ladung aus seiner Donnerbüchse ins Gesicht. Der Riese findet die ›Insekten‹ lästig und kehrt nach Hause zurück.

Durch diese Tat wird Giles zum Helden; sein Ruf erreicht auch den Hof des Königs des Mittleren Königreiches, in dem er lebt. Dieser schickt Giles ein altes, für ihn völlig wertloses Schwert und ein Schreiben voller Lobsprüche, unterzeichnet mit *Augustus Bonifacius Ambrosius Aurelianus Antonius Pius et Magnificus, dux, rex, tyrannus et basileus Mediterranearum Partium.*

Unterdessen hat sich ein mächtiger, alter, feuerspeiender, geflügelter, reicher Drache von uralter kaiserlicher Abstammung in das Mittlere Königreich aufgemacht. Dort soll es, so der Riese, viel zu futtern geben, und keine Menschen, nur ein paar Stechmücken. Chrysophylax Dives[25] beginnt, das Land zu verwüsten. Garm entdeckt ihn und warnt seinen Herrn. Doch der

---

23 Titel siehe Bibliographie. Wenn es nur um den *Farmer* geht, empfehle ich die zweisprachige und fast um die Hälfte billigere dtv-Ausgabe. Sehr schön ist das Hörbuch, 1984 für den NDR gelesen von dem Hamburger Schauspieler Hans Paetsch (1909-2002), der schon zu Lebzeiten als Märchenerzähler par excellence galt und in der Inszenierung des bekannten Kabarettisten Henning Venske zu Hochform aufläuft.
24 Seitenangaben beziehen sich auf die zweisprachige dtv-Ausgabe von 1999.
25 »der reiche Wächter des Goldes«, von griechisch *chryso* für Gold und *phylax* für Wächter und dem lateinischen *dives*, reich.

Drache ist weit weg, und schließlich gibt es ja die Ritter des Königs. Die aber lassen ihren Herrn und das Land schmählich im Stich: Schließlich ist bald Weihnachten, es naht das Turnier, und danach verspeist man wie seit vielen Jahren einen Drachenschwanz – aus Backwerk, denn echte Drachen gibt es ja nicht mehr ...

Als der Drache immer näher kommt, wenden sich die Dörfler an Giles, der natürlich nicht kämpfen will. Nachdem entdeckt wird, dass Giles' Schwert das berühmte Drachentöterschwert *Caudimordax* ist (*Schweifschläger*, bei Klett-Cotta *Schwanzbeißer*, im Original *Tailbiter*) und der stets pessimistische Hufschmied ihm eine Art Kettenhemd gebastelt hat, reitet Giles auf seiner alten klugen grauen Stute los.

Als er eher zufällig auf den Drachen trifft, gelingt es ihm – nein, seinem Schwert –, den Drachen zu verletzen und ins Dorf zu treiben. Chrysophylax gibt sich geschlagen und darf erst davonfliegen, nachdem er heilige Eide geschworen hat, acht Tage später mit riesigem Lösegeld zurückzukehren.

Natürlich ist dann der König da und will seinen Anteil (worüber sich die Dörfler sehr ärgern). Und natürlich kommt der Drache nicht (worüber sich der König sehr ärgert). Nun muss Giles auf königlichen Befehl die Ritter zur Drachenhöhle begleiten (worüber sich die Ritter und auch Giles sehr ärgern). Der Drache macht mit den Rittern kurzen Prozess, einige werden von ihm erschlagen, der Rest vertrieben – aber mit Schweifschlägers Hilfe bezwingt Giles Chrysophylax erneut und zwingt ihn, einen großen Teil seines Schatzes zum Dorf zu schleppen. Er ist dabei klug genug, Chrysophylax genug vom Hort zu lassen, um ihn nicht zur Verzweiflung und zur Weißglut zu treiben.

Ins Dorf zurückgekehrt wird Giles zum Helden. Als der König kommt, um sich den Schatz unter den Nagel zu reißen, wird er von Giles und dem Drachen schmachvoll vertrieben. Chrysophylax bleibt noch lange in Ham. Giles als Herr des Dorfes zahlt zunächst Tribut an den König, doch nachdem aus ihm Graf Giles und dann Fürst Julius Aegidius geworden ist, stellt er die Zahlung ein, und schließlich wird er König seines eigenen kleinen Königreiches: *Aegidius Draconarius*, bekannter als *Alter Giles Würmling* (*Old Giles Worming*).

Nach einigen Jahren lässt er Chrysophylax frei, und nachdem dieser einen jungen Emporkömmling aus seiner Höhle vertrieben hat, wäscht er dem Riesen wegen dessen Fehlinformationen kräftig den Kopf.

Diese Erzählung gehört zum Besten, was Tolkien geschrieben hat. Sie ist voller Humor und überbordender Phantasie, teilweise auch voll Ironie und manchmal Sarkasmus. Die »fairy-story« im Tolkien'schen Sinne (FS) ist zugleich eine sehr gelungene ›klassische‹ Fantasy-Story (nach der Definition von Weinreich), ein

Kunstmärchen[26], eine politische Parabel und ein soziales Lehrstück[27] – und nicht zuletzt ein sprachwissenschaftliches Spiel und ein höchst vergnüglich zu lesendes Stückchen Literatur.

Tolkien verwendet dabei zahlreiche bekannte mythologische, aus Legenden stammende und literarische Topoi.

Da ist zunächst der ›Held‹, wie in vielen Märchen und Sagen zunächst ein ›Tumber Tor‹, naiv, aber ausgezeichnet mit einer gehörigen Portion Bauernschläue. Gutmütig, traditionell und eher feige, wird er im Verlauf der Geschichte klüger, ja nahezu weise und zeigt einen »rühmlichen Scharfblick« (BGH 111) – eine geradezu prototypische Entwicklung.

Die magische Waffe ist so verbreitet, dass sie schon als Klischee gilt und nicht selten parodiert wird. Artus und viele andere gewinnen dank ihrer magischen Schwerter erst zahlreiche Kämpfe und dann das Königtum. Erwähnenswert im Zusammenhang mit Drachen sind Gram, das Schwert von Sigurd (bei Richard Wagner Notung/Nothung), und Siegfrieds Schwert Balmung.

Tolkien hat in seinem *Beowulf*-Vortrag ausgeführt, wie wichtig ein mächtiger, überzeugender Gegner für den Helden ist. Das gilt auch für Giles, der, den Drachen vor sich hertreibend, sofort als Lichtgestalt (und potentieller Arbeitgeber) wahrgenommen, bejubelt und beklatscht wird (vgl. BGH 115).

Laut Tolkien ist der klassische Drache der ideale Gegner, im Mythos wie auch in der fairy-story (vgl. BUK 160f). Und Chrysophylax ist, wie Smaug, der ja nahezu gleichzeitig entstand, ein fast perfekter prototypischer Drache: mächtig, stark und mutig, feuerspeiend und geflügelt, klug und gewitzt, erfahren und trickreich, hinterlistig und ein wenig feige, zumindest vorsichtig. Er ist nicht wirklich ›böse‹, sein Verhalten ist eher den Umständen geschuldet.

So wird er am Ende zum Verbündeten gegen die unfähigen Vertreter eines ausbeuterischen Regimes und erlaubt dem ›Helden‹, moralisch integer davonzukommen, ohne sich die Hände schmutzig zu machen.[28] Am Ende erlebt auch

---

26 Wikipedia erwähnt Tolkien sogar ausdrücklich in dem Eintrag *Kunstmärchen*: »Auch J. R. R. Tolkien verfasste mehrere humorvolle Märchen (z. B. *Bauer Giles von Ham*).« http://de.wikipedia.org/wiki/Kunstm%C3%A4rchen, 24.07.2007

27 Da geht es u. a. um Gier, Macht und Ausbeutung, um Feigheit und Egoismus, um Bürokrati(smus) und Gruppenzwang, um Gerechtigkeit und die moralische Legitimation von Herrschaft und schließlich um eine nahezu friedliche ›Revolution von unten‹ – vieles davon mag ›Trost‹ im Tolkien'schen Sinne bieten. – Politische und soziale Aspekte sind in der phantastischen Literatur ja nichts Neues, man denke an Swift, Mark Twain und Orwell oder aktuell an die *Bartimäus*-Trilogie von Jonathan Stroud und die *Harry-Potter*-Romane von J. K. Rowling.

28 Das wirft interessante Fragen auf. Ab wann darf man sich gerechterweise gegen ein Regime wehren? Wann schlägt das ›gesunde Volksempfinden‹ um in ihrseits gefährliche Ungerechtigkeiten? Tolkien bietet hier viel Stoff zum Nachdenken!

Chrysophylax ein Happy End: der perfekte Gegner für eine ziemlich unblutige, aber spannende Geschichte!

Zu den klassischen Topoi in Mythen und Märchen gehören natürlich der dumme, unfähige, selbstsüchtige, gierige und ausbeuterische Herrscher/Politiker und die feigen, unfähigen Ritter. Der Kontrast zwischen dem ›einfachen Volk‹ und dem Adel, zwischen der Arbeit in Haus und Hof und dem höfischen Getue, ja der Dekadenz der Oberklasse, ist für viele Märchen typisch und hat oft auch eine politische Aussage. Wie in vielen Volksmärchen wird nicht das System als solches hinterfragt oder gar gewechselt, hier die mehr oder weniger aufgeklärte Monarchie mit Adels-/Rittersystem, sondern es werden (schlechte) Herrschende durch andere (bessere?) Herrschende ersetzt. Was verschwindet, sind die – schön karikierten – dekadenten Verhaltensweisen und die überbordende Bürokratie.

Zwei Charaktere spiegeln klassische literarische und mythologische Figuren wider: Der Pfarrer, der das Geheimnis des Schwertes entdeckt, ist der kluge Berater, belesen und mit fremden Sprachen und Schriftzeichen vertraut. Er ist mehr als nur der magisch oder wissenschaftlich gebildete Ratgeber, wie Nestor oder Dumbledore, sondern als Pfarrer zugleich geistlicher Berater; er erfüllt eine Doppelfunktion wie Merlin, der nach verbreiteter Legendenbildung als Druide sowohl politisch wie wissenschaftlich und religiös tätig war.

Die männliche ›Kassandra‹, der Unheilsverkünder, ist der Schmied, ein »düsterer Mann, gemeinhin als Sonniger Sam bekannt; sein richtiger Name war Fabricius Cunctator« (BGH 57). Anders als Kassandra behält er mit seinen Unglückswarnungen allerdings unrecht. Sein lateinischer Zuname hat ein berühmtes römisches Vorbild[29].

Garm, der sprechende, etwas feige Hund, ist als Begleiter und Wächter eine Parodie. Benannt nach dem riesigen, vieräugigen Hund der nordischen Totengöttin Hel, der am Fluss Gjöll den Eingang zur Unterwelt bewacht, ist des Bauern Garm das Gegenteil einer furchterregenden Gestalt und eher der komische Sidekick.

4.2 Humor in »guter« Tradition

Die Erklärung realwirklicher Phänomene durch im weitesten Sinne phantastische Ideen und nicht selten Transzendenz ist wahrscheinlich so alt wie die Menschheit. Wir finden sie in der Religion und den Mythen – wie bei

---
29 Quintus Fabius Maximus Verrucosus, um 275-203 v. Chr., General, fünfmal Konsul und zweimal Diktator, bekämpfte Hanibal; wurde wegen seiner defensiven Kriegsführung *Cunctator* genannt, der Zögerer, zunächst als Beschimpfung, nach der Niederlage von Cannae 216 v. Chr. als Ehrentitel; später zum Muster des bedächtig-zähen Römers stilisiert.

den griechischen Geschichten zur Erklärung der Blitze und des Donners, der Vulkane und des Echos – wie in der Philosophie. Aber auch literarisch gab es schon früh Versuche, Reelles durch Mythisches oder Märchenhaftes zu erklären; man kann schon das *Gilgamesch-Epos* dazu zählen.

Im Bereich der humorvollen Interpretation oder Erklärung, wie sie beim *Farmer Giles of Ham* vorliegt, stellte schon Aristophanes (um 448-385 v. Chr.), einer der bedeutendsten Vertreter des griechischen Theaters, mythische Erklärungen der Naturgewalten parodistisch dar. Einige Sagen der Gebrüder Grimm sind parodistisch angehaucht und erklären so seltsame Phänomene. In der modernen Fantasy findet die humorvolle Erklärung unserer Welt breiten Raum. Edith Nesbit wurde schon erwähnt, von den neueren Autoren seien nur Robert Lynn Asprin und Roger Zelazny genannt. Tolkien selbst erklärt in *Roverandom* und den *Briefen vom Weihnachtsmann* immer wieder Geschehnisse unserer Welt wie die erwähnten Mondfinsternisse oder auffällig große Nordlichter (BW 1926). Besonders kurios ist Tolkiens Beschreibung der Erfindung des Golfspiels. Einst griff eine Bande Orks das Auenland an und wurde bei Grünfeld im Nordviertel von den Hobbits besiegt. Angeführt wurden diese von

> Bullenraßler Tuk, dem Urgroßonkel des Alten Tuk, der ein solcher Hüne war (für einen Hobbit), daß er auf einem Pferd reiten konnte. Der drang in der Schlacht bei Grünfeld in die Reihen der Orks vom Gramberg ein und schlug ihrem König Golfimbul mit einer Holzkeule glatt den Kopf ab, daß der hundert Schritte weit durch die Luft flog und in ein Kaninchenloch fiel. Auf diese Weise wurde die Schlacht gewonnen und das Golfspiel erfunden.
> (H 27 f)

Auch im *Farmer Giles of Ham* finden wir eine humorvolle Erklärung, diesmal bzgl. Tolkiens Spezialgebiet, der Sprachwissenschaft. Im Vorwort erläutert er, die »Übertragung dieser seltsamen Geschichte ... mag dadurch gerechtfertigt sein, daß sie einen Einblick in eine dunkle Epoche der Geschichte Britanniens gewährt, ganz zu schweigen von dem Licht, das sie auf den Ursprung einiger sonderbarer Ortsnamen wirft« (BGH 7). Gegen Ende der Erzählung erklärt er:

> ... daß Ham, nun die Hauptstadt des neuen Reiches, durch eine natürliche Vermischung von ›Herr von Ham‹ und ›Herr von Tame‹ unter dem letzteren Namen bekannt wurde, den es bis in unsere Tage behalten hat; denn Thame mit einem *h* ist eine törichte und unberechtigte Schreibung. (BGH 135)

Man beachte, dass die Themse im Englischen *River Thames* heißt. Netterweise räumt Tolkien im Vorwort ein, dass die Erzählung auch lesenswert sein könne für jene, die an seinen Sprachspielereien weniger Interesse haben: »Manche mögen auch den Charakter und die Abenteuer ihres Helden für sich allein reizvoll finden« (BGH 7).

Tolkiens Erklärungen zu Mondfinsternissen und zum Golfspiel sind so herrlich absurd, dass sie sich messen können mit dem, was andere Größen auf diesem Gebiet in den letzten Jahren produzierten, wenn auch nicht im Umfang. Lobend erwähnt (und ihre Werke zu lesen empfohlen) seien hier: Douglas Adams mit *Per Anhalter durch die Galaxis* und den vier Folgebänden, Eoin Colfer mit bisher fünf Büchern um *Artemis Fowl* und Joanne K. Rowling, die allerdings die witzigsten Welterklärungen nicht in den *Harry-Potter*-Romanen verstaut hat, sondern in dem hübschen Pseudoschulbuch *Quidditch im Wandel der Zeiten*.

Diese drei mögen stellvertretend zeigen, dass Tolkien sich mit dem Humor im *Farmer Giles of Ham* in einer guten, langen und fortgesetzten Tradition befindet. Wie sehr Rowling von Tolkien beeinflusst wurde, wird übrigens deutlich an einem direkten Vergleich. Bilbo stellt im *Hobbit* fest: »Lache nie über einen Drachen, solang er noch lebt.« Das Motto von Hogwarts klingt ganz ähnlich: »Draco dormiens nunquam titillandus« (»Kitzele niemals einen schlafenden Drachen!«).

4.3 Einfluss auf moderne Drachenstories

Tolkiens Chrysophylax ist so prototypisch und sein Einfluss als Autor so gewaltig, dass er starken Einfluss auf später geschriebene Drachengeschichten hatte. Gemeint sind hier nicht die zahlreichen Hommagen oder Pastiches, auch nicht jene Stories, die bewusst an den *Farmer* anknüpfen bis hin zu Namen; bei Kerstin Gier etwa heißt der Drache Brunophylax.

Während Nesbit eher komische oder untypische Drachen beschrieb, war Tolkien der erste, der einem typischen gefährlichen Drachen positive Aspekte verlieh (im *Hobbit* war es noch ganz anders!) und eine Art ›Gentlemen's Agreement‹ oder ›friedliche Koexistenz‹ beschrieb. Seither gibt es zahlreiche Werke, in denen Drachen stark, positiv, weise sind, nicht nur in fremden Welten, wo die Drachen eine ganz andere Herkunft haben, wie etwa im Zyklus über die *Drachenreiter von Pern* von Anne McCaffrey. Zu den Höhepunkten dieser Drachenliteratur gehören die Drachenbücher von Barbara Hambly um den schwarzen Drachen Morkeleb und die Erdsee-Romane von Ursula K. Le Guin.

Ganz in der Tradition Tolkiens bewegen sich Roger Zelazny, der in *Der Drache und die Jungfrau* die Verhältnisse umdreht, und Isaac Asimov mit der herrlichen Parodie *Prinz Wunderbar und der Drache, der kein Feuer speien konnte*. Tolkiens Einfluss mit Chrysophylax und Smaug kann in der Drachenliteratur wie in der Fantasy überhaupt kaum überschätzt werden.

5 Schlussbetrachtung

Farmer Giles of Ham ist eine prototypische Drachengeschichte. Tolkien schildert einen ›klassischen‹ Drachen in einer klassischen Drachentöterstory, die er allerdings parodistisch wendet. Es kommt alles vor, was dafür nötig ist, und Tolkien setzt typische literarische und mythologische Topoi ein, auch in dieser Hinsicht ein Vorbild für moderne AutorInnen wie etwa Rowling.

In mehr als einer Hinsicht ist die Geschichte typisch für Tolkien: Sie zeigt seinen Humor, der auch im *Hobbit* und anderen Werken aufscheint und mit dem er in einer guten Tradition steht, seine Freude am Spiel mit Geschichte und mit Sprache sowie seine Leidenschaft dafür, realwirkliche Phänomene zu erklären mit literarischen, erfundenen, ›sekundärweltlichen‹ Gegebenheiten.

So zeigt uns diese Geschichte wie andere seiner so gerne unterschätzten kleineren ›Werke‹ Tolkien auch von seiner humorvollen, lockeren Seite, als Meister der kleinen Form, der gut unterhalten kann.

Bibliographie:

Asimov, Isaac. »Prinz Wunderbar und der Drache, der kein Feuer speien konnte«. *Isaac Asimov's Zauberland*. Bergisch Gladbach: Bastei-Lübbe, 1997, 181-203

Gier, Kerstin. »Jeremy Ohneland und der Drache«. *Das Vermächtnis des Rings*. Stefan Bauer (Hg.). Bergisch Gladbach: Bastei-Lübbe, 2001, 13-68

Nesbit, Edith. *Drachen, Katzen, Königskinder*. Hamburg: Zeit-Verlag, 2006

Rowling, Joanne K. *Harry Potter und der Stein der Weisen*. Hamburg: Carlsen, 1998

---. *Quidditch im Wandel der Zeiten. von Kennilworthy Whisp*. Hamburg: Carlsen, 2001

Schneidewind, Friedhelm. *Lexikon von Himmel und Hölle*. Berlin: Lexikon Imprint Verlag, 2000

---. »Biologie, Genetik und Evolution in Mittelerde«. Hither Shore 2 (2005): 41-66

---. *Mythologie und Phantastische Literatur*. Essen: Oldib-Verlag, 2008

---. *Drachen. Das Schmökerlexikon*. Saarbrücken: Verlag der Villa Fledermaus, 2008

---. *Drachen*. Foliensammlung, http://www.villa-fledermaus.de/drachen.pdf

Hammond, Wayne G. und Christina Scull. *J. R. R. Tolkien. Der Künstler*. Stuttgart: Klett-Cotta, 1996

Tolkien, John Ronald Reuel. »Beowulf: Die Ungeheuer und ihre Kritiker« (Erstveröffentlichung 1937). *Gute Drachen sind rar. Drei Aufsätze*. Stuttgart: Klett-Cotta, 1983, 141-214

---. *Der Hobbit oder Hin und zurück* (1937). Stuttgart: Klett-Cotta, 1998

---. »Zur Übersetzung des Beowulf« (1941). *Die Ungeheuer und ihre Kritiker. Gesammelte Aufsätze*. Stuttgart: Klett-Cotta, 1987, 75-91

---. »Über Märchen« (1947). *Gute Drachen sind rar. Drei Aufsätze*. Stuttgart: Klett-Cotta, 1983, 51-140

---. *Farmer Giles of Ham: The Rise and Wonderful Adventures of Farmer Giles, Lord of Tame, Count of Worminghall, and King of the Little Kingdom* (1949). London: George Allen & Unwin, 1949; Boston: Houghton Mifflin, 1950; Ditzingen: Reclam, 1955 + 1995

---. *Die Geschichte von dem Bauern Giles und dem Drachen Chrysophylax*. zweisprachige Ausgabe. Ebenhausen bei München: Verlag Langewiesche-Brandt, 1970

---. *Farmer Giles of Ham – Die Geschichte vom Bauern Giles und dem Drachen*. zweisprachige Ausgabe. München: dtv, 1974

---. »Bauer Giles von Ham«. *Fabelhafte Geschichten*. Stuttgart: Klett-Cotta, 1975

---. *Farmer Giles of Ham – Der Bauer Giles von Ham und der Drache*. zweisprachige Ausgabe. München: dtv, 1992

---. *Farmer Giles of Ham – Bauer Giles von Ham*. zweisprachige Ausgabe. München: dtv, 1999

---. *Bauer Giles von Ham*. Gelesen von Hans Paetsch (NDR 1984). München: Der Hörverlag, 2002 (MC), 2005 (CD)

---. *Der Herr der Ringe* (1954/55; übersetzt von Margaret Carroux).

Band 1: *Die Gefährten*. Stuttgart: Klett-Cotta, ^{11}2002

Band 2: *Die zwei Türme*. Stuttgart: Klett-Cotta, ^{11}2002

Band 3: *Die Rückkehr des Königs (inkl. Anhänge)*. Stuttgart: Klett-Cotta, ^{11}2002

---. *Die Abenteuer des Tom Bombadil und andere Gedichte aus dem Roten Buch* (1962). Stuttgart: Klett-Cotta, 1984

---. *Das Silmarillion* (1977). Hg. Christopher Tolkien, Assistenz Guy Gavriel Kay. Stuttgart: Klett-Cotta, 1978

---. *Briefe* (1981). Hg. Humphrey Carpenter unter Mitwirkung von Christopher Tolkien. Stuttgart: Klett-Cotta, ^{2}2002

---. *Roverandom* (1998). Hg. Christina Scull und Wayne G. Hammond. Stuttgart: Klett-Cotta, 1999

---. *Die Kinder Hurins* (2007). Hg. Christopher Tolkien. Stuttgart: Klett-Cotta, 2007

Weinreich, Frank: *Fantasy. Einführung*. Essen: Oldib-Verlag, 2007

Zelazny, Roger. »Der Drache und die Jungfrau«. *Die Türen seines Gesichtes*. München: Moewig, 1980, 129-130

Patrick Brückner

»... bis dass der Drache kommt«.
Das Drachenmotiv bei Tolkien als poetologisches Konzept zur Genese des Episch-Historischen.
Patrick A. Brückner (Potsdam)

1. Echte Drachen sind rar...

Tolkien sagt in seinem *Beowulf*-Aufsatz: »Real dragons ... are actually rare« (BMC 12). Der Drache selbst jedoch ist in der Literatur des Mittelalters ein durchaus beliebtes Motiv. Die Drachen im *Yvain* (vgl. V. 3341-3414), im *Tristan* (vgl. V. 8897-9982) und im *Lanzelet* (vgl. V. 7834-7995) – natürlich auch die beiden Drachen, die sich, laut Tolkien, ›echte‹ Drachen nennen können: Fáfnir und der *Beowulf*-Drache (BMC 12) – stehen in einer Reihe, die sich unschwer verlängern ließe. Warum sind nun der *Yvain*-Drache und seine Verwandten aus *Tristan*, *Lanzelet* und wo immer sie zu finden sind, keine ›echten‹ Drachen? Was unterscheidet sie von Tolkiens ›real dragons‹?

Folgt man Tolkien, greifen nur diese in »the machinery and the ideas of a poem [Lied] or tale« (BMC 12) ein. Die Drachen des *Matière de Bretagne* (und des höfischen Romans) dagegen wurzeln, folgt man Hans Robert Jauss, »in einer [zeitgenössisch] nicht mehr geglaubten Mythologie; [sie erscheinen] in der Folge einer Übernahme fremder Stoffe und Motive durch eine andere gesellschaftliche Zivilisation als Ergebnis einer Fiktionalisierung« (315) und überleben in den Texten nur noch als ein märchenhaftes Element.

Nun ist Tolkien sich sicher: »A dragon is no idle fancy« (BMC 16). Damit werden Drachen, die lediglich als ›Märchenmotiv‹ erscheinen, zu einer *âventiure* mit ethischer und moralischer Bedeutung für denjenigen, der ihnen gegenübertritt (vgl. Unzeitig-Herzog 45). Mögen diese Drachen für den ›Hergang‹ eines Gedichtes durchaus von Bedeutung sein, so sind sie nicht sinnstiftender als andere *âventiuren*.[1]

Fáfnir und insbesondere der *Beowulf*-Drache können dann also keine *âventiuren*-Drachen im o.g. Sinne darstellen – jedenfalls nicht, wenn man Tolkiens Aussagen ernst nimmt. Echte Drachen repräsentieren auch und vor

---

1 *Âventiure* kann ausgehend von der Wortbedeutung ›Zufall‹, ›Geschick‹, im arturischen Roman seit Chrétien de Troyes als das verstanden werden, was vom Helden (bzw. Ritter) »nicht gewirkt oder erduldet, sondern ›bestanden‹ wird... Was in der Legende das Wunder ..., im Epos das Schicksal ist, ist hier die *âventiure*... Es kommt auf den Helden zu aus dem offenen Unberechenbaren und ist ein Vorgang der Weltbegegnung und ...]Selbstbegegnung« (Wehrli 275). Der Held der *âventiure* ist eine modellhafte Figur, an der ein idealisiertes Bild der höfischen Welt entwickelt wird (vgl. 274).

allem die »ideas« eines Textes. Es ist zu fragen, warum die beiden von Tolkien benannten Geschöpfe auch diese zweite Anforderung Tolkiens an ›echte‹ Drachen erfüllen.

Tolkien erkennt im *Beowulf* »a fusion that has occurred *at a given point* of contact between old and new« (BMC 20) – eine Verbindung, die für den zeitgenössischen Hörer etwas erzeugt, das über das Fiktionale, das dem Literaturverständnis des modernen Lesers inhärent ist, hinausgeht: »... the illusion of surveying a past, pagan but noble and fraught with a deep significance – a past that itself had depth and reached backward into a dark antiquity of sorrow« (BMC 27).

Wie nun ist der Drachen an dieser »illusion of surveying the past« beteiligt? Tolkien rückt ihn[2] (anders als die bis dahin vorherrschende Deutung des *Beowulf*) in das Zentrum der Interpretation (vgl. BMC 12f). Der *Beowulf*-Drache ist das Geschöpf, das Historizität letztlich erst produziert, indem es die Balance zwischen dem Helden, der »something more significant than a standard hero« (BMC 17) ist, und der »heroic history [in] the named lands of the North« (BMC 17) herstellt. Dies wirkt wie ein Anachronismus – so wie Drachen, wenn sie erst einmal in der *history* auftauchen, für den modernen Rezipienten eben immer anachronistisch wirken müssen – weil sie (für diesen) nur fiktional sind und es undenkbar erscheint, sie in einem Geschichts- und nicht in einem Märchenbuch vorzufinden. Es ergibt sich also ganz klar, dass mit der »heroic history« nicht die moderne Geschichtswissenschaft (und ihr deskriptives Vorgehen) gemeint sein kann.

Geschichte (*history*) wird im *Beowulf* (und das gilt für das mittelalterliche Epos allgemein) auf erzählender Ebene vermittelt. Der Drache ist also kein ›Zufall‹, der dem Helden geschieht, sondern Schicksal (*doom*), etwas, das die Geschichte des Helden erzählenswert macht (vgl. BMC 32) und so (im epischen Sinne) historisch werden lässt.[3] Deutlicher wird dies, wenn man Jauss folgt, der zum Epos[4] im Mittelalter erklärt:

> Durch die Verbindung von historischem Ereignis ... und phantastischem Geschehen wird der [Kern des Erzählten] keineswegs weniger historisch. Denn ›historisch‹ hat für das [zeitgenössische] Publikum ... noch nicht den modernen Sinn des historisch

---

2 Ebenso Grendel und Grendels Mutter.
3 Die epische Ursituation: »Ein Erzähler erzählt einer Hörerschaft etwas, was geschehen ist« (Petersen 14).
4 Auch wenn Tolkien sagt: »*Beowulf* is not an ›epic‹« (BMC 31) stellt doch gerade das von ihm beschriebene »past that itself had depth« (27) eine Entsprechung zum ›epic-past‹ dar, das Bakhtin beschreibt (vgl. 13f).

Getreuen ..., sondern meint ... eine Begebenheit, ›die geglaubt werden will‹, ... auch wenn [sich dabei] für unsere Begriffe Legendäres und Historisches unentwirrbar vermischen. (313)

Der Drache trennt Hörer und Erzähler zeitlich absolut vom Erzählen (vgl. Bakhtin 13) und schafft gleichzeitig die Bedeutsamkeit der edlen Vergangenheit (vgl. BMC 27). Der *Beowulf*-Drache ist also (anders als seine Verwandten des arturischen Romans) kein Ungeheuer, dessen Tötung die Welt in Ordnung bringt (vgl. Giloy-Hirtz) und so zu einem modellhaft-idealisierten höfischen Weltmodell beiträgt. Vielmehr steht er für eine episch-historisch vergangene Welt und eben deren Signifikanz – und das nicht als Symbol, sondern als ›realer‹ Drache.

Für ein modernes Individuum ergibt sich bei dieser Art der Geschichtsschreibung zwangsläufig die Frage: Wo hört die (nachweisbare) Geschichte auf und fängt die Mythologie an (vgl. Lévi-Strauss 50)? Dass Tolkien diese Frage (nach ›Realität‹ im Sinne der Moderne) als nicht nur wenig spannend, sondern sogar als kontraproduktiv betrachtete, wird durch die Turmallegorie in *The Monster and the Critics* mehr als deutlich. Dabei fällt auf, dass die Alternative zur verworfenen Vorgehensweise der Geschichts- und Literaturwissenschaft nicht ohne weiteres klar wird. Sind Ruine, Turm und Steine leicht als Text aus älteren Texten und Motiven zu entschlüsseln, ist unklar, welche Bedeutung das Meer haben soll (vgl. BMC 7f).

Hier scheinen nun Tolkiens eigene Drachen (obwohl dies sonst nicht die Art von Drachen ist) Hilfestellung zu leisten. Es ist die Frage nach dem ›wahren‹ Dasein des Drachen. Der aufgeklärte Leser wird diese Frage mit der schlichten Verneinung der realen Existenz solcher Geschöpfe beantworten, die in ihrer existenziellen Realität nicht in die eigene ›reale‹ Welt integrierbar sind, und sie deshalb im Bereich des Märchenhaften bzw. des Symbolischen ansiedeln. Tom Shippey's Deutung des Drachen Smaug als Symbol für die »dragonsickness [which] is perfectly common« (vgl. 328) (also auch dem modernen Leser bekannt ist), geht in diese Richtung.

Tolkiens einziger Vorbehalt gegen den *Beowulf*-Drachen ist doch aber gerade der, er sei kein »plain pure fairy-story dragon... The large symbolism is near the surface, but it does not break through, nor become allegory« (BMC 17). Folgt man dem, dann kann man sagen, dass gute Drachen bei Tolkien für nichts stehen als für ›historische‹ Tiefe. Ein echter Drache besitzt keine allegorische bzw. symbolische Mehrdeutigkeit (und schon gar keine in diese Richtung zielende Anwendbarkeit). Deswegen können ›echte‹ Drachen in unserer ›realen‹ Welt (die vermessen, gewogen und rational erforscht ist) nur als Anachronismus auftreten – ein Anachronismus, den die von Tolkien verworfenen Historiker und Literaturwissenschaftler dem *Beowulf*-Drachen auch prompt attestieren.

Verschiebt man jedoch die Konzeption, die ›Wahrheit‹ (hier als Realität zu verstehen) konstruiert, hin zum beschriebenen historisch ›Wahren‹ im Epos, löst sich dieser Anachronismus auf. Das beschriebene episch ›Wahre‹ konstruiert sich, anders als moderne Geschichte, nicht aus Daten und Fakten – also letztlich der objektiven Vernunft als ›Realitätsprinzip‹, das seit der ›Basisepoche‹ der Aufklärung als hegemonial zu betrachten ist (und reale Drachen eben unmöglich macht). Es konstituiert sich vielmehr aus einer umfassenden, geordneten, aber nicht-rationalen Weltvorstellung. Es ist ein Weltgefüge – als dessen Teil auch der Erzähler (der es gleichzeitig bezeugt) und die Hörer betrachtet werden müssen –, dessen Objektivität jedoch durch zeitliche und räumliche Distanz zum Geschehen entsteht (vgl. Bakthin 12f). Diese Weltsicht löst die Kategorien ›historisch‹ und ›fantastisch‹ auf und ermöglicht es dem Drachen, real zu werden.

Wie erlangt nun ein ›echter‹ Drache seine über das Symbolische hinausgehende ›Realität‹?

Hanspeter Bauer weist darauf hin, dass (ähnlich dem Jauss'schen Modell der ›epischen Wahrheit‹) das Märchen keine Unterscheidung von Realistischem und Fantastischem kennt, sondern »Differenziertes auf eine einzige Linie [projiziert] und ... innere Ferne durch äußere Entfernung andeutet. Das Märchen projiziert die Handlung auf eine Linie, die von einem Ausgangspunkt ›x‹, welcher im Bereich *realistic* liegt, zu einem Endpunkt ›y‹ reicht, welcher

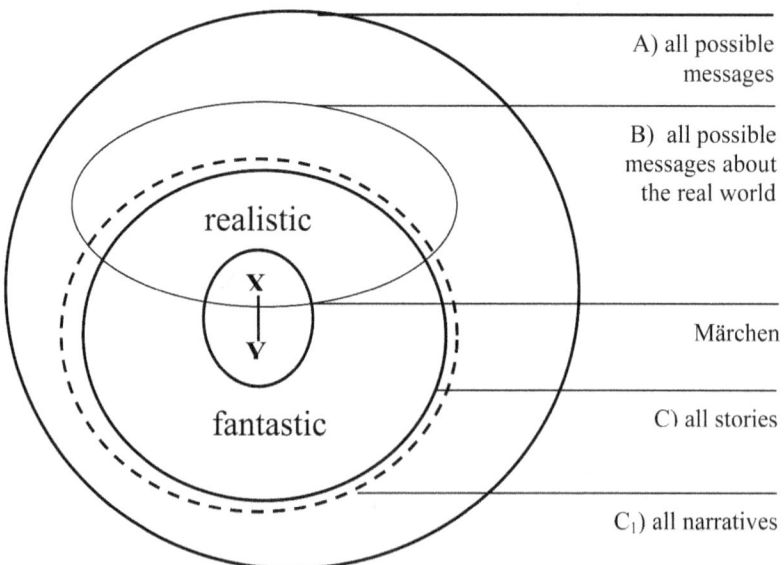

Erzählstruktur nach Bauer 15

im Bereich *fantastic* liegt« (Bauer 15), wobei jedoch eine Weltverhaftung auch im Bereich *fantastic* erhalten bleiben muss, damit der Leser sich in dieser Welt zurechtfinden kann (vgl. Bauer 15).

Interessant hieran ist besonders der Punkt, an dem die Linie aus dem Bereich des *realistic* in den des *fantastic* übertritt.[5] Es sei daran erinnert, was Tolkien über die ›Wahrheit‹ von (guten) Märchen ausführt: »Inside it, what he relates is ›true‹: it accords with the laws of that world« (FS 132). Im Folgenden soll nun gezeigt werden, dass ›echte‹ Drachen – und Tolkiens Drachen sind ›echt‹ – dazu dienen, den Punkt, der den Eintritt ins *fantastic* markiert, in Richtung *realistic* zu verschieben, und so selbst immer ›wahrer‹ werden. Wie dies textintern und auf Rezipientenebene funktioniert, soll an verschiedenen Drachen aus Tolkiens Texten gezeigt werden.

2. Der Drache im Zentrum der Geschichte: Smaug

Hier soll mit Smaug begonnen werden, da er der Drachen ist, der am klarsten Tolkiens Konzept von ›echten‹ Drachen verkörpert.

Smaug ist wohl der bekannteste Drache Tolkiens. Das liegt sicherlich daran, dass er das zentrale Ziel der Quest und unabdingbar für den Plot der Geschichte ist. Dies nun macht es ohne weitere interpretatorische Mühe wahrscheinlich, dass Smaug Tolkiens eigene Anforderungen an einen ›echten‹ Drachen erfüllt. Smaug existiert am anderen Ende einer Welt, in der es zumindest nicht befremdlich wirkt, dass herumwandernde Zauberer arglose Geschöpfe in ein Abenteuer verwickeln. Der Märchencharakter dieser Welt manifestiert sich genauso durch die Zwerge und eben auch die Hobbits.

All diese Akteure sind für den modernen Leser wohl eindeutig in das Feld einzuordnen, das Bauer als *fantastic* bezeichnet. Von besonderem Interesse ist nun, dass Tolkien mit der Linie des *Edge of the Wild* die Stelle des Übergangs vom *realistic* ins *fantastic* in der Karte zum *Hobbit* (vgl. H 286, Hammond/Scull 94) selbst festgelegt zu haben scheint (vgl. Bauer 15).

Diese Linie stellt in der Interpretation ein gewisses Problem dar. Sie markiert offensichtlich nicht den Beginn der Wildnis bzw. der gefährlichen Welt. Gandalf betont zweimal, dass Elronds Haus, »that Last Homely House west of the [Misty] Mountains« (H 54) ist. Ebenso erklärt er: »You are come to the very edge of the Wild… Hidden somewhere ahead of us is the fair valley of Rivendell«

---

5 ›*realistic*‹ und ›*fantastic*‹ in diesem Modell stellen Kategorien dar, die so nur für den modernen Leser existieren. Für einen ›epischen‹ Hörer existierte dieses Ordnungssystem nicht.

(54). Die *Edge of the Wild* ist im Text also an einer anderen Stelle gezogen als auf der Karte, die Tolkien zum *Hobbit* zeichnete. Die Interpretation, dass die Linie auf der Karte alles berücksichtigt, was im Text als ›märchenhaft‹ gedeutet werden könnte, kann verworfen werden, da die Trollhöhle (vgl. Bauer 17) jenseits dieser Linie platziert ist.

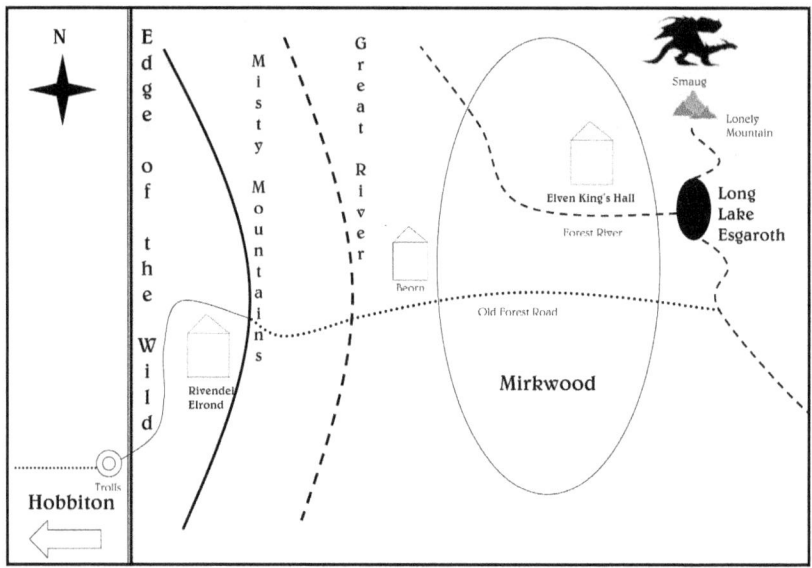

Struktur (P.B.) einer Karte von Wilderland nach Tolkien, vgl. H 286

Nun könnte der Leser meinen, die Lebensweise Bilbos und die Geschäftsaktivitäten der Zwerge seien ebenso wie die grobschlächtige Gewalttätigkeit der Trolle auch in seiner Welt (der des Lesers) zu finden. Bauer deutet die Linie konsequent so wie eben beschrieben. Gandalfs Feststellung,»dragons are comfortably far-off (and therefore legendary)« (H 31), wird als Anhaltspunkt dafür genommen, Smaug am Extrempunkt y (also am meisten *fantastic*) und den Ausganspunkt der Quest am Punkt x (also am meisten *realistic*) zu verorten (vgl. Bauer 17). Unzweifelhaft aber ist, dass Zauberer, Zwerge, Trolle und auch Hobbits nicht die Bewohner der dem Leser bekannten Welt (also dessen System, das Weltwahrnehmung konstruiert) sind.

Bauers Deutung weist also bei genauerer Betrachtung zwei Schwachstellen auf, die auf der Ebene des Textes und ebenso auf der Rezipientenebene liegen. Um mit der Textebene zu beginnen: Sowohl für Gandalf als auch für die Zwerge ist Smaug etwas höchst Reales. Gerade für die Zwerge ist Smaug sogar Bestandteil ihres historischen Wissens, letztlich ihrer historischen Geschichte. Deutlich wird dies im Lied, das sie bei der ›Unexpected Party‹ singen. »The Dragon's ire more fierce than fire / Laid low their towers and houses frail« (H 25) ist die Ursache für den Verlust des »Kingdom under the Mountain« (vgl. H 32), ein Punkt, von dem aus sowohl eine historische Vorgeschichte erzählt wird, der aber auch die realpolitische Gegenwart (das Exil) wie letztlich eine politische Vision (also die Rückkehr des Königs unter den Berg) für die Zwerge besitzt.

Dass die historische Geschichte der Zwerge im Text eine Weltverhaftung hat, zeigt sich deutlich bei der Ankunft in Seestadt: Ihr Eintreffen ruft die Geschichte von der Rückkehr des Königs unter dem Berg im Gedächtnis der Einwohner wach (vgl. H 183f).[6]

Dass gerade auch Smaug dazu beiträgt, Welthaftigkeit (im Sinne von ›epischer Geschichte‹) zu produzieren, wird dadurch deutlich, dass sein Erwachen Bard auf den Plan ruft. Die Verteidigung von Seestadt gegen Smaug ist zwar möglicherweise eine Gemeinschaftsaufgabe, wie Shippey schreibt, doch Bard ist eben kein »twentieth-century infantry officer« (40), sondern Erbe des Throns von Dale (vgl. H 249). Ein Infanterie-Offizier besitzt keine Waffe, wie sie der Pfeil Bards darstellt, mit dem er Smaug tötet. Der Pfeil selbst ist ein episches Erbstück seiner Königsfamilie (vgl. H 236).[7] Bard ist der Held, der einen Drachen von einem Schmiedefeuer unterscheiden kann (vgl. H 232). Er ist der Drachentöter, dessen Status sich durch Smaug vom Soldaten der Seestadt zum König von Dale ändert. Smaug bezeichnet also auf der Textebene den Punkt, an dem vergangene Geschichte mit gegenwärtigem Zustand zusammentrifft und zukünftige Geschichte generiert: Bard gelangt mit dem Drachengold wieder zu Einfluss und wird König (vgl. H 273, 284); ebenso gibt es wieder einen König unter dem Berg. (Zwar ist es auch nicht Thorin, sondern Dain, aber – wie schon gezeigt – ist es nicht wichtig, welcher Zwerg, sondern *dass* ein Zwerg »King under the Mountain« ist; vgl. H 273).[8]

---

6 Das Lied *The King beneath the mountains*, das bei der Ankunft in Seestadt von den Bewohnern gesungen wird (H 190), zeigt deutlich die im Text inszenierte Verhaftung der historischen Geschichte mit dem, was Bauer *fantastic* nennt. Geschichte wird hier mit dem Epischen transportiert. Die Tatsache, »that it was Thor's grandson not Thor himself that had come back did not bother them at all« (H 190). Geschichte ist in diesem Fall also nicht abhängig von historischen Daten oder Personen, sondern beruht auf einer epischen Überlieferung, die Schicksal und Vorhersehung in ihr Zentrum stellt.
7 Dass einzelne Waffen unabhängig von ihren Trägern eine geschichtliche Dimension erhalten können, ist auch an Orkrist und Glamdring erkennbar (vgl. H 59). Die Waffe bezeugt die Eigenschaften der Person, die sie führt, und stellt diese automatisch in historische Zusammenhänge. So wird die doch anfangs sehr allgemeine Feindseligkeit der Orks nach Entdeckung von Orkrist bei Thorin durch die damit automatisch hergestellten ›historischen‹ Zusammenhänge auch mit einer historischen Feindschaft begründet (vgl. H 70).
8 Natürlich sind Verwandtschaft und dynastisches Denken Garant für einen »King under the Mountain« als Verkörperung des ›beständig Gleichen‹. Wichtig ist hier die Trennung von Königtum und Individuum.

Der einzige Akteur, der scheinbar nichts von Drachen weiß, ist Bilbo – und deshalb erscheint er dem Leser auch am vertrautesten. Diese Vertrautheit jedoch wird nur auf den ersten Blick durch den Text sinnfällig bestätigt: Der Leser mag es nachvollziehbar finden, dass es sich sehr unangenehm ausnimmt, das Haus voller Gäste zu haben, die mutwillig das Inventar des Gastgebers zerstören (vgl. H 23). Dass es sich bei den Gästen um 13 Zwerge und einen Zauberer handelt, wirkt auf Bilbo zwar befremdlich, für den modernen Leser wären diese Gäste jedoch nicht denkbar. Das Lied der Zwerge (nachdem ihr erstes zerstörerisches Lied beendet ist) stürzt Bilbo in eine Vision von Drachen, eine Vision, die deutlich macht, dass die reale Existenz von Drachen für Bilbo unbezweifelbar ist. Wie sollte es auch anders sein? Wie schon gesagt, Zwerge und Zauberer erregen nur durch die Art und Weise ihres Auftretens und nicht durch ihre pure Existenz seine Verwunderung. (Es scheint allerdings für die Zwerge sehr *fantastic*, dass ausgerechnet Bilbo der 14. Mann sein soll.)

Schließlich ist Bilbo auch nicht »so unlearned in dragon-lore« (H 212). Der Eindruck der Unkenntnis Bilbos (und die erwähnte Vertrautheit des Lesers mit ihm) entstehen dadurch, dass Smaugs Geschichte – ebenso die der Zwerge und Bards – nicht Bilbos (und des Lesers) Geschichte ist – oder zu sein scheint. Es ist jedoch sicherlich kein Zufall, dass Bilbo, der mit Bullroarer Took verwandt ist, von Gandalf zum »burglar« (H 28) erwählt wird. Über die bei der ›Unexpected Party‹ erwähnte Schlacht von Grünfeld, bei der Bullroarer sich als großer Krieger hervortat (vgl. H 27), gibt es eine wenn auch dünne Verbindungslinie zur epischen Geschichte der Zwerge, die Bilbo aufnimmt, als die Took-Seite in ihm siegt (vgl. H 28). Der Weg zum Lonely Mountain führt Bilbo immer tiefer in eine historische Welt, die immer mehr die seine wird. Smaug, am Ende des Weges, markiert den Punkt, an dem Bilbo endgültig in dieser Welt verankert ist. Bilbo ist am Ende der Geschichte Elbenfreund und Freund von Zwergen und Zauberern (vgl. H 282).

Die Linie des *Edge of the Wild* wäre dann textintern die Linie, die fiktionale Erzählung von Historischem scheidet – jedoch genau entgegengesetzt zu Bauers Interpretation. Bag-End und der Hobbit Bilbo (so wie der Leser ihn zu Beginn des Textes kennen lernt), Gandalf (der ein anderer Gandalf als in *The Lord of the Rings* ist) und die Zwerge blieben, ebenso wie die Trolle,[9] ohne den Drachen ein reines Märchenelement.

---

9 Die Trolle, als erster Beweis für Bilbos Fähigkeiten als »burglar«, der am Anfang der Quest steht, sind in keinen epischen Zusammenhang gebettet. Williams sprechende Geldbörse (vgl. H 44) ist ein reines Märchenmotiv (die Versteinerung der Trolle erinnert außerdem an die Riesen im Volksmärchen; vgl. Simeck 125). Der spätere Diebstahl des Bechers hingegen ist ohne Schwierigkeiten in Beziehung zum epischen Geschehen im *Beowulf* zu setzen, über das noch zu sprechen sein wird.

Die Elben dagegen als Geschichtskundige und -träger, deutlich etwa dadurch, dass Elrond mehr von Schwertinschriften und zwergischen Karten versteht als die Zwerge selbst (vgl. H 58f), befinden sich folgerichtig auf der Seite jenseits der Linie. Smaug als Geschöpf, das im Text für die Kumulation von epischer Geschichte und gegenwärtigem Geschehen verantwortlich ist, befindet sich demnach am weitesten in der ›Wildnis‹ – also im *realistic*.

Wie schon erwähnt, hat die *Edge of the Wild* auch für die Rezipientenebene durchaus eine Bedeutung. Natürlich würden moderne Leser Smaug unwillkürlich dem Bereich des *fantastic* zuschlagen, doch müssten sie dies mit Zwergen und Hobbits ebenso halten. Die Tatsache, dass Bilbo dem Leser von allen Akteuren am vertrautesten erscheint, hat letztlich damit zu tun, dass in seiner Welt wie in der Welt des Lesers Drachen selten bis nie eine Rolle spielen. So wie jedoch Bilbo einiges über Drachen weiß, könnte dies auch für die Leser gelten. Tolkien erklärt zum *Beowulf*:

> Indeed this must be admitted to be practically certain: it was the existence of such connected legends – connected in the mind, not necessarily dealt with in chronicle fashion or in long semi-historical poems – that permitted the peculiar use of them in *Beowulf*. This poem cannot be criticized or comprehended, if its original audience is imagined in like case to ourselves, possessing only *Beowulf* in splendid isolation. (BMC 31)

Der Leser, der den *Hobbit* nicht in ›vornehmer Vereinzelung‹ liest, kann die Ähnlichkeit zwischen der Erweckung des *Beowulf*-Drachen und der Smaugs nur schwer übersehen. Sie sind offensichtlich und oft beschrieben worden (vgl. Simek 137): Beide erwachen, nachdem ihnen ein Becher abhanden gekommen ist (vgl. *Beowulf* V. 2280-2281, H 208). Rudolf Simek weist jedoch darauf hin, dass eine ausschließliche Gleichsetzung mit dem *Beowulf*-Drachen Smaug nicht gerecht wird (vgl. H 137). Tolkien verbessert Smaug (gegenüber dem *Beowulf*-Drachen) nach seinen eigenen Vorgaben für ›echte‹ Drachen. Smaug steht ganz und gar nicht im Verdacht, ein Wesen der Hölle zu sein (bzw. in einem Zusammenhang mit christlicher Weltanschauung zu stehen; vgl. *Beowulf* V. 2330-2333), sondern handelt aus einer eigenen Bosheit heraus. (Smaug ist also keinesfalls als Allegorie lesbar.)

Dieser Effekt wird dadurch erreicht, dass Fáfnir, der Drache der *Sigurdsaga*, ebenso ein Verwandter Smaugs ist wie der *Beowulf*-Drache. Wenn der Erzähler im *Hobbit* über Bilbos verklausulierte Antwort auf Smaugs Frage, wer er sei, sagt: »This of course is the way to talk to dragons« (H 213), bezieht sich dies ganz klar auf Sigurd. Dieser antwortet Fáfnir auf dieselbe Frage:

Herrliches Tier heiß ich,   bin herumgezogen
als mutterloser Sohn;
einen Vater hab ich nicht,   wie der Menschen Söhne,
ich geh immer allein.
(*Heldenlieder* 105)

Smaugs düstere Vorhersagen über das Verhalten der Zwerge, sollten sie einmal in den Besitz des Drachenschatzes gelangen, und Bilbos zu erwartendes schlimmes Ende (vgl. H 214f) finden ihre Entsprechung bei Fáfnir, der Sigurd vor Regin und seinem Schatz warnt (vgl. *Heldenlieder* 105f). Dass der Bauch die empfindlichste Stelle des Drachen ist (vgl. H 215f, *Heldenlieder* 105), wäre neben weiteren Ähnlichkeiten aufzuzählen.

Letztlich ist hier von Bedeutung, dass sowohl Bilbo als auch der Erzähler und der Leser ihr Wissen über Drachen und den Umgang mit ihnen aus der gleichen Quelle schöpfen oder dies zumindest könnten.[10] (Es ist sicherlich kein Zufall, dass der Kommentar des Erzählers über die richtige Art der Unterhaltung mit Drachen an den Leser gerichtet ist.)

Wenn nun das Wissen über Drachen in der Welt des *Hobbit* den gleichen Quellen entstammt wie in der Welt des Lesers, dann ist Smaug das Geschöpf, das beide Welten in unmittelbare Nähe zueinander bringt. Aus dem Sigurd der *Edda* wird der Siegfried des deutschen Nibelungenliedes, über das Max Wehrli schreibt: »so spiegelt sich darin ... der Untergang des burgundischen Reichs des Königs Gundahari im Kampf gegen die im römischen Sold stehenden Hunnen« (396). Das Epos liefert als Grund dieses Untergangs den Schatz des Drachen, den Siegfried tötete. Hier verwirren sich Geschichte und Mythos unentwirrbar. Der Drache ist nicht aus diesem Geflecht herauszulösen, wird im episch-historischen Sinne ›real‹ (er existiert im Bewusstsein des textkundigen Rezipienten) und reicht so bis in unsere Welt.

Dem gegenüber steht der Hobbit Bilbo, dessen Bindung an die Welt des Lesers überhaupt erst durch den Drachen konstituiert wird – allerdings unter dem Zeichen einer alternativen historischen Wirklichkeit. Der Drache öffnet gleichsam »a door on Other Time, and if we pass throught ..., we stand outside our own time« (FS 129).[11] Natürlich ist das dann eine Zeit, die Geschichte gänzlich

---

10 Dass Smaug im *Hobbit* (und wie noch gezeigt werden wird, Drachen bei Tolkien allgemein) weniger *fantastic* ist als z.B. Bilbo, kann auch mit dem Fakt belegt werden, dass die Frage, was Hobbits sind, im Text geklärt werden muss (vgl. H 14) – dass der Leser etwas über Drachen weiß, davon geht der Text aus.
11 Das Sitzen »on the Doorsteep« (vgl. H 194) zeigt deutlich, dass die Zeit, in der sich Bilbo und die Zwerge befinden, eine andere ist als die, in der Smaug zu finden ist (die Zeit des Lesers is wiederum eine andere als die der Zwerge). Der Sonnenstrahl, der das Schlüsselloch zum Eingang enthüllt (vgl. H 202), ist jedoch kein Zufall. Schon zu Beginn der Quest erklärt Bilbo, dass ihm das Sitzen auf der Schwelle Zutritt zu Smaugs Höhle

anders konstruiert, als unsere modernen Geschichtswissenschaften dies praktizieren. Man könnte den *Hobbit* also analog zu Tolkiens Lektüre des *Beowulf* lesen: als ein »historical poem about the ... past, or an attempt at one – literal historical fidelity founded on modern research was, of course, not attempted. It is a poem by a learned man writing of old times, who looking back on the heroism and sorrow feels in them something permanent« (BMC 26).

Diese Deutung allerdings verlangt, das Bauer'sche Modell der *Edge of the Wild* umzudrehen. Wäre deren linke Seite die Seite, auf der das *realistic* zu finden ist, dann wäre der *Hobbit* eine Geschichte voller Märchengestalten, wie Zwerge, Zauberer, Ungeheuer und Drachen, in der gezeigt würde, wie es in der Welt nach einer ›naiven Moral‹ zugehen sollte (vgl. Rötzer 84). Wenn der *Hobbit* aber von Märchengestalten bevölkert wird, ist Smaug nur die letzte große Gefahr in einer Kette anderer Gefahren. Nun beschreibt Rötzer das Märchen als etwas »sich [phänomenologisch] selbst genügendes, das keinerlei Verweischarakter hat, außer auf sich selbst« (87). »Die Helden [des Märchens] entwerfen nicht die Zukunft, erinnern kaum aus der Vergangenheit« (80). Wären Tolkiens Figuren Märchenfiguren, könnten sie also keinerlei »deep significance« besitzen.

Dreht man Bauers Modell jedoch um und setzt den Drachen in den Teil, der das *realistic* bezeichnet, erhält man die Geschichte eines Helden, der in episch-historischen Zusammenhängen steht und handelt. Dann ist der *Hobbit* ein Text, der auf andere, ältere Texte verweist und von Helden – und Drachen – bevölkert wird, die eben eine historische Signifikanz besitzen. Der episch-historische Kontext, in den der *Hobbit* dann eingebettet ist, manifestiert sich für den Leser am stärksten durch Smaug, den Drachen[12], dessen epische

---

verschaffen wird (vgl. H 35). Der ›Eintritt‹ steht also nicht beliebig offen. Um Eintritt zu erlangen, muss nicht nur eine historische Verbindung (wie bei Thorin) existieren, sondern offensichtlich ist ein individuelles ›doom‹ vonnöten. Nicht umsonst versichert Gandalf den Zwergen: »Just let any one say I chose the wrong man or the wrong house, and you can stop at thirteen and have all the bad luck you like« (H 29), als diese ihre Zweifel an Bilbos Eignung zum Ausdruck bringen.

12 Die Frage, ob die Zwerge im *Hobbit* dieselbe Funktion besitzen wie Smaug, scheint mehr als berechtigt, entstammen sie doch dem Namen nach der *Völuspá* (vgl. Simek 59). Die Annahme, die Zwerge würden nun ebenfalls auf Episch-Geschichtliches verweisen, wird durch eine Aussage Tolkiens erschüttert: »These dwarves are not quite the dwarfs of better known lore. They have been given Scandinavian names ..., but that is an editorial concession« (L 31). Nun ist es allerdings nicht von der Hand zu weisen, dass das »Kingdom under the Mountain« episch-historisch und eben an die Zwerge gebunden ist. Eine Lösung des Problems bietet die Annahme, dass die Zwerge unterschiedliche zeitliche Schichten zum Vorschein bringen. (Zum Modell des Chronotopos vgl. Gurjewitsch 140). Die Zwerge der ›sagenhaft-mythischen alten Zeit‹ des »Kingdom under the Mountain« werden in eine Zeit transformiert, die, obschon immer noch Vergangenheit, von der Zeit des Lesers nicht mehr völlig durch epische Distanz getrennt ist. Die Zwerge werden sozusagen verdoppelt (vgl. Gurjewitsch 140). Deutlich wird dies durch ihr Verhalten in Bag-End. Thorin und seine Erläuterung bei der ›Unexpected Party‹, die durch Worte wie »plans, ways, means, policy« (H 26) geprägt sind, unterscheiden sich deutlich von dem Thorin, der bei der »Battle of Five Armies« mit dem Ruf »To me! To me! Elves and Men! To me! Oh my kinsfolk!« (H

Entsprechungen auch dem modernen Leser bekannt sind (oder sein können) und ihm Dimensionen erschließen, die auf eine historische Geschichte außerhalb des Märchens verweisen. Es ist also genauso vernünftig, alles, was rechtsseitig der Linie des *Edge of the Wild* liegt, dem *realistic* zuzuordnen – einem anderen *realistic*, das mit dem Drachen beginnt.

3. *Roverandom* – Der Drache im ›elbischen Theater‹

Nun soll gefragt werden, ob und inwieweit dieses Modell auch auf andere Drachen Tolkiens angewandt werden kann. *Roverandom* fällt dafür aus zwei Gründen ins Auge. Zum einen wird in *Roverandom* ebenso wie im *Hobbit* ein Held durch einen herumwandernden Zauberer in Abenteuer gestürzt, nach denen es ihn nicht verlangt hat; und zum zweiten scheint der Drache, der in diesem Text eine Rolle spielt, Smaug nicht unähnlich – wenigstens, wenn man Tolkiens Illustrationen zu beiden Texten vergleicht (vgl. Hammond/Scull 81, 94).

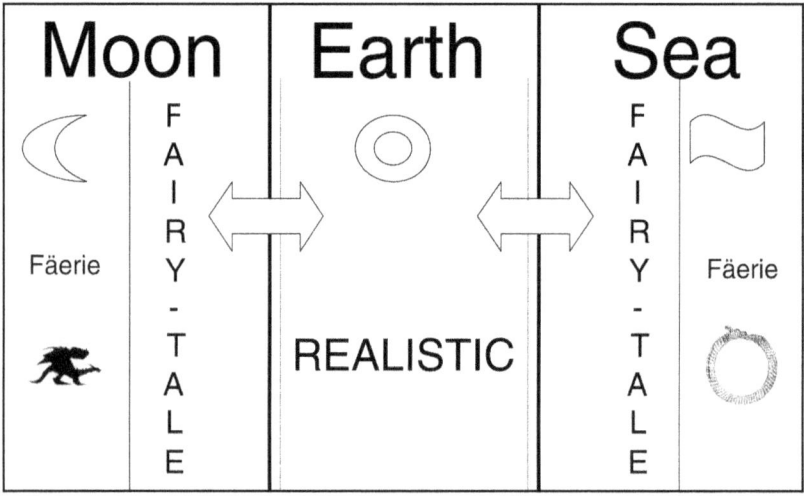

Struktur Roverandom (Brückner/Schramm)

Die Geschichte von *Roverandom* teilt sich strukturell in drei Teile: die Mondepisode, die Episode in der Unterwasserwelt, und, als Rahmung, die Episoden auf der Erde.

---

267) in den Kampf zieht. Man kann also sagen, dass die Zwerge in Bag-End, ähnlich wie Bilbo, zwar am ›Rand‹ des Episch-Historischen angesiedelt sind, den direkten Kontakt mit diesem aber verloren haben (z.B. kann kein Zwerg noch ›moon-letters‹ auffinden oder den Durin's Day berechnen; vgl. H 60). Dies unterscheidet die Zwerge klar von Smaug, dessen Existenz nur auf einer Zeitlinie, der episch-historischen, angelegt ist.

Legte man Bauers Modell zugrunde, wäre die Erde hier als Terrain zu betrachten, das im Schema am ehesten mit dem *realistic* verbunden ist. Hier gibt es Geschehnisse, die der Welt bzw. dem Ordnungssystem des modernen Lesers entsprechen. Kleine Hunde sind vertraut. Dass sie mit Bällen spielen, ebenso (vgl. R 3). Ein Einkauf verläuft hier genauso, wie es dem Leser bekannt sein dürfte (vgl. R 5f). Bald aber wird deutlich, dass neben dieser Welt noch eine zweite existiert, die nicht durch das dem Leser geläufige (aufgeklärte) Ordnungssystem organisiert ist.

Da es hier um Drachen geht, nur ein kurzer Blick auf den Beginn der Geschichte auf der Erde:

Der Hund Rover wird in ein Spielzeug verwandelt, weil er ungezogen ist. Knurren und etwas verlangen, ohne ›bitte‹ zu sagen, ist sicherlich nicht nur bei Zauberern unangebracht, wobei aber zur Verteidigung Rovers angemerkt werden muss, dass auch der Zauberer Artaxerxes nicht viel höflicher ist (vgl. R 5). Die Konsequenz erscheint für Rover jedoch ungleich einschneidender: Er wird in ein Spielzeug verwandelt.

Dies initiiert einen Plot, der permanent von Märchenmotiven durchzogen ist. Der Spielzeughund kann sich erst nach Mitternacht bewegen (vgl. R 5, 92), die Mond-Blumen scheinen einem Disney-Film entsprungen und heißen »the whitebells, the fairbells, the silverbells, the tinklebells …, the ringarose …, the creamhorns« (R 28) etc. Der Mond wird u.a. von »moonums« (also moon-gnomes) bevölkert »that ride about on rabbits, and made pancakes out of snowflakes, and grow little golden apple-trees no bigger than buttercups in their neat orchards« (R 49). Und im Meer reist Artaxerxes in »a gigantic shell shaped like a cockle and drawn by seven sharks« (R 75).

Es sei an Tolkiens Aussage in *On Fairy-Stories* erinnert, in der er explizit Draytons *Nyphidia* mit dem Hinweis auf die »prettiness« (»The knight Pigwiggen rides on a frisky earwing, and sends his love … a bracelet of emmets' eyes, making an assignation in a cowslip-flower«; 112) als »a fairy-story …, one of the worst ever written« (111) bezeichnet. Dies legt den Schluss nahe, dass Tolkien sein eigenes Konzept einer guten Fairy-Story zum Zeitpunkt der Entstehung *Roverandoms* selbst noch nicht ernst nahm bzw. es noch nicht in dieser Konsequenz formuliert hatte. Die frühe Entstehungszeit des Textes legte dies auch nahe, wäre da nicht der Drache.

Der *Roverandom*-Drache lebt auf der Grenze zur dunklen Seite des Mondes. Ein Ort, »where all sorts of half-forgotten things linger, and paths and memories get confused« (R 31), aber auch die Grenze zu dem Ort, wo die Träume hingehen, die der Mann im Mond in seinem Turm herstellt. Dass es zwischen Träumen und Drachen einen Zusammenhang gibt, ist sicherlich konzeptionell bedingt. Es sei an Tolkiens Ausführungen über das elbische Theater erinnert: »Now 'Faërian Drama' … can produce Fantasy with … realism and immediacy… As a result their usual effect (upon a man) is to go beyond Secondary Belief. If you are present at a Faërian drama you yourself are ... bodily inside its Secondary World. The experience may be very similar to Dreaming« (FS 142).

Folgt man dieser Darstellung, erscheint es logisch, dass die Dinge auf der dunklen Seite des Mondes eine andere Ebene von Realität aufweisen als die Dinge auf der weißen Seite. Sie sind oder können wahr sein oder werden, wie es das Gespräch zwischen Rover und dem Mann im Mond deutlich macht: »›Do dreams come true?‹ he asked. ›Some of mine do,‹ said the old man« (R 46). Dass es hier einen Punkt gibt, an dem beide Welten in eine fallen können, wird am Ende der Geschichte deutlich, als der Junge Nummer Zwei derjenige ist, der Rovers Geschichte erzählen kann (vgl. R 88).

Dass nun der Weiße Drache ausgerechnet die Grenze zur dunklen Seite des Mondes besetzt (vgl. R 31), ist kein Zufall. Der Mond-Drache ist ein bekannter Drache mit einer Verhaftung in der Welt des Lesers. Er entstammt dem Arthur-Epos, und sein Kampf gegen den Roten Drachen[13] wird – über den dem Epos innewohnenden Wahrheitsgehalt hinaus (vgl. *Antikensagas* 108) – dadurch bestätigt, dass man ihn, so in *Roverandom* zu lesen, »find in all the more up-to-date history books« (33). Tatsächlich ist es so, dass Walther Martin in seinem Nachwort zu Malorys *Morte Darthur* die Frage nach der realen Existenz Arthurs mit einem »Wir wissen es nicht genau« (1018) beantwortet. Der möglicherweise im modernen Sinn historische König gibt dem Drachen die Chance ebenso historisch zu werden. (Für den epischen Rezipienten ist dies ohnehin fraglos.)

In *Roverandom* reicht diese Existenz bis hinein in die ›reale‹ Welt des Lesers: Der Mann, der vor dem Drachen erschrak und seine Flasche auf dem Snowdown zurückließ, ist keine epische Figur – sondern ein Tourist (vgl. 33, 102). (Allerdings muss der Drache von dort weggezogen sein, denn letztens war es am Snowdown recht ordentlich.) Ebenso überlagern sich die Ortsangaben in *Roverandom* mit denen der Arthur-Sage und denen der bekannten Geographie. Wenn auch Caerdragon, der Ort, an dem in *Roverandom* der Drachenkampf stattgefunden hat, nur in diesem Text existiert (vgl. 33),[14] so sind die Three Islands (als England, Schottland und Wales) und der Snowdown (der höchste Berg Wales', vgl. 43) eindeutig sowohl in vormoderner als auch in moderner Geographie verortbar. Ein Fall also, in dem sich Legendäres und Historisches unentwirrbar vermischen. Der Drache markiert damit eine Grenze, hinter der

---

13 König Vortigern wollte eine Festung gegen die Saxen errichten, doch die tagsüber herbeigebrachten Steine verschwanden nachts immer wieder. Der herbeigerufene Merlin kannte die Ursache dieser Vorgänge: Unter der Erde befanden sich zwei Drachen, ein weißer und ein roter. Als Vortigern nach ihnen graben ließ, fielen sie übereinander her. Der rote Drache ging als Sieger aus diesem Kampf hervor. Als der König Merlin befragte, was dies zu bedeuten habe, deutete Merlin dies als Prophezeiung des Sieges Vortigerns über die Saxen (vgl. *Antikensagas* 96f).
14 Der Kampf fand in Dinas Emrys oder in Nant Gwynant in Snowdownia statt (vgl. R 102, Voß 362).

die Motive nicht mehr einfach als märchenhaft gewertet werden können. (Es erfolgt der Übergang ins ›Faërie‹.)
Interessant ist, dass alle weißen Drachen vom Mond (und zwar von dessen dunkler Seite) kommen (vgl. R 33), also der ›Fantasy‹ im Tolkien'schen Sinne (vgl. FS 138f) entstammen. Die Tatsache, dass *Roverandoms* weißer Drache einen Ort auf der Erde des Textes, in der episch-historischen Welt und letztlich in der Welt des Lesers besetzt, verwirrt die Grenze, die *fantastic* und *real* scheidet, und macht sie damit durchlässig.

Dass der Drache in *Roverandom* dem Mann im Mond fast ebenbürtig ist (vgl. R 33), macht deutlich, dass sich die vom Mann im Mond produzierten Träume vom Drachen unterscheiden. Der Junge träumt die Geschehnisse des *Roverandom*, während Rover sie erlebt – anders ist seine Kenntnis der Geschichte am Ende nicht zu erklären. Ebenso legt der Fakt, dass der Mann im Mond »seems busier than I [Mond-Rover] have seen him for a long time, since you [Roverandom] arrived« (R 29), die Vermutung nahe, dass Roverandoms Erlebnisse, die vom Mann im Mond produzierten Träume und das Träumen des Jungen in einem direkten Zusammenhang stehen. Der Drache jedoch scheint ein Eigenleben zu führen, das jenseits einer individuellen Erfahrung oder Geschichte liegt.

Die Geschichte Roverandoms kann als ein alternativer Erklärungsversuch über den Verbleib eines kleinen Hundes gelesen werden – dies wäre märchenhaft. Der Drache jedoch setzt diese Geschichte in Bezug zu einer historischen Welt im epischen Sinne, indem er in die Märchenhandlung als ›echter‹ Drache – das heißt als Allegorie für nichts – hereinbricht und Historizität und ›Wahrheit‹ erschafft.

Der Drache in *Roverandom* wäre also als Mittel und Garant einer historischen Weltverhaftung der ganzen Geschichte zu deuten. Eine Weltverhaftung, die ein anderes Ordnungssystem als das für die Moderne hegemoniale, nämlich das empirisch-deskriptive, bedingt. Gleichzeitig wird der individuellen Deutung der Welt – in diesem Fall das Schicksal eines vermissten Hundes – über das Element des *fantastic* hinausgehend Relevanz verliehen, die nicht in einer Allegorie (einer direkten Anwendbarkeit), sondern in episch-historischen Zusammenhängen begründet liegt.[15]

Anders als im schon erwähnten *Nymphidia* dient das Märchenhafte in *Roverandom* nicht dazu, eine Geschichte zu erzählen, die so auch in der vermessbaren, wiegbaren, empirischen Welt stattfinden könnte (*Nymphidia* ist eine Geschichte von individuellem Betrug und Eifersucht – und dies ist Tolkiens Hauptvorwurf an diese Geschichte; vgl. FS 112). Das Märchenhafte wird in

---

15 Natürlich gibt es in *Roverandom* für die Hunde keinen Eingang ins Epische. Allerdings könnten die Diskussionen darüber, wer schon am längsten *Roverandom* genannt wird (vgl. R 24, 65), als Versuch dazu interpretiert werden.

Roverandom dagegen nicht dazu benutzt, eine Geschichte zu erzählen, die überall und ohne Probleme auf der Ebene des *realistic* erzählt werden kann. Die Geschichte von Rover erzählt von einer alternativen Welt, in der der Drache die Verbindung mit der ›realen‹ episch-historischen Welt herstellt und so dafür sorgt, dass sie auch mit der Welt des Lesers auf eine Weise verbunden bleibt, die über die Allegorie hinausgeht und Signifikanz erzeugt.[16]

4. Ich verlangte nach Drachen

Was also fängt man an mit Tolkiens Drachen? Was genau sind sie? Fiktive Kreaturen oder doch Geschöpfe aus der Welt, die Bauer *realistic* nennt? Und was genau haben die Drachen mit der Turmallegorie aus Tolkiens *Beowulf*-Essay zu tun?

Um dies zu beantworten, ist zunächst festzuhalten, dass sich in Tolkiens akademischen Texten die Begrifflichkeiten Fairy-Story, Märchen, Mythos, Epos und ›truth‹ ebenso unauflösbar ineinander verwirren, wie Märchenhaftes und Historisches dies im Epos tun. Diese Verwirrung fußt sicherlich auf einem Tatbestand, der unserer Art, in Dichotomien zu denken, konträr gegenübersteht. Tolkiens Geschichten, so Sigrid Löffler sind »wahr und erfunden zugleich. [Sie sind für den Leser ebenso] wahr und so erfunden wie Malorys *Morte d'Arthur*« (9). Wie gesagt ist diese Denkart, dass etwas wahr (im Sinne von real) und gleichzeitig erfunden sein kann, grundsätzlich verschieden von der Denkart, die seit der Aufklärung hegemonial geworden ist.

Es ist unbestreitbar, dass es »vollkommen unmöglich [ist], Bedeutung ohne Ordnung zu konzipieren« (Lévi-Strauss 24). In der Ordnung der Nach-Aufklärung wird Wahrheit (also ›objektives‹ Wissen) immer mittels empirischer Erforschbarkeit und Messbarkeit, durch eine angenommene Objektivität, konstituiert. Lévi-Strauss stellt fest, »dass in unserer Gesellschaft die Geschichte die Mythologie abgelöst hat und deren Funktion erfüllt« (56).

Diese Tatsache erklärt, warum *fantastic*, also das, was Tolkien als Faërie (vgl. FS 11f) bezeichnet (und mitten darin der Drache), den Anspruch des Lesers an Objektivität, Wahrheit und Wissensproduktion nicht erfüllen kann. Im System der empirischen Wahrnehmung findet das *fantastic* dadurch Platz und Bedeutung, dass es sich ›übersetzen‹ lässt – »nicht in eine andere Sprache ..., sondern in andere Worte auf anderen Ebenen« (Lévi-Strauss 24), in eine andere Bedeutung. So ist das Beispiel *Nymphidia* eine Möglichkeit, über Ehebruch und Eifersucht, wie sie in der *realistic* Welt vorkommen, zu sprechen. Dies ist »die Konfrontierung der (jedermann geläufigen) Realität mit einer anderen Version

---

16 Ein ähnlicher Befund kann auch bei den Episoden im Meer und mit der Seeschlange (ein weiterer Drache) festgestellt werden.

derselben Realität« (Luhmann 383). Nach diesem Prinzip erhält *Nymphidia* Relevanz für die Welt des Lesers.

Nun ist klar, dass dies nicht Tolkiens Auffassung einer guten Fairy-Story ist: Über seine Ablehnung der allegorischen Lesart muss wohl nichts mehr gesagt werden. Lévi-Strauss unterscheidet bei seiner Arbeit mit dem Mythos zwischen einer »Logik des wissenschaftlichen Denken[s] und [einer] Logik des Konkreten« (25). Owen Barfield nennt dies »Partizipation …, eine Fähigkeit, die dem modernen Bewusstsein nur durch einen Akt der Imagination zur wirklichen Erfahrung werden kann« (88).

So entspricht die Geographie des *Beowulf* nicht der modernen Kartographie, und doch lag sie auf der Welt, die nun kartographiert ist (als diese noch flach war). In den Ländern des *Beowulf* (oder der *Sigurd*- oder *Arthur*-Saga) hat der Drache einen Platz, den er in den Ländern der modernen Atlanten verloren hat. Es ist eine andere Welt mit anderen Diskursen und Regeln und Wahrscheinlichkeiten. Das Ordnungssystem, mit dem dort Welt konstituiert wird, ist von dem der Nach-Aufklärung gänzlich verschieden, mit anderen Diskursen und Regeln, die in sich jedoch ebenso kohärent sind wie die, mit denen die Leser ihre Weltwahrnehmung konstruieren.

Innerhalb dieser Welt ist es wahrscheinlicher, dass ein kleiner Hund sich auf dem Mond und im Meer mit Zauberern und Drachen herumschlagen muss, als dass er einfach weggelaufen ist.

Die Annahme, dass der Drache, dem der Hund begegnet, ein Drache ist, der einmal auf unserer bekannten Welt wandelte, als diese noch flach war, ist in der Geschichte ebenso wahrscheinlich wie die Deutung des Jungen als Tolkiens Sohn Michael (vgl. R 93). Es ist letztlich eine Frage des Ordnungssystems. Ist der Drache nun »no idle fancy«, ist dies eine Konfrontierung der (jedermann geläufigen) Realität mit einer radikal anderen Realität – für die modernen Leser, jedoch nicht für einen im Episch-Historischen verhafteten Hörer, dessen Ordnungssystem eben ein anderes ist. In der episch-historischen Weltsicht erscheinen Drachen ›wahrer‹ als Hunde, die verloren gehen, und kleine Geschöpfe, die in einer Höhle Zauberer zum Tee einladen, obwohl dies in der Welt des Lesers viel wahrscheinlicher wäre. Der Drache, der einmal auf der Welt, die jetzt unsere ist, beheimatet war, kann eine Verbindung zwischen dieser und unserer Welt herstellen.

Tolkien stimmt mit Lévi-Strauss überein, dass für diese andere Welt andere Regeln und andere Zugangsmöglichkeiten nötig sind: »The significance of a myth is not easily to be pinned on paper by analytical reasoning. It is at its best when it is presented by a poet who feels rather than makes explicit what his theme portends; who presents it incarnate in the world of history and geography, as [the *Beowulf* poet] has done« (BMC 15; vgl. Lévi-Strauss 23f). Das Ordnungssystem, das in der Welt des Mythischen, Epischen und der des Faërie Wahrheit generiert, ist also nicht in den empirischen Wissenschaften zu begründen, sondern ein poetologisches Konzept. Der ›echte‹ Drache ist ein Motiv, das, in dem er unsere Realität suspendiert, die Alternativ-Realität generiert und so eine radikal andere mögliche Wirklichkeit erschafft.

Der ›echte‹ Drache befindet sich auf der Grenze zwischen unserer Weltsicht und der mythischen oder episch-historischen Realität und schafft einen Zugang zum Episch-Historischen jenseits von Geschichtswissenschaften oder Anthropologie,[17] denn wenn der Drachen kommt, gelten die Regeln der modernen Welterfahrung nicht mehr.

Der Drache öffnet also die Tür zu einer Welt, die auf unserer Welt liegt, aber doch nicht unsere Welt ist – die Welt der episch-historischen Vergangenheit, »a past that itself had depth and reached backward into a dark antiquity of sorrow« (BMC 27). Man kann von der Spitze des Turms nach ihr Ausschau halten oder mit den Mondstrahlen zu ihr gelangen. Doch wenn »the dragon comes« (BMC 34), ist man unzweifelhaft dort.

A dragon is a *drake* is a *wyrm*.

Bibliographie

Bakhtin, Mikhail M. "Epic and Novel". *The Dialogic Imagination. Four Essays by M.M. Bakhtin*. Ed. Michael Holquist. Austin: University of Texas Press, 1981, 3-40

Barfield, Owen. *Evolution – der Weg des Bewusstseins. Zur Geschichte des europäischen Denkens*. Aachen: N. F. Weitz Verlag, 1991

Bauer, Hanspeter. *Die Verfahren der Textbildung in J.R.R. Tolkiens ›The Hobbit‹*. Bern, Frankfurt & New York: Peter Lang, 1983

Beowulf. Das Angelsächsische Heldenepos. Hg. Hans-Jürgen Hube. Prosaübersetzung, Originaltext, versgetreue Stabreimfassung. Wiesbaden: Matrixverlag, 2005

Carpenter, Humphrey, ed. with assistance of Christopher Tolkien. *The Letters of J.R.R. Tolkien*. Paperback Ed. New York & Boston: Houghton Mifflin, 2000

Chrestien de Troyes. *Yvain*. Hg. und Übers. Ilse Nolting-Hauff. Altfranzösisch/Deutsch. München: Wilhelm Fink Verlag, 1983

Die Heldenlieder der Älteren Edda. Hg. und Übers. Arnulf Krause. Stuttgart: RUB, 2001

Giloy-Hirtz, Petra. »Begegnung mit dem Ungeheuer«. *An den Grenzen höfischer Kultur. Anfechtungen der Lebensordnung in der deutschen Erzähldichtung des hohen Mittelalters*. Hg. Gert Kaiser. München: Wilhelm Fink Verlag, 1991, 167-210

Gottfried von Straßburg. *Tristan*. Hg. und Übers. Rüdiger Krohn. Mittelhochdeutsch/Neuhochdeutsch. 2 Bd. Stuttgart: RUB, 1981

---

17 Die Geschichte des Schwertes Tailbiter in *Giles of Ham* wird erst enthüllt, als der ›real‹ Drache Chrysophylax kommt (vgl. FGH 54), und zeigt gleichzeitig den ›wahren‹ historischen Hintergrund der erst merkwürdig erscheinenden Tradition, an Weihnachten einen Drachenschwanz aus Kuchen zu verspeisen (vgl. FGH 32). Noch deutlicher wird dieser Vorgang in *The Lord of the Rings*, wo der Feuerwerksdrache als Zeichen für den Übergang einer ›privaten‹ Welt in den episch-historischen Zustand gedeutet werden kann.

Gurjewitsch, Aaron J. »Das ›Chronotopos‹ des Nibelungenlieds«. *Stumme Zeugen des Mittelalters*. Hg. Aaron J. Gurjewitsch. Frankfurt: Fischer Taschenbuch, 2000

Hammond, Wayne G. und Christina Scull. *J.R.R. Tolkien: Artist & Illustrator*. London, HarperCollins, 1998

Isländische Antikensagas. Bd. 1. Hg. und Übersetzung Stefanie Würth. München: Diederichs, 1996

Jauss, Hans Robert. »Epos und Roman – Eine vergleichende Betrachtung an Texten des XII[.] Jahrhunderts«. *Alterität und Modernität der Mittelalterlichen Literatur. Gesammelte Aufsätze 1956-1976*. Hg. Hans Robert Jauss. München: Wilhelm Fink Verlag, 1977, 310-327

Lévi-Strauss, Claude. *Mythos und Bedeutung. Fünf Radiovorträge*. Frankfurt: Suhrkamp, 1989

Löffler, Sigrid. »Ein Drache ist kein eitler Wahn«. *Literaturen* 3 (2002): 4-10

Luhmann, Niklas. »Das Kunstwerk und die Selbstreproduktion der Kunst«. *Texte zur Literaturtheorie der Gegenwart*. Hg. Dorothee Kimmich u.a. Stuttgart: RUB, 1996, 379-392

Malory, Thomas. *Die Geschichte von König Artus und den Rittern seiner Tafelrunde*. Hg. Helmut Findeisen. 3 Bd. Leipzig: Insel-Verlag, 1977

Petersen, Jürgen H. *Erzählsysteme. Eine Poetik epischer Texte*. Stuttgart: Metzler, 1993

Rötzer, Hans Gert. *Märchen*. Bamberg: Buchners Verlag, 1982

Shippey, Tom. *J.R.R. Tolkien. Author of the Century*. Paperback Ed. London: HarperCollins, 2001

Simek, Rudolf. *Mittelerde. Tolkien und die germanische Mythologie*. München: C.H.Beck, 2005

Tolkien, John Ronald Reuel. "Beowulf: The Monster and the Critics". *The Monster and the Critics and Other Essays*. Ed. Christopher Tolkien. London: HarperCollins, 2006, 5-48

---. *Farmer Giles of Ham / Bauer Giles von Ham*. Zweisprachig. München: DTV, 1999

---. "On Fairy-Stories". *The Monster and the Critics and Other Essays*. Ed. Christopher Tolkien. London: HarperCollins, 2006, 109-161

---. *Roverandom*. Ed. Christina Scull and Wayne G. Hammond. Paperback Ed. London: HarperCollins, 2002.

---. *The Hobbit, or, There and back again*. Paperback Ed. London & Sydney: Allen&Unwin, 1983

---. *The Lord of the Rings*. One volume Paperback Ed. London: HarperCollins, 1995

Unzeitig-Herzog, Monika. »Vom Sieg über den Drachen: alte und neue Helden«. *Chevaliers errants, demoiselles et l'Autre: höfische und nachhöfische Literatur im europäischen Mittelalter. Festschrift für Xenja von Ertzdorff zum 65. Geburtstag*. Hg. Trude Ehlert. Göppingen: Kümmerle Verlag, 1998, 41-61

Ulrich von Zatzikhoven: *Lanzelet*. Hg. Karl A. Hahn. Berlin: De Gruyter, 1965

Voß, Karl. *England und Wales. Reiseführer für Literaturfreunde*. Frankfurt: Ullstein, 1989

Wehrli, Max. *Geschichte der deutschen Literatur im Mittelalter. Von den Anfängen bis zum 16. Jahrhundert*. Stuttgart: RUB, 1997

Allan Turner

Tom Bombadil: The Sins of his Youth
Allan Turner (Marburg)

To begin at the beginning, I must give a little bit of autobiography. At the age of 13 I knew both *The Hobbit* and *The Lord of the Rings* well. One day I read in the newspaper that a new book by Tolkien was to appear: *The Adventures of Tom Bombadil*. I went straight to the local bookshop and ordered it. When it finally came – no special deliveries at midnight in those pre-Potter days – my first reaction was one of disappointment. It was a thin book, containing just 16 poems, none of which corresponded to my idea of an adventure. Three of the poems I already knew from *The Lord of the Rings* anyway. But what was even worse to me was that somehow the depiction of the world that I knew from Tolkien's other works was just not right. The Mewlips did not fit anywhere into the lore of living creatures, and the Merlock Mountains were obviously a mere invention, quite unlike the Misty Mountains. Even the Shire of Perry the Winkle was not that of Frodo Baggins, in spite of the references to Michel Delving and the Lockholes. The illustrations were the last straw: hobbits in medieval or Elizabethan costume, or elven knights with wings riding among dandelions and marigolds that were almost as big as they were. This was before the publication of *Tree and Leaf*, but nevertheless I knew instinctively that real elves couldn't possibly look like that.

Much more interesting to me was the Preface, which redressed the balance by taking me into world of LotR, or to be precise, that of its Appendices. The glimpses of that wider world stirred an imagination left totally cold by little Princess Mee. But above all, the footnotes on names and their origins convinced me that at least a part of this strange collection was the genuine article.

So was the book, written at the suggestion of his 90-year-old aunt (cf. L 308), just a pot-boiler? Certainly it is the slightest of the works that he published in book-form. Nevertheless I wish to argue that it is important in his output in that it represents one of last phases in a process of assimilation and accretion which characterises Tolkien's method of composition. In particular the Preface, by utilising the conceit of the Red Book of Westmarch, gives a new significance not only to the poems but also to the narrative framing device itself.

Three questions in particular will be addressed here:
1) How do the poems in ATB fit into Tolkien's poetic output overall?
2) How did the process of accretion work?
3) What is the literary effect of drawing these poems into world of LotR?

1) Tolkien's poetic output

Tolkien wrote most of his independent poems in the earlier part of his life, mainly from the beginning of his student days to the mid-1930s.[1] The ones which were chosen to appear in ATB date mostly from his Leeds and early Oxford period. Two exceptions are *Cat*, written in 1956 for his granddaughter Joanna, and *Bombadil goes Boating*, which was composed specially for collection to form a matching piece to the original Bombadil poem. His verse production seems to have petered out as he became more involved in writing the prose tales which form the major part of his work, although the embedded poems and songs represent an important part of his narrative technique in both H and LotR.

It does not seem as if Tolkien had any particular publishing project in mind, since the poems were printed (if at all) in a variety of periodicals, sometimes under a pseudonym, and sometimes a considerable time after their composition. For example, an earlier version of *The Mewlips*, which appeared in the *Oxford Magazine* of February 1937 under the title of *Knocking at the Door* by 'Oxymore', was probably written ten years earlier according to Scull & Hammond (586). These periodicals were typically small-circulation magazines, often associated with educational establishments, notably Leeds and Oxford Universities.

Since a number of poems appeared in the *Oxford Magazine*, it is worth looking at a more or less contemporary characterisation of that periodical. According to *The Cambridge History of English and American Literature* (published 1907-21), which compares it with its Cambridge counterpart:

> Resembling *The Cambridge Review* in general, it differs in being the organ of the don. ... [T]he Oxford paper is more elaborately written than its contemporary. It is, in fact, almost too well written, and loses, sometimes, in irony and paraphrase, what it would have gained by naturalness. ... The volume [i.e. a collection of re-printed articles] is also strong in that humour which comes from imitating in English the style and manner of an ancient author.

The overall picture suggests that much of Tolkien's poetry circulated in the world of dons rather than metropolitan literary circles. The readers would be not the poetic avant-garde; they were more likely to be highly educated people, suffi-

---

1 Concerning the genesis and development of all of Tolkien's individual poems, the most up-to-date information on can be found in Scull & Hammond. Earlier versions of some of the ATB collection, as well as other poems not previously published, can be found in the early volumes of the *History of Middle-earth*.

ciently well-read to appreciate a subtle parody, but possibly rather conservative in their tastes. The probability is that in the club-like atmosphere of colleges and schools many of the authors and readers would have known one another well enough to spot an in-joke or an individual's predilections. In fact the pattern for a part of Tolkien's poetry may have been set by his earliest-known piece, *The Battle of the Eastern Field*, a parody in heroic verse of a rugby match which was published in his school magazine. This is also the first example of his use of the 'found manuscript' conceit (Scull & Hammond 75).

The poems can be divided loosely into six different categories, although there is inevitably a certain amount of overlapping, since a poem may have more than one characteristic. These categories are a) mysterious, b) philological (serious), c) philological (playful), d) metrical and phonaesthetic experiments, e) other parodies and satires, and f) miscellaneous.

a) The poems that I have described as "mysterious" set out to conjure up an atmosphere. This may suggest simply a quickening of the senses, a diffused sense of the numinous as in *Habbanan beneath the Stars*, or it may bring a tingling of the spine, as in *A Song of Aryador* and *Goblin Feet*, with their suggestion of something slightly uncanny just behind a conventional landscape. Poems of this kind belong to the earliest period; the genre appears to have been abandoned as soon as the mythology took on a more definite shape. The only one that found its way into ATB is perhaps *The Sea Bell*, although that is a later poem from 1932-33 that is on an altogether higher level of seriousness as an introspective exploration of the dangers of fantasy.

b) It is well known that Tolkien used his musings on words and phrases in the philological texts with which he dealt professionally as the basis for his imaginative creations. The poem originally known as *The Voyage of Éarendel the Evening Star*, which provides a mythological narrative context for the name found in Cynewulf's *Crist*, forms one of the imaginative germs of the whole legendarium. The representative of this category in ATB, *The Hoard*, takes its idea and its original title from line 3052 of *Beowulf*, "Iúmonna gold galdre bewunden".

c) The impulse from philology could also be used in a playful vein, as with the two spoof Man in the Moon poems, which present purported lost "originals" of nursery rhymes, a concept which underlies several motifs in Tolkien's prose works too. Similar to these are the parodies of the Old English beast lore from the Exeter Book, two of which appear in ATB, *Oliphaunt* and *Fastitocalon*. Something of the spirit in which they were written can be seen from their superscription in the Stapeldon Magazine: "Adventures in Unnatural History and Medieval Metrics, Being the Freaks of Fisiologus". *The Stone Troll*, originally one of the

Songs for the Philologists compiled by Tolkien and Gordon as didactic amusement for their philology students at Leeds, also embodies linguistic principles such as metanalysis in "my nuncle" or metathesis in "axin'" (ATB 92).

d) Although a number of the above poems make virtuoso use of techniques such as alliteration and internal rhyme, there is a category of Tolkien's poetry in which metrical experiments and sounds of words are almost an end in themselves. In particular he seems to have enjoyed trying to imitate in modern English the metres of other languages or earlier periods, as can be seen in his verse translations, for example *Sir Gawain and the Green Knight* or extracts from *Beowulf*. His poem *The Nameless Land* he claims to be an attempt to demonstrate that it was possible to re-create in modern English the extremely complicated verse form of the Middle English *Pearl* (cf. L 317). However, in ATB the firework of metrical experimentation is *Errantry*, written in a complicated verse form which Tolkien regarded as his own invention, although he wrote only one poem in it and "blew it out in a single impulse" (L 163).

e) Tolkien's fairly gentle satirising of the stupidity of people with limited outlook and imagination can be found in the group of poems which he called *Tales and Songs of Bimble Bay*, written around 1928 and set in an imaginary English seaside town. One of these poems, *The Bumpus*, is transformed in ATB into *Perry the Winkle*, where the setting is transferred to the Shire, whose inhabitants are already well known for their small-minded rejection of anything that is new to them.

f) Finally there is a small category of miscellaneous poems which seem to be the doodles of Tolkien's idle moments, written for personal amusement. Examples that were included in ATB are *Princess Mee* and *The Shadow Bride*.

It is clear from the above examples that in compiling the collection for publication, Tolkien had a very heterogeneous body to draw on. However, his choice was constrained by the problem of establishing some kind of unity. If the early Bombadil poem was to set the keynote for the whole volume, then the others had to be fitted into a context in which the figure of Tom Bombadil could exist. But how many of the poems that were chosen had their setting right from the start in the world of LotR? The answer to that is only one – *Bombadil goes Boating*, the only poem which was specially written for the collection. All of the others had to made to fit in some way. Either they had to be re-written, whether in small details or more radically, to serve their new function, or else the new context in which they were embedded could bring out in them a new significance. This was a process which was typical of Tolkien's Niggle-like method of composition, which might be called accretion.

2) The process of accretion

It is not possible here to give the complete textual history of the poems included in ATB, an outline of which can be found anyway in Scull and Hammond. My intention is rather to illustrate the process of giving new significance to a poem by a small change in the wording or by providing it with a new context. As an example I shall take a poem that does not appear in ATB, but which demonstrates very clearly the types of transformation which Tolkien practised on his verse: *The Horns of Ylmir*, the history of which is given in SM (213-218).

According to Christopher Tolkien the earliest known manuscript is variously titled *The Tides* and *On the Cornish Coast*; it is dated 1914 and is associated with a visit to the Lizard Peninsula in Cornwall, although he adds that his father "remembered the origin of the poem to be earlier than that time" (214). However, Scull & Hammond have identified what appears to be the earliest form, *The Grimness of the Sea*, composed in 1912 at St. Andrews in Scotland. But whichever end of Great Britain inspired it, it seems clear, although the precise text of this version is not reproduced, that Tolkien conceived it as pure nature poetry evoking the power of waves crashing against the cliffs, completely unconnected with his embryonic mythology.

By the time the next version appears in 1915, this poem had been metamorphosed into *Sea Chant of an Elder Day*, with the Old English subtitle *Fyrndaga Sǽléoþ*. Two things have happened here: the setting has been withdrawn from the present into a remote past by the addition of lines referring to a time when "no sound of men's voices echoed in those eldest of all days" (216), while the subtitle associates it with Tolkien's increased preoccupation with philology – the poem has, so to speak, been drawn into what Shippey calls "asterisk reality" (24).

However, it is still unclear when this remote time may have been and how the speaker comes to be contemplating it. The most radical re-contextualisation comes in 1917, at the time when Tolkien was working on *The Fall of Gondolin*. It was at this time that the poem was extended both at the beginning and at the end to place the setting in the Land of Willows, with references to Ylmir (i.e. Ulmo) and Ossë interpolated, while at the same time a prose introduction was added, explaining that this song was sung by Tuor to Eärendil to explain his sea-longing. Not only has the poem been assimilated in this way into the secondary world of the growing mythology, it has also become a document from a fictitious history, since the introduction presupposes a manuscript tradition. In this process of conferring a new significance can be seen not only a typical way in which isolated motifs became integrated into a vast legendarium, but also a method which could be consciously adopted to give unity to the poems collected in ATB.

3) The literary effect of re-contextualisation

To move forward almost half a century in time, we can see exactly the same procedures at work in the compilation of ATB: the addition of references to people and places from what was by this time a well-known and highly detailed story, LotR, together with a certain amount of re-writing to improve the cultural fit, and as a framing device a prose introduction to place everything within a manuscript tradition.

Of course, the very fact of anthologising the poems creates a context; readers will naturally try to relate them to one another and to what they know of Tolkien's world, quite unlike the situation of the original publication of a number of them as isolated pieces in magazines. However, the Preface, which is a minor narratological *tour de force*, plays a special role in the unifying effect and calls for a careful study, since it not only explicitly relates the poems to one another and to characters and places in LotR, but it also establishes an implicit parallel to the larger work through the literary and textual methods employed. Its key feature is that it stays entirely within the text world, just like the Prologue and Appendices to LotR, while its narrative voice is clearly the same as that of the editor/translator persona used there, which in itself has a strong integrative effect. However, there is a further similarity in that in ATB too the apparently unnecessary detail gives the impression of a world that is solid and knowable, while at the same time the effect of verisimilitude is reinforced through the illusion of scholarly method. For example, we are told that Fíriel "was also the name of a daughter of Elanor, daughter of Sam" (ATB 63) (a new glimpse of a new generation in the "then" of the narrative), but we are also given the linguistic information that the Hobbit name, if connected at all with that poem, "must be derived from it; it could not have arisen in Westmarch" (ibd.) (pseudo-authoritative philological detail seen from the "now" of the narrator and the reader).

This preface may be compared that of *Farmer Giles of Ham*, which is also a fine piece of tongue-in-cheek writing. It too stays within its own text world, but that is a different, less complete one, with no connection to that of LotR. Besides, *Giles* as a whole is also more obviously parodistic and humorous, satirising academic activity, as for example when the narrator pokes fun at OED definition of a blunderbuss. In comparison, ATB achieves a much finer balance between what is to be felt as real, at least within the secondary world, and what is pure whimsy.

It is notable that the Preface to ATB is the only one of Tolkien's narrative works other than LotR to use the device of the Red Book of Westmarch, to which the verses are here attributed. The Red Book is generally held to be Tolkien's final solution to the problem of accounting for the preservation of the (then still unpublished) 'Silmarillion' tales by regarding them as translations from the Elvish by Bilbo, preserved along with his and Frodo's personal accounts of the War of the Ring, although this is not made absolutely explicit either in the main narrative or in the Appendices. Here that somewhat mysterious document is made more concrete and realistic by reference to its layout: it contains loose leaves bearing poems, while other verses and doodles appear in margins or blank spaces. We are told that some verses in the Red Book are also found in the narrative of the *Downfall of the Lord of the Rings*. This cannot mean the published LotR, which is never referred to by this title. In fact it is the heading provided by Frodo for his completion of Bilbo's account as told in the final chapter of LotR; the implication here is that the editor/translator has direct access to a manuscript, the putative original.[2] The brief glimpse that we as readers are allowed may suggest that the Red Book contains other things too; it was no doubt left open-ended in case Tolkien found an opportunity to publish any other small pieces which might be fitted into the same framework.

This outline may give an idea of how the Preface to ATB works on a deeper literary level. On the surface level it brings an originally heterogeneous collection of poems into a common context by ascribing them to different sources in the secondary world, either individual characters or more general cultures such as Gondor. An obvious first step is the attribution of the animal poems are to Sam Gamgee, since he recites *Oliphaunt* in LotR, although here a double anchoring in Hobbit culture is established by the careful caveat that in the case of *Fastitocalon* that "at most Sam can only have touched up an older piece of the comic bestiary lore of which Hobbits appear to have been fond" (62). The poems about Tom Bombadil are from the Buckland, which we know is the part of the Shire nearest to the Old Forest. *Errantry* is by Bilbo, an earlier version of the Eärendil poem we have already heard in the Hall of Fire at Rivendell. The philological poems have their origins in Gondor or Rivendell, which we already know to be place of greater learning than the rustic Shire. Since the poems are in this way integrated with people, places and events in the greater narrative, readers are more likely to interpret them against the unifying background of the secondary world than might otherwise have been the case.

The two Bombadil poems show a strange cyclical movement. It is well known that the original poem *The Adventures of Tom Bombadil* predates LotR, being published in the *Oxford Magazine* in 1934, and that subsequently Tolkien used characters from it (Tom and Goldberry, Old Man Willow, the barrow

---

2   However, the second edition of LotR, published four years later, says that the original manuscript is not preserved. (Cf. 14)

wight) as a source for some adventures on the way to Rivendell. Some readers have felt the whole Bombadil episode to be an anomaly which merely holds up the story, and indeed it was left out in the radio and film versions by Brian Sibley and Peter Jackson respectively. Indeed, in a letter to Rayner Unwin (L 315) Tolkien claims that the poems "integrate" Tom with the world of LotR "into which he was inserted"; the use of the verb 'insert' suggests that he was aware of problem. The process to which he is referring is the composition of a completely new poem, *Bombadil goes Boating*, where through the account of a visit by Tom to Farmer Maggot, with oblique references to Rangers and Ringwraiths in "Tall Watchers by the Ford, Shadows on the marches" (77), the events of LotR are fed back into a collection of poems which otherwise have no direct connection with the tale. This later poem ("later" in both the primary and the secondary world) it is made to appear that the Hobbits themselves have a literature, however rustic, that contains intertextual references to their own history (or perhaps even national epic). If Tolkien's interpretation is correct, *Bombadil goes Boating* will motivate a retrospective re-interpretation of several chapters of LotR.

The Preface actually works on several levels. Together with tackling the serious task of creating the integrative effect that supports secondary belief, Tolkien is at the same time having a joke with us, but also guiding our critical responses. The joke lies in the way that he fictionalises his actual process of composition. For example, we now know from the drafts published in TI (81-109) what very few insiders knew at the time, that the relationship between *Errantry* and the *Eärendillinwë* is very much as in the fictive account, with one growing out of the other through the process of accretion outlined above: "In origin a 'nonsense rhyme', it is in the Rivendell version found transformed and applied, somewhat incongruously, to the High-elvish and Númenorean legends of Eärendil" (ATB 62). Indeed, a large part of the joke is at Tolkien's own expense, since he admits the incongruity of what he is doing. But of course by pointing out these features explicitly, he is also de-fusing the criticism in advance.

Some readers may ask themselves whether this self-referentiality makes Tolkien a post-modern author. The obvious answer is that it does not, since if it were a central feature of the conception it would need to be made far more obvious. Here it is purely incidental; it remains on the level of an insider joke. And where Tolkien has his tongue most firmly in his cheek is in the ascription of the poems to perhaps his most enduring creation, the Hobbits. We are told: "They are fond of strange words, and of rhyming and metrical tricks – in their simplicity Hobbits evidently regarded such things as virtues or graces, though they were, no doubt, mere imitations of Elvish practices" (64). For "Hobbits" read "Tolkien". But this mask provided the perfect cover for publishing (or re-publishing) some of what he might perhaps have regarded as the sins of his youth. If sophisticated critics don't like them, don't blame the poor old professor. Remember they were written by simple, rustic Hobbits. This was the trap that I as an unsubtle 13-year-old fell headlong into. What I found incongruous and out of keeping with the high seriousness of LotR was in fact all the fault of the Hobbits I adored so much.

Bibliography

Carpenter, Humphrey, ed. with assistance of Christopher Tolkien. *The Letters of J.R.R. Tolkien*. London: George Allen and Unwin, 1981

Scull, Christina, and Wayne G. Hammond. *The J. R. R. Tolkien Companion and Guide: Reader's Guide*. London: HarperCollins, 2006

Shippey, T. A. *The Road to Middle-earth* (3rd edition). London: HarperCollins, 2005

'The Oxford Magazine', in *The Cambridge History of English and American Literature in 18 Volumes* (1907–21) Volume XIV. The Victorian Age, Part Two, http://www.bartleby.com/224/0505.html 15.06.2007

Tolkien, John Ronald Reuel. *The Lord of the Rings*. London: HarperCollins, 1995

---. "The Adventures of Tom Bombadil". *Tales from The Perilous Realm*. London: HarperCollins, 1998, 59-118

---. *The Shaping of Middle-earth*, ed. by Christopher Tolkien. London: George Allen and Unwin, 1986

---. *The Treason Of Isengard*, ed. by Christopher Tolkien. London: Unwin Hyman, 1989

Leaf by Tolkien ?

Annäherungen an Tolkiens Umgang mit Allegorie und Biographie

Fabian Geier (Bamberg)

Interpretationen

Wenn ein Autor es tatsächlich darauf anlegt, eine Allegorie zu schreiben, dann dauert es in der Regel nicht lange, bis Leser und Kritik die von ihm intendierten Zuordnungen entdecken. Das meiste, was ich daher zunächst über *Leaf by Niggle* sagen möchte, ist entweder wenig neu oder wenig sicher. Diese Interpretationen sind jedoch nicht der Kern des Vortrags, sondern nur ein Startpunkt für Überlegungen, deren Ziel es ist, ein besseres Verständnis von *Tolkiens Haltung* gegenüber solchen Lesarten herauszuarbeiten.

Betrachten wir zunächst das Skeleton-Plot[1] der Erzählung: Dieses entspricht (und das ist oft bemerkt worden) in der Abfolge aus Alltag, unfreiwilliger Abreise, Läuterung und Idylle auffällig den christlichen Jenseitsvorstellungen – oder spezifischer: deren katholischer Variante, denn nur der Katholizismus kennt ein Fegefeuer. Natürlich kann man bereits diese Interpretation bezweifeln, aber wir haben in diesem Punkt (zumindest für jene, die dem Autor ein gewisses Maß an Einsicht in den eigenen Text zugestehen) Tolkiens Zeugnis auf unserer Seite, der *Leaf by Niggle* »my ›purgatorial‹ story« (L 195) nennt.

Im Anschluss an diese Deutung der Grobstruktur ergeben sich unterschiedliche, mögliche Belegungen spezifischer Elemente. Man könnte z.B. versuchen, die beiden Stimmen im Sanatorium mit Gottvater und Jesus zu identifizieren, oder abstrakter: mit dem ständigen Oszillieren des Christentums zwischen Gesetz und Güte; ebenso die in der Geschichte immer wieder zitierten Gesetze mit der Moral im Allgemeinen, aber auch mit gesellschaftlichen Konventionen oder akademischen Pflichten. Dabei fällt allerdings auf, dass alles nicht mehr so eindeutig ist wie auf der Ebene der Grobstruktur: Je spezifischer man wird, desto unschärfer werden die Allegorien.

Doch glücklicherweise gibt es neben der theologischen Dimension noch eine zweite Ebene in *Leaf by Niggle*, auf der wir eindeutige Parallelen finden können: Die Geschichte ist auch ein biographischer Spiegel, den Tolkien sich

---

1 vgl. BMC 14

selbst vorhält². Auch hierfür haben wir wieder sein eigenes Zeugnis, wenn er Niggles Baum mit dem im Werden begriffenen *Herrn der Ringe* parallelisiert (L 321). Aber vor allem haben wir auch den schieren Text, der sich, wie Tom Shippey schon ausführlich gezeigt hat (264ff), sehr genau mit Tolkiens Lebensumständen identifizieren lässt. Ich will mich daher auf drei kurze Punkte beschränken:

Eine erste Parallele besteht zwischen Tolkiens und Niggles *Arbeitsweise*. Niggle und Tolkien haben dieselben Schwächen: Sie malen »besser Blätter als Bäume«, d.h. beide verlieren ständig über der Ausarbeitung von Details das Gesamtziel ihrer Arbeit aus den Augen – woraus sich ja auch der Name „Niggle" ableitet (nach dem OED: »to work in a trifling, fiddling or ineffective way ... to spend much time unnecessarily on petty details and be over-elaborate in minor points«). Und Tolkien nimmt diesen Namen auch einmal für sich selbst in Anspruch, wenn er sich einen »natural niggler« nennt (L 313). Gemeinsam ist dem natural niggler und dem fiktiven Niggle daher auch das permanente Gefühl der Hetze und die (durchaus begründete) Angst, niemals etwas fertig zu bekommen. Beide empfinden, das kann man in Tolkiens Briefen überall lesen, die meisten Pflichten als Störung bei den Arbeiten, denen ihre eigentliche Leidenschaft gilt (vgl. L *passim*). Das Leben ist zweigeteilt zwischen Alltagspflichten und persönlichem künstlerischem Schaffen, und das eine geht zu Lasten des anderen. Daher trifft das Verdikt der Ärzte in der Geschichte, soweit es gegenüber der Figur Niggle berechtigt ist, auch auf Tolkien zu, bzw. auf das, was er von sich denken musste.

Eine zweite Parallele besteht zwischen Niggles und Tolkiens *Hoffnungen und Aussichten*: Weil er sein großes Werk nicht fertig bekommt, muss er befürchten, dass nur ein paar einzelne Blätter davon übrig bleiben werden. Und ob fertig oder nicht: Weder Tolkien noch Niggle können hoffen, dass ihre Arbeit je auf viel Resonanz stößt. Denn beide arbeiten in einem altmodischen Stil, der mit den vorherrschenden künstlerischen und kritischen Strömungen wenig gemeinsam hat (LN 142). Ihre Arbeiten bleiben daher ein Privatvergnügen.

Sicher, auch Tolkien schrieb nicht völlig für sich allein (vgl. L 211), aber weder er noch Niggle hielten ihre Werke je für sehr wichtig. Sie waren ihnen natürlich privat wichtig, aber nicht wirkungsgeschichtlich: Tolkien sah sich nie

---

2 Dies würde ich vor allem einer primär gesellschaftskritischen Lesart entgegenhalten. Sicher kann man in den Forderungen und der Ignoranz gegenüber Niggle *auch* die kunstfeindlichen Verhaltensweisen mancher Zeitgenossen erkennen – aber die Spiegelung von Tolkiens Charakter in Niggle ist zu selbstkritisch, als dass man in ihm den zu Unrecht leidenden (und zu Recht beleidigten) Poeten sehen könnte. Die Rechtmäßigkeit der ihm angetragenen Pflichten wird in der Geschichte ebenso wenig bezweifelt wie die Rechtmäßigkeit der künstlerischen Betätigung.

als literarischen Reformator, und es war nicht Teil seiner Motivation, einmal einen zentralen Platz in einer zukünftigen Literaturgeschichte einzunehmen. Seine Motivation war, wie die von Niggle, wesentlich intrinsisch.

Drittens, und das wird weniger häufig festgestellt, stimmt auch die in *Leaf by Niggle* transportierte *ästhetische Theorie* mit der Tolkiens überein, insbesondere wenn der Gedanke auftaucht, dass schöpferische Akte einen (zumindest scheinbar) objektiven Charakter haben: Der Künstler befindet sich gleichsam nur in der Position eines Chronisten und nicht eines Erfinders[3]. Kunstwerke schreiben bzw. malen sich sozusagen von selbst; sie entfalten sich nach ihrer eigenen Logik, der ein Künstler (wenn er Ohren dafür hat) eher *folgt* als dass er sie *macht*[4]. Daher *kommen* die Vögel *geflogen*, anstatt dass Niggle sie erfinden würde; und daher müssen auch Wald und See ausgearbeitet werden – weil sie da sein *mussten*, wie es am Ende der Geschichte heißt[5].

Auch auf der biographischen Seite gibt es allerdings das Phänomen, dass die Assoziationen vager und weniger eindeutig werden, wenn man über die Eckpunkte hinausgeht. Es gibt nicht für jede auftretende Person eine eindeutige Parallele in Tolkiens Leben, ja nicht einmal für den zentralsten Nebendarsteller Parish. Den kann man lesen als eine Aufspaltung von Tolkiens Wesenszügen in zwei Personen (Shippey 274) oder, wie Bertrand Alliot in seinem Jenaer Vortrag vorgeschlagen hat, als eine Repräsentation der körperlichen gegenüber den geistigen Bedürfnissen. Oder man könnte ihn (wozu ich tendiere) als Repräsentation von Tolkiens Frau und Familienpflichten lesen.

Es gibt auch einige Argumente für das Letztere: z.B. dass Parish Niggle näher steht als der Rest der Gesellschaft und sie ihr Leben sozusagen »Seite an Seite« verbringen. Parish ist der regelmäßigste Bittsteller, er ist oft krank, und er legt Wert aufs Gärtnern, während Niggle das Naturwüchsige bevorzugt (diesen Unterschied hat Tolkien, man denke nur an die Ents, oft mit Frauen und Männern identifiziert). Parish hat großen Anteil an Niggles Schaffen – das betont Niggle immer wieder – und doch wenig übrig dafür. Trotz ihrer Verschiedenheit besteht eine starke Bindung zwischen ihnen, so stark, dass sie auch im Jenseits aufeinander fixiert bleiben. Eine Parallele zwischen Edith und Parish lässt sich daher zumindest plausibel machen, da es nicht nur eine sondern eine ganze

---

3 Vgl. L 145, L 212 (Fußnote), L 231 oder auch L 179, wenn Tolkien über seine eigenen Mutmaßungen zum Schicksal der Entfrauen schreibt: »I hope so. I don't know.«
4 Wie das mit der Theorie der Nebenschöpfung zusammenhängt, wäre noch zu diskutieren. Zunächst sind es aber zwei unabhängig diskutierbare Theoriestücke.
5 Vgl. LN 122: »[The picture] had begun with a leaf caught in the wind, and it became a tree. And the tree grew, sending out innumerable branches, and thrusting out the most fantastic roots. Strange birds came and rested on its twigs and had to be attended to. Then all round the tree, and behind it, through the gaps in the leaves and boughs, a country began to open out.«

Reihe von Eigenschaften gibt, die eine Gleichsetzung stützen (was tatsächlich das einzige textimmanente Kriterium für berechtigte allegorische Lesarten sein kann). Aber selbst die aufgezählten Punkte sind nicht ausreichend eindeutig, um aus dieser Lesart mehr zu machen als eine bloße Vermutung. Denn andere Dinge, wie z.b. das Vorhandensein von Parishs eigener Frau, lassen sich dann nur schwer einordnen.

Bei der Identifizierung von Niggle und Tolkien selbst treten derartige Unstimmigkeiten jedoch kaum auf, und die Parallelen sind viel weniger metaphorisch als die gerade skizzierten. Dürfen wir daher nicht wenigstens davon ausgehen, dass zumindest Niggle eine allegorische Repräsentation Tolkiens selbst sei? Und darf man nicht sogar annehmen, dass die Geschichte *Leaf by Niggle* selbst eines der wenigen gerahmten (sprich: publizierten) *Leaves* hätte sein können, das von Tolkiens Werk – nach dem Stand der Dinge Anfang der 1940er Jahre – für eine kleine Weile übrig geblieben wäre?

Ambivalenzen

Ein Problem besteht natürlich darin: Tolkien wehrte sich ganz entschieden gegen solche Gleichsetzungen, da er generell literaturkritische Auseinandersetzungen mit seinen Werken und insbesondere jede allegorische und biographische Lese verabscheute:

> One of my strongest opinions is that investigation of an author's biography (or such other glimpses of his 'personality' as can be gleaned by the curious) is an entirely vain and false approach to his works – and especially to a work of narrative art, of which the object aimed at by the author was to be enjoyed as such: to be read with literary pleasure. (L 414)

Wenn wir uns allerdings nur ein wenig mit Tolkiens Leben und Ansichten beschäftigen, kommen wir gar nicht umhin, sie in seinen Werken wiederzuerkennen. Im *Herrn der Ringe* und im weiteren *Legendarium* mangelt es nicht an Elementen, die sich zu konkreten Erlebnissen in Tolkiens Leben zurückverfolgen lassen, so wie Tolkiens Alpenwanderung 1912, die als Vorbild für Bilbos Gebirgsabenteuer diente (L 391), und wohl auch für Hunthors Tod in *The Children of Húrin* (vgl. L 393). Die glitzernden Höhlen von Cheddar Gorge waren die Vorlage für die von Helms Klamm (L 407), der Gaffer entsprach einer Urlaubsbekanntschaft, Sam den Offiziersdienern im ersten Weltkrieg, Bombadil einer Puppe von Tolkiens Sohn, und Frodos erste Begegnung mit Farmer Maggot, der ihn beim Pilzesammeln auf seinem Grund erwischte und mit seinen Hunden jagte (LotR 91f), findet ihr Gegenstück in einer identischen

Geschichte in Tolkiens Jugend. Auch *Smith of Wootton Major* ist, wie Tolkien sagt, »an old man's book, already weighted with the presage of ›bereavement‹« (L 389). *The Lost Road* thematisiert sicher nicht von ungefähr ein Vater-Sohn-Verhältnis, gerade als Christophers besonderes Interesse am *Legendarium* seines Vaters erwacht; und *The Notion Club Papers* spiegeln in vielen Facetten die Wesenszüge der Inklings. Es ist also offensichtlich, dass biographische Bezüge zuhauf existieren. Warum erlaubt uns Tolkien also nicht, sie zu sehen?

Ganz ähnlich ist der Fall auch bei den Allegorien gelagert. Tolkien schreibt an prominenter Stelle im Vorwort des *Herrn der Ringe*: »I cordially dislike allegory in all its manifestations, and always have done so, since I grew old enough to detect its presence« (LotR xxiv). Und diese Ansicht wiederholt er regelmäßig in seinen Briefen, wenn er beispielsweise die Assoziation der fünf Zauberer mit den fünf Sinnen als »wholly foreign to my way of thinking« (L 262) oder die immer wieder aufkeimenden Versuche, die Situation des zweiten Weltkriegs in den *Herrn der Ringe* hineinzulesen, völlig ablehnt.

Aber wie bei den biographischen Elementen finden wir auch hier scheinbar Gegenläufiges: Er nennt, wie gesagt, *Leaf by Niggle* selbst eine »›purgatorial‹ story«, oder setzt die Festhalle in *Smith of Wootton Major* mit einer Dorfkirche gleich[6]. Auch Tom Bombadil bezeichnet er als Allegorie (L 192), und in einem Brief an Joanna de Bortadano stellt er fest, dass der *Herr der Ringe* keine Allegorie der Atomkraft sei – aber eine Allegorie der Macht (L 246). An W.H. Auden schreibt er sogar: »In a larger sense, it is I suppose impossible to write any ›story‹ that is not allegorical in proportion as it ›comes to life‹« (L 212).

Außerdem war Tolkien auch selbst sehr eifrig darin, Analogien zwischen seinem Werk und der Realität herzustellen, und kommentiert historische Ereignisse oft in *Herr-der-Ringe*-Metaphern (»we are attempting to conquer Sauron with the Ring«, L 78), tituliert Technologen und Naturzerstörer als Orks oder sich selbst als Hobbit und zitiert auch gerne mal Gandalf als Lebensberater[7]. Und dies tut er nicht nur in leichtherziger Stimmung, sondern selbst dann noch, als seine geliebte Edith stirbt, »leaving [Beren] indeed one-handed, but he has no power to move the inexorable Mandos«[8].

Es ist daher verständlich, dass viele Kritiker Tolkien ein »ambivalentes Verhältnis« zur Allegorie attestieren, wie beispielsweise Wayne G. Hammond und

---

6 Tolkien Manuskripte, zitiert nach Hammond/Scull, **Reader's Guide** 40
7 vgl. L 232, L 348f, L 402 und L 413
8 L 417; allerdings hat diese Geschichte eine besondere Stellung und es ist keinesfalls die Regel, dass Tolkien sich selbst in sein *Legendarium* hineinprojiziert (vgl.: »I could of course invent [an Elvish name for me]. But I do not really belong inside my invented history; and do not wish to!«, L 398). Dass Tolkien im Übrigen auch im **Beowulf**-Aufsatz eine Allegorie verwendet, ist nicht relevant, weil er dabei eine argumentative und keine literarische Intention hat.

Christina Scull (*Companion* lxxvii; *Reader's Guide* 41) oder auch Tolkiens alter Freund Robert Murray (18). Tatsächlich klingen ja sogar Tolkiens eigene Reflexionen zum Thema gelegentlich recht paradox. So schreibt er 1947 erst »But in spite of this, do not let Rayner suspect ›Allegory‹«, ein paar Zeilen später aber: »Of course, Allegory and Story converge, meeting somewhere in Truth. So that the only perfectly consistent allegory is a real life; and the only fully intelligible story is an allegory« (L 212). Ebenso an Milton Waldman: »I dislike Allegory – the conscious and intentional allegory – yet any attempt to explain the purport of myth or fairytale must use allegorical language« (L 145).

Doch Ambivalenzen werden oft allzu leicht festgestellt. Ein wörtlicher Widerspruch reicht meist schon aus, um auf eine Inkonsistenz in der Position oder Person des Betreffenden zu schließen, weil er sich entweder des fraglichen Problems nicht bewusst ist oder sich aus der Unfähigkeit, bestimmte Dogmen aufzugeben, selbst hinters Licht führt. Ich habe aber den Eindruck, dass keine dieser Diagnosen Tolkien im vorliegenden Punkt gerecht wird. Seine Haltung gegenüber der Allegorie ist vielmehr klar und widerspruchsfrei.

Differenzierungen

Angesichts der vielen Facetten des Problems ist es natürlich höchste Zeit, einige Differenzierungen einzuführen. Gerade der Begriff »Allegorie« hat ja seit seinem Auftauchen in der antiken Rhetorik eine verwickelte Geschichte hinter sich und dabei eine schillernde Bedeutungsvielfalt erzeugt, die nur schwer zu bändigen ist[9]. Einerseits umfasst er nicht nur narrative sondern auch ikonographische Substitutionsformen, andererseits wird der Begriff manchmal umfassend für jede Substitution verwendet und manchmal subtil gegenüber Metapher, Gleichnis oder Symbol abgegrenzt.

Bei Tolkien selbst haben wir es aber glücklicherweise nur mit zwei Bedeutungen zu tun. Im engen Sinne versteht er unter Allegorien ausschließlich Personifikationen allgemeiner Tugenden oder Laster (vgl. L 121; 320f). Beispiele wären Boethius' »Philosophia« oder die Figuren in Bunyans oder C.S. Lewis' Bekehrungsromanen. Im weiten Sinne dagegen versteht Tolkien unter

---

9   Im Mittelalter ist sie vor allem durch die Allegorese der Heiligen Schrift zu Ehren gekommen. Dort jedoch war die Zielsetzung apologetisch, da die Allegorese den Text jeweils an vorliegende Wahrheiten anpassen sollte (vgl. Spahn, **Hermeneutik** 24ff). Da zudem das Zitieren autoritativer Schriften der obligatorische Modus war, in dem man damals seine Gedanken formulierte und in sich gedanklicher Fortschritt vollzog, ist es verständlich, warum das Mittelalter sehr großzügige assoziative Sprünge bei der Interpretation erlaubte. Der Allegoresebegriff einer »traditionsstiftenden Hermeneutik« (ebd.) ist deshalb nicht auf den heutigen oder auf Tolkiens Umgang mit allegorischen Interpretationen übertragbar, wenn die Frage nach der Angemessenheit der Parallelisierungen im Mittelpunkt steht.

»Allegorie« jede Art von narrativer Repräsentation eines realen Gegenstandes, sei er konkret oder abstrakt. Er unterscheidet außerdem selbst Allegorien in »general, particular, or topical, moral, religious, or political« (L 220), was sich wie folgt systematisieren lässt:

Allegorie im allgemeinsten Sinne
narrative Repräsentation eines extranarrativen Gegenstandes

Allgemeine Gegenstände
(d. h. Universalien)
moralische, religiös-mythologische, politische oder psychologische Ideen, darunter Laster und Tugenden (die enge Fassung von Tolkiens Allegoriebegriff)

Konkrete Gegenstände
(d. h. Gegenstände in Raum und Zeit)
- private Erlebnisse
- öffentliche Ereignisse (z. B. der zweite Weltkrieg und seine Protagonisten)

Neben diesen verschiedenen Allegorietypen gibt es außerdem – und damit können wir eine erste Gruppe der obigen Beispiele ausschließen – auch *nichtallegorische* biographische Elemente. Der Gaffer, Frodos Pilzesammeltrauma, die Puppe Bombadil: All das sind Materialien, die Tolkien aus seiner Erfahrung nimmt – aber es sind keine Allegorien. Sie kommen in Tolkiens Erzählungen vor, aber sie stehen nicht für etwas.

Auch nichtallegorische Elemente lassen sich in mindestens vier Gruppen unterteilen, von denen nur die erste biographisch genannt werden kann:

1. *Konkrete Erfahrungen* in Raum und Zeit.
2. *AllgemeineErfahrungen* über Menschen und die Welt (Charakterologien, kulturelles Wissen, Naturgesetze und -wahrscheinlichkeiten), von denen der Autor Gebrauch macht, ohne eine paradigmatische Situation für sie im Kopf zu haben.
3. *Inspirationen*, d.h. bewusst übernommene Elemente, die aber nicht mehr als einen ersten Anstoß liefern und sich dann unabhängig von der Vorlage entwickeln (z.B. C.S. Lewis' Stimme als Vorbild für Treebeards »Hrum Hoom«, die Snergs als Anstoß für den Hobbit oder jenes kleine Wort im Titel von Andrew Langs Geschichte »Soria Moria Castle«).
4. *Stoffe*, wie der Atlantis- oder Kullervo-Mythos, die Tolkien bewusst nachschaffen will und die, im Unterschied zu bloßen Inspirationen, auch als Leitideen der Entwicklung dienen.

Allegorie und Biographie sind also weder deckungsgleich noch eines eine Untergruppe des anderen: Sie überlappen sich als biographische Allegorien, aber es gibt außerdem nichtallegorische biographische Elemente wie auch nichtbiographische Allegorien.

Das Spezifische an Allegorien ist, dass sie immer Repräsentationen sind, also für etwas stehen. Diese Zuordnung hat immer einen kontingenten Aspekt, den man oft erst erlernen muss, um sie zu verstehen (weswegen man der Allegorie oft vorgeworfen hat, sie arbeite zu mechanisch). Allegorien wären aber sinnlos und willkürlich, wenn sie nicht auch eine Ähnlichkeit oder eine Analogie (d.h. eine Ähnlichkeit von Verhältnissen) enthielten. Vollständig darf diese Ähnlichkeit zwischen Repräsentation und Gegenstand jedoch nicht sein, denn dann würde es sich ja um die Sache selbst handeln, und wir hätten es nicht mehr mit einer Allegorie, sondern einem nichtallegorischen Element zu tun. Allegorien haben daher immer beide Aspekte: 1. einen kontingenten Aspekt und 2. einen ähnlichen (oder mimetischen) Aspekt – der es erlaubt, die Allegorie zu identifizieren, ohne die Intention des Autors zu kennen, und der einer Allegorie überhaupt erst Aussagekraft gibt.

Die Suche nach biographischen Allegorien und nichtallegorischen, biographischen Elementen hat jedoch auch eine gemeinsame Wurzel, denn Tolkiens Ablehnung der beiden geschieht aus ein und derselben Haltung heraus. Es gibt sogar noch zwei weitere Unterfangen, die aus den gleichen Gründen Tolkiens Missfallen erregt haben, wie im Folgenden beleuchtet werden soll.

1. Die Frage nach einer »Botschaft« des *Herrn der Ringe*, auf die Tolkien im Laufe der Zeit mehr als ein halbes Dutzend verschiedener Antworten gegeben hat. So nennt er als »das« Thema des Buches mal Macht, mal Tod und Unsterblichkeit, andernorts auch Sprachästhetik, den Sündenfall, Technologie oder Gott. Und doch sagt Tolkien: »It is not ›about‹ anything but itself« (L 220; vgl. L 267).

2. Die Suche nach Tolkiens »Quellen« vor allem in mittelalterlichen und skandinavischen Texten (vgl. L 379ff, L 418) – und zwar sowohl falsche (wie z.B. dass das Wort »Rohirrim« hebräisch geprägt sei) als auch die richtigen Beobachtungen, wie die Verwendung der altmercianischen Sprache für Rohan oder der Zwergennamen der Völuspa im *Hobbit*.

Allegorie und Anwendbarkeit

Die wichtigste Unterscheidung, die Tolkien im Hinblick auf die Allegorie einführt, ist jedoch die zwischen Allegorie und Anwendbarkeit[10]. Die oben zitierte Stelle lautet nämlich weiter:

---

10 Man könnte im Übrigen versucht sein, die Unterscheidung zwischen Allegorie und Anwendung mit dem von Goethe ausgehenden literaturwissenschaftlichen Diskurs über den Unterschied von Symbol und Allegorie zu verbinden. Parallelen liegen sicher darin, dass Anwendung, genauer: die Anwendung zugrunde liegenden Inhalte des Textes,

Fabian Geier

> I cordially dislike allegory in all its manifestations, and always
> have done so, since I grew old enough to detect its presence. I
> much prefer history, true or feigned, with its varied applicabil-
> ity to the thought and experience of readers. I think that many
> confuse 'applicability' with 'allegory'; but the one resides in the
> freedom of the reader, and the other in the purposed domination
> of the author. (LotR xxiv)

Dieser Unterschied ist bei Tolkien immer wieder präsent, auch wenn er ihn nicht immer unter den gleichen Begriffen diskutiert. Gegenüber Jane Neave spricht er beispielsweise von »Mythos« vs. »Allegorie« (L 320). Und auch C.S. Lewis schreibt im selben Sinne: »The essence of a myth [is] that it should not have a taint of allegory to the maker and yet should suggest incipient allegories to the reader« (Carpenter, *Inklings* 30).

Durch die Unterscheidung zwischen Allegorie und Anwendbarkeit lassen sich nun viele der scheinbaren Ambivalenzen auflösen. Die oben zitierten paradoxen Formulierungen stammen nämlich aus einer Phase, in der Tolkien den Begriff »Anwendbarkeit« noch nicht geprägt hatte. Das erste Mal taucht der Begriff 1957 in einem Brief an Herbert Schiro auf, also als Tolkien bereits 65 Jahre alt ist, und ins Vorwort des *Herrn der Ringe* gelangt er erst in der zweiten Auflage 1966. Als Tolkien jedoch 1947 gegenüber Stanley Unwin, 1951 gegenüber Milton Waldman und 1955 gegenüber W.H. Auden seine Ansichten über Allegorien formuliert, hat er den Begriff Anwendbarkeit noch nicht gebildet und schreibt daher:

> I dislike Allegory — the conscious and intentional allegory – yet
> any attempt to explain the purport of myth or fairytale must use
> allegorical language. (And, of course, the more 'life' a story has the
> more readily will it be susceptible of allegorical interpretations:
> while the better a deliberate allegory is made the more nearly will
> it be acceptable just as a story. (L 145)

Das formuliert genau den Gedanken der Anwendbarkeit – nur eben noch ohne sie als solche zu benennen. Und das Gleiche gilt für das genannte Zitat in L 212. Tolkien hatte seine Ansicht also schon weit länger, als er die Worte dafür hatte – und konnte sie daher nur paradox ausdrücken, bis er darauf kam, einen zweiten Begriff neben »Allegorie« zu bilden. Das Ganze ist ein dialektischer Prozess im klassischen Sinne: Etwas äußert sich zunächst als Widerspruch

---

intuitiver und facettenreicher (und dadurch »individueller«) zu erfassen sind als eine einfache Allegorie. Ob das allerdings ausreicht, um eine Assoziation zwischen beiden Unterscheidungen herzustellen, kann ich momentan nicht sagen.

innerhalb der bisherigen Begriffe und gerinnt dann allmählich zu differenzierteren Begriffen. Aus diesen Gründen wäre es falsch und wortklauberisch, Tolkien diese Paradoxien vorzuhalten und daraus abzuleiten, dass er auch eine ambivalente Ansicht habe.

Was aber, wenn wir es genau in Worte fassen wollen, ist nun Anwendbarkeit? Wie grenzt sie sich von der Allegorie ab? Wenn Shippey beispielsweise das Wort »Anwendbarkeit« einfach dort substituiert, wo man sonst »Allegorie« sagen würde (»Is there any ›applicability‹ in this?«, 173), dann ignoriert er damit etwas, das Tolkien als ein Hauptcharakteristikum der Anwendbarkeit angibt:

1. Die Anwendung *geht vom Leser aus* und ist nicht vom Autor hineingelegt. Sie ist also keine objektive Eigenschaft des Textes und geschieht sozusagen auf eigene Gefahr. (»You can *make* the Ring into an allegory of our own time, *if you like*« L 121, Herv. F.G.)

Anwendbarkeit beinhaltet außerdem zwei weitere maßgebliche Aspekte:

2. Anwendungen sind *variabel,* d.h. es gibt nicht nur, wie bei einer Allegorie, genau eine Lösung, sondern der Text kann immer wieder für neue Situationen fruchtbar gemacht werden, selbst wenn sie dem Autor gar nicht bekannt waren oder zur Zeit der Abfassung des Textes noch gar nicht existierten (gerade diese Fähigkeit zeichnet ja alle lebensfähigen Mythen und Religionen aus).

3. Eine Anwendung ist immer *eine nachträgliche Extrapolation.* Sie folgt einer bestimmten Kontur im komplexen Gesamtbild der Geschichte, löst sie heraus – und macht sie dabei oft prinzipieller, als sie ist. Dabei ist die jeweilige Anwendung, und das ist entscheidend, immer *inhaltsärmer* als die Geschichte selbst.

Priorität

Die im letzten Punkt beschriebene Perspektive gibt nun einen Hinweis auf Tolkiens Haltung. Der schreibt: »When they have read [the Lord of the Rings], some readers will (I suppose) wish to ›criticize‹ it, and even to analyze it, and if that is their mentality they are, of course, at liberty to do these things – so long as they have first read it with attention throughout« (L 414). Hierbei geht es nicht nur um eine chronologische Abfolge. Sicher sollte man ein Werk zuerst lesen, bevor man Theorien darüber aufstellt, aber das Entscheidende an Tolkiens Aussage ist, dass die unmittelbare Faszination der Reflexion vorausgehen soll, dass man also zuerst von der Sekundärrealität der Geschichte gefesselt sein soll, bevor man über die Geschichte nachdenkt (mit anderen Worten: Das synthetische Erfassen soll der Analyse des Textes vorausgehen).

Diese Forderung hat ihren Grund wiederum darin, dass die immanente Faszination nicht nur *chronologischen*, sondern auch *logischen* Vorrang vor der Interpretation hat. Dies gründet sich sowohl auf die Theorie der Zweitschöpfung als auch auf den Begriff der Anwendbarkeit: weil eben Interpretation nur bestimmte Linien aus der Komplexität der sekundären Realität herausgreift und daher optional ist und ärmer als die Geschichte selbst.

Aus dem gleichen Grund ist auch jede Interpretation durch den Autor selbst nur retrospektiv (vgl. L .211, L 246, L 238ff). Tolkien *schreibt* auch die Erzählung nicht im Modus der allegorischen Repräsentation, sondern unmittelbar im Modus der Faszination für die dargestellte Handlung. Er bewegt sich ganz in der sekundären Realität der Geschichte und spinnt deren Inhalte Stück für Stück weiter.

Dies spricht auch aus den vielen Bemerkungen, in denen er sich selbst oder andere *zitiert,* wenn er über sein Werk spricht: »It is to me, anyway, largely an essay in ›linguistic aesthetic‹, as I sometimes say to people who ask me ›what is it all about?‹« (L 220) oder »one critic (by letter) asserted that the invocations of Elbereth, and the character of Galadriel as directly described (or through the words of Gimli and Sam) were clearly related to Catholic devotion to Mary« (L 288), oder auch in L 267: »I was primarily writing an exciting story in an atmosphere and background such as I find personally attractive ... Though it is only in reading the work myself (with criticisms in mind) that I become aware of the dominance of the theme of Death«.

Indem er hier absichtlich zu vermittelnden Formulierungen greift, unterstreicht Tolkien, dass auch das, was man seiner Ansicht nach *richtigerweise* über den *Herrn der Ringe* sagen kann, eine *nachträgliche* Extrapolation ist, die der Rezipient leistet – bzw. leisten kann, wenn er eben will. Und dies erklärt auch die erwähnten *Herr-der-Ringe*-Metaphern in Tolkiens Briefen: Denn diese sind nichts anderes als eine spätere Anwendung, und keine in die Geschichte gelegte Allegorie.

Die Priorität der unmittelbaren Faszination richtet sich nun vor allem gegen eine Haltung, mit der man im akademischen Bereich oft konfrontiert ist. Wo das rasche Lesen und abhakende Subsumieren zum Tagesgeschäft gehört, entwickelt sich schnell der Gestus, dass man eine Geschichte *entschlüsselt* habe, wenn man ihre allegorischen Bezüge oder ihre Quellen aufgefunden hat, so als ob man ihr eigentliches Wesen damit enthüllt (und entzaubert!) habe. Aus dieser Perspektive erscheint die eigentliche Erzählung dann sekundär: nur noch als die beliebige Ausgestaltung einer Botschaft, die beliebige Manifestation bestimmter Topoi oder willkürliche Neuzusammenstellung dieses und jenes Quellenmaterials. Anders gesagt: Die spezifischen Besonderheiten der Geschichte werden in dieser Perspektive beliebig, zufällig und irrelevant.

Genau gegen ein solches Denken richtet sich jedoch Tolkiens Allegorie im *Beowulf*-Aufsatz, zu der wir gleich noch kommen werden: Das »Eigentliche«

ist gerade nicht, was man aus der Geschichte heraus- oder in sie hineinlesen kann, sondern die Geschichte selbst, so wie sie ist, und die von ihr gestaltete Sekundärrealität[11].

Der objektive Aspekt

Allerdings: Nur weil sie extrapoliert und variable Anwendungsmöglichkeiten zulässt, ist es dennoch nicht ganz richtig, dass Anwendbarkeit *nur* beim Leser liege. Wenn dem so wäre, dann wäre jede Anwendung willkürlich: Jeder kann hineinlesen, was ihm gerade gefällt, und es gäbe keinen Maßstab dafür, ob eine Lesart angemessener sei als eine andere. Das textliche Material könnte als Träger auch genau der gegensätzlichsten Ideen dienen. Der eine könnte Sauron mit Hitler identifizieren, der andere dagegen mit Jesus Christus. Tatsächlich will ich nicht ausschließen, dass auch Letzteres möglich wäre. Aber man braucht dafür zweifellos eine größere interpretative Findigkeit als für die erstere Assoziation. Es gibt daher, auch wenn nicht genau eine Interpretation die richtige sein muss, auch einen objektiven Aspekt der Anwendbarkeit.

Dass es diesen Aspekt gibt, darauf verweist schon der Begriff »Anwend*barkeit*« selbst. Denn dieser bezieht sich auf eine Eigenschaft des Werkes selbst: genauso wie »Brennbarkeit« oder »Unsichtbarkeit« auch Eigenschaften eines *Objekts* sind. Das ist nun keine Wortklauberei, sondern liegt in der Natur der Sache: Werke müssen für Lesarten auch geeignet sein. Sie haben, wenn auch nicht absolute, dann doch zumindest eine graduelle Eignung für die eine oder andere Interpretation (was teilweise auch wieder vom Autor und seinen Interessen und Werten abhängt). Und daher gibt es gute und schlechte, sprich: besser und schlechter *anwendbare* Mythen.

Dass ein derartiges Werk Erfolg hat, ist daher nicht bloß ein wirkungsgeschichtlicher Zufall. Es hat selbst Anteil daran, wie wir es lesen *können,* weswegen auch Tolkien bemerkt, dass es der Prüfstein für eine Mythologie sei, wie gut sie zur Erklärung tauge (L 261). Diese Tauglichkeit ist das objektive Moment – das natürlich immer noch viel komplexer ist als die 1:1-Zuordnung einer intendierten Allegorie. Und aus diesem Grund hat Shippey eben doch Recht, wenn er »applicability« geradewegs so verwendet wie »allegory«. Und der gleiche Gedanke liegt auch in der oben zitierten Bemerkung von Lewis, in der *die Geschichte selbst* zum Akteur wird (»[a myth] should suggest incipient allegories to the reader«).

---

11 In diesem Sinne kritisiert Tolkien an der Allegorie nicht ihre (durch die Kontingenz der Zuordnung verursachte) Schwerfälligkeit, wie das im Anschluss an die deutsche Klassik geschehen ist, sondern, radikaler, überhaupt den Verweis auf eine Ebene jenseits des Inhalts der Erzählung.

Subcreation

Das objektiv-allegorische Moment in einer Erzählung, das vom Autor durchaus, aber indirekt abhängt, ist eng verschränkt mit der Idee der Subcreation (vgl. L 188ff; FS 138ff, 155ff). Diese besteht darin, in den Schöpfungen des Menschen (wobei Tolkien hier vor allem mythologische Schöpfungen im Sinn hat) eine Analogie und gleichzeitig eine Weiterführung der Schöpfung Gottes zu sehen: »We make still by the law in which we're made«, wie Tolkien im Gedicht *Mythopoeia* schreibt. Diese Idee liefert eine ontologische Begründung dafür, warum Interpretation immer erst sekundär ist.

Als Nebenschöpfer hat der Mensch teil an Gottes Schöpfung. Und indem er auf sie rekurriert, spiegelt er auch einen Funken der göttlichen Wahrheiten in seinen eigenen Kunstwerken. Diese Wahrheiten spiegeln sich dann aber nicht erst deswegen, weil der Künstler sie allegorisch hineinlegt, sondern sie sind im künstlerischen Material als solchem schon enthalten, und zwar sehr viel feiner und vielseitiger, als der Künstler es bewusst steuern könnte.

Diese Theorie ist für viele allerdings nicht anschlussfähig, weil sie die Existenz eines Schöpfergottes voraussetzt. Ich denke jedoch, dass man sie säkular reformulieren, d.h. eher platonisch fassen kann als christlich, ohne den Grundgedanken aufzugeben. Dieser liegt nämlich einfach darin, dass stimmige Charaktere, plausible Handlungsstränge und eine dichte und durchdachte Sekundärwelt die Ideen und Zusammenhänge aufgreifen, die auch die primäre Realität konstituieren[12]. Der Autor erfasst natürlich immer nur einen Teil derselben und ist gesteuert und limitiert durch die eigenen Interessen. Aber in dem, was er ausarbeitet, spiegelt sich die *Logik der Realität* – wie z.B. im Einen Ring die Psychologie der Macht.

Wer daher eine gut ausgearbeitete Erzählung liest, findet darin, eben weil sie gut ist, viel Anschlussfähiges oder besser: viel Anwendbares. Und das gerade nicht, weil der Autor es bewusst hineingelegt hätte, sondern weil er im Modus der Sekundärrealität geblieben ist[13]. Es entstehen sozusagen natürliche Allegorien anstelle von künstlichen (intendierten). Und so spiegeln auch Tolkiens *Herr-der-Ringe*-Metaphern Ideen, die sich sowohl in der Erzählung als auch in der Realität manifestiert haben.

---

12 Vgl. z.B. auch »each of us is an allegory, embodying in a particular tale and clothed in the garments of time and place, universal truth and everlasting life« (L 212) oder »far greater things may colour the mind in dealing with the lesser things of a fairy-story« (L 288).
13 Vgl. »And, of course, the more ›life‹ a story has the more readily will it be susceptible of allegorical interpretations: while the better a deliberate allegory is made the more nearly will it be acceptable just as a story« (L 145) sowie die Bemerkungen in L 232, oder gegenüber Auden (L 212, oben zitiert).

Die Ablehnung mittelbarer Lesarten

Anhand dieser Zusammenhänge kristallisiert sich allmählich ein nichtambivalentes Bild von Tolkiens Haltung gegenüber der Allegorie heraus. Es ist ja nicht so, dass dessen Abneigung ein isoliertes und willkürliches Charakteristikum seiner Persönlichkeit wäre, so wie bei anderen Menschen eine Abneigung gegen Blumenkohl oder Jazzmusik. Es geht nicht um die Ablehnung eines einzelnen literarischen Stilelements, sondern um eine Haltung, die eine ganze Reihe von Themen einschließt und sich plausibel in Tolkiens Literaturtheorie einfügt: *die generelle Ablehnung mittelbarer Zugänge als wesentlich für eine Erzählung.*

Tolkiens Zugang zum Lesen wie zum Schreiben ist unmittelbar: Das Aufgehen in der Geschichte kommt vor Analyse und Anwendung, und diese bleiben immer zweitrangig. Mit dieser Einstellung steht Tolkien auch nicht allein da, ja sie ist nicht einmal nur auf Literatur beschränkt und eigentlich in allen Kunstsparten anzutreffen. Sie spiegelt sich beispielsweise im Streit zwischen absoluter Musik und Programm-Musik im 19. Jahrhundert. Das ist die Problematik, ob Musik etwas Außermusikalisches – also Gefühle, Ereignisse oder einen Text, kurz: ein Programm – ausdrücken oder ohne einen solchen Bezug allein ihrer immanenten Logik gehorchen soll. Nach Ansicht der Vertreter absoluter Musik entstellte ein Programm nicht nur die Musik, sondern auch das Hörempfinden: weil wer Musik auf etwas Außermusikalisches bezieht, taub wird für die Musik selbst.

Die gleiche Haltung wird in Tolkiens Turm-Allegorie im *Beowulf*-Aufsatz ausgedrückt (BMC 7f). Dort vergleicht er den Autor des *Beowulf* mit einem Mann, der aus vielen verschiedenen alten Steinen einen Turm erbaut. Später kommen andere – die Historiker und Kritiker –, die den Turm Stein für Stein auseinandernehmen und sich ärgern, dass der Erbauer dieses Material nach eigenem Gutdünken verwendete, anstatt die alten Gebäude zu rekonstruieren. Der Erbauer aber, so Tolkien, konnte von diesem Turm das Meer sehen: Der Turm hatte also als solcher einen Zweck, und nicht erst als Steinbruch für die Erforschung älterer Werke. Der Turmbauer hat eine unmittelbare ästhetische Erfahrung durch sein Werk, was die Kritiker nicht einmal bemerken, die um der Analyse der Bestandteile willen das Werk selbst ignorieren. Es kommt aber nicht darauf an, woher die Steine sind, sondern was man damit macht. Das ist eine Aussage, die Tolkien immer wieder in seinen Schriften betont[14].

---

14 Vgl. v.a. FS 119ff; vgl. auch »I fear you may be right that the search for the sources of The Lord of the Rings is going to occupy academics for a generation or two. I wish this need not be so. To my mind it is the particular use in a particular situation of any motive, whether invented, deliberately borrowed, or unconsciously remembered that is the most interesting thing to consider« (L 418).

Und doch...

... gibt es auch jetzt wieder ein Problem. Denn selbst wenn die skizzierte Haltung Tolkiens konsistent sein sollte: *Leaf by Niggle* fügt sich dieser Theorie trotzdem nicht. Denn zumindest mir gelingt es nicht, beim Lesen der Geschichte auf der Ebene der sekundären Realität zu verbleiben. Es dauert maximal ein paar Seiten, bis ich die Assoziation der Reise mit dem Tod hergestellt habe. Es bliebe nämlich sonst völlig rätselhaft, warum Niggle diese Reise machen muss, warum er den Zeitpunkt und das Reiseziel nicht kennt – und warum das Ganze immer die Atmosphäre der Endgültigkeit hat und er seine Arbeit nicht einfach nach seiner Rückkehr beenden kann. All diese Fragen lassen sich nicht aus dem Szenario der Geschichte beantworten. Aber alles ergibt plötzlich Sinn, wenn man für »Abreise« »Tod« liest[15].

Man könnte vielleicht einwenden, dass in allen Erzählungen bestimmte Fragen offen bleiben (müssen) und dies zudem ein ganz charakteristisches Stilelement des Tolkien'schen *Legendariums* ist, zumal des *Herrn der Ringe*, der einen Teil seiner Wirkung daraus gewinnt, dass er viele Erklärungen und Hintergründe (wie z.B. die Herkunft und Natur Gandalfs oder die näheren Umstände von Numenors Untergang) unausgesprochen lässt. Diese Fragen werden zwar im weiteren *Legendarium* beantwortet, aber auch dieses kennt offene Fragen, wie ob es für die Zwerge eigene Hallen in Mandos gibt, oder wie Beren und Luthien starben. Trotz allem aber kann man bei all diesen Punkten davon ausgehen, dass die Fragen auf der Ebene der Welt beantwortet werden *könnten*, selbst wenn Tolkien diese Antworten nicht geben kann oder möchte. Die fraglichen Ereignisse sind daher zwar offen, aber sie wirken nicht unmotiviert.

Bei *Leaf by Niggle* ist das aber nicht so, da die ganze Komposition auf der sekundärrealen Ebene nicht kohärent ist. Man kann sich keine ähnlich klare Vorstellung von der Welt bilden, in der Niggle lebt, wie man sie sich von Mittelerde oder Arda insgesamt bilden kann. Es ist unklar, warum auf die Dorfszene die Krankenhaus- und Arbeitslagerszene folgen, und erst recht unklar, was der real gewordene Baum damit zu tun hat, oder warum die Ärzte Niggles private Gedanken kennen. Es gibt zwar in einzelnen Szenen und Zusammenhängen eine sekundärreale Glaubwürdigkeit, aber nicht genügend systematische Kohärenz, um die Szenen zu *einer* Realität zu verbinden. Daher gelingt es mir jedenfalls nicht, *Leaf by Niggle* als sekundärreale (und dann erst anwendbare) Geschichte zu lesen, und ich suche sofort nach extranarrativen Sinnmachern.

---

15 Zumal die Metaphorik der Abreise (departure!) für den Tod auch eine lange Tradition in der abendländischen Kultur hat. Außerdem gibt es noch mehr Indizien für metaphysische Hintergedanken: Die Rede von Niggle's Parish als einer »introduction to the Mountains« (LN 143) beispielsweise – oder die emphatische Großschreibung von »Mountains« und »Tree«. All das ist nur sinnvoll, wenn man es als Verweis auf etwas jenseits von Baum und Berg liest.

Versuch einer Zusammenführung

Landen wir also doch wieder bei einer Ambivalenz, zumindest zwischen Tolkiens literarischer Theorie und seiner literarischen Praxis in diesem einen Fall? Man könnte versuchen zu sagen, dass kleine Werke zwangsläufig zur Extrapolation tendieren (vgl. Adorno). Isolierte Kurzgeschichten, anders als Romane oder ein ganzes Legendarium müssen immer holzschnittartig bleiben und bestimmte Aspekte herausheben – sie können also gar nicht anders als eine sehr viel bestimmtere Botschaft zu haben als die viel komplexeren großen Erzählungen? Doch dagegen spricht, dass z.B. *Farmer Giles of Ham* oder *Smith of Wootton Major* zumindest nicht im gleichen Maße allegorisch und auch nicht im gleichen Maße inkohärent sind wie *Leaf by Niggle*. Wie aber lässt sich dessen Nähe zur Allegorie dann erklären, ohne erneut in Widersprüche zu verfallen?

Am ehesten, wenn auch nicht völlig befriedigend, ist es zu sagen, dass *Leaf by Niggle* keine *systematische* Allegorie darstellt (anders als z.B. Lewis' *The Pilgrims Regress*), da die allegorischen Aspekte nur eines von mehreren Strukturmomenten der Geschichte ausmachen. *Leaf by Niggle* hat zunächst einen Startpunkt: nämlich, dass Tolkiens Nachbarin den Baum vor ihrem Haus verstümmelte (L 321). Das ist noch keine Allegorie, sondern eine Inspiration im obigen Sinne – ein Anstoß ohne weitergehenden Einfluss. In die gleiche Kategorie gehört, dass Tolkien mal einen Gärtner namens »Parish« kannte und dieser Name sich gut für die Geschichte eignete (ebd.). Dann gibt es, wie in jeder Erzählung, jede Menge Baumaterial aus Erkenntnissen und verallgemeinerten Erfahrungen über Charaktertypen und -züge und wie die Welt im Allgemeinen. Und dann gibt es eben die beiden allegorischen Ingredienzien: die theologische und die biographische.

Letztere ist optional: Die Geschichte lässt sich ohne Verlust an Kohärenz lesen, wenn man Tolkiens Leben und Charakter gar nicht kennt. Die theologische Ebene, die sich für die Kohärenz der Geschichte als konstitutiv herausgestellt hat, kann man dagegen immer erschließen, solange man mit dem Faktum vertraut ist, dass das menschliche Leben endlich ist. *Leaf by Niggle* würde sich daher auch als katholische Lehr-Erzählung eignen, nicht nur als Verweis auf eine bereits bekannte Metaphysik. Trotzdem bleibt aber auch der theologische Aspekt der Geschichte grob und bezieht sich nur auf wenige klar identifizierbare Elemente. Außer Tod, Fegefeuer und Paradies gibt es nur sehr wenig, was sicher zugeordnet werden kann – oder muss. Es muss z.B. keine theologische Bedeutung für die Nichtanwesendheit des Dachdeckers oder die Gespräche der anderen Dorfbewohner geben, um der Geschichte als solcher Sinn zu verleihen. All das kann sekundärreal geschaffen sein und auch so gelesen werden (wenngleich es anwend*bar* bleibt).

Wie wir anfangs bemerkt haben, werden die allegorischen Linien bald diffus, wenn man über bestimmte zentrale Punkte hinausgeht. Anstatt immer weitere und feinere Parallelenbildung zu erlauben, erschöpft sich die allegorische Kraft von *Leaf by Niggle* schon fast vollständig, wenn man es überhaupt als Allegorie erkennt. Auch die theologische Allegorie fungiert daher als Inspiration: Sie stößt die Geschichte zwar an, aber verliert sich im Dickicht ihres narrativen Eigenlebens.

Diese zunehmende Diffusion anfänglicher allegorischer Anstöße ist wiederum ein typisches Phänomen bei Tolkien. Sie zeigt sich auch in der Entwicklung der *Notion Club Papers* oder des *Silmarillion*. Auch dort begann Tolkien mit eindeutigen Allegorien – hier die Assoziationen zwischen Eressea und England, Kortirion und Warwick, Tavrobel und Great Haywood (LT 1 24f), dort die Zuordnung der Hauptfiguren zu bestimmten Inklings (SD 150) – doch diese eindeutigen Zuordnungen gibt er im Laufe der Ausarbeitungen auf. Was zurückbleibt, ist eine Art Hintergrundrauschen von halb aufgelösten Allegorien, die nicht (mehr) das Mark der Geschichte ausmachen. In den *Notion Club Papers* bleiben die einzelnen Charakterzüge der Inklings erhalten, werden aber neu kombiniert[16,] und auch die späteren Versionen des *Silmarillion* sind noch gespeist von den ästhetischen Erfahrungen der Anfangszeit von Ronalds und Ediths Romanze, aber der Bezug ist ungefährer und nicht mehr eindeutig zuzuordnen.

Die Produkte dieser Entwicklungsprozesse sind der unsystematischen Allegorie in *Leaf by Niggle* sehr ähnlich. In *Leaf* gibt es zwar eindeutig identifizierbare Allegorien, aber auch sie lassen sich nicht weit verfolgen und zerfasern im narrativen Eigenleben der Erzählung. *Leaf* mag daher allegorisch sein, aber es ist nicht wesentlich eine Allegorie. Denn Allegorie ist sie nur hie und da, die sekundäre Realität ist aber in jedem Teil der Geschichte vorhanden und bestimmt diese über weite Strecken, unabhängig von der Logik der Analogie. Dadurch ist *Leaf by Niggle* viel reicher als eine systematische Allegorie und daher auch ausgesprochen anwendbar – sowohl mit als auch gegen die intendierten allegorischen Elemente[17]. Auch Niggle selbst kann Tolkien daher bezeichnen als »meant to be a real mixed-quality person and not an ›allegory‹ of any single vice or virtue« (L 321) – und die Figur ist daher auch nicht (bloß) gleichzusetzen mit ihrem Autor, wenn sie mit diesem einige Gemeinsamkeiten hat.

Die Aussage, dass *Leaf by Niggle* »not really or properly an ›allegory‹« sei, wie Tolkien gegenüber Jane Neave sagt (L 320), ist daher angemessen. Tolkien

---

16 Vgl. »I beg of the present company not to look for their own faces in this mirror. For the mirror is cracked, and at best you will only see your countenances distorted, and adorned maybe with noses (and other features) that yre not your own, but belonging to other members of the company if to anybody« (SD 148f).

17 Anwendbar und im Verhältnis reicher ist letztlich auch jede Allegorie, doch im Allgemeinen ist das Gefälle nicht so groß.

macht es sich natürlich leicht, wenn wer sich gerade an dieser Stelle auf den engen Begriff von Allegorie zurückzieht (vgl. ebd.). Das jedoch tut er ganz unnötigerweise – denn seine Feststellung gilt für den weit gefassten Begriff ebenso. Tolkien kommt es darauf an, das Eigenleben der Erzählung und die unmittelbare Faszination dafür als das allein entscheidende Element herauszustellen. Denn nur im unmittelbaren Zugang liegt der Wert von Literatur – jeder mittelbare Zugang macht Literatur ersetzbar durch das, worüber sie vermittelt ist. Oder, polemischer gesagt: Wenn das Wesentliche an einer Geschichte das wäre, was man mit ihr ausdrücken will, dann könnte man eben das auch gleich hinschreiben – und sich die Geschichte sparen.

Bibliographie:

Adorno, Theodor W. »Der Essay als Form«. *Gesammelte Schriften Bd. 11*. Darmstadt: Wissenschaftliche Buchgesellschaft, 1998, 9-33

Carpenter, Humphrey. *J.R.R. Tolkien – Eine Biographie*. Stuttgart: Klett-Cotta, 1979

---. *The Inklings. C.S.Lewis, J.R.R.Tolkien, Charles Williams and their Friends*. London: HarperCollins, 2006

---. *The Letters of J.R.R. Tolkien*. London: HarperCollins, 1995

Hammond, Wayne G./Scull, Christina. *The J.R.R.Tolkien Companion and Guide. Reader's Guide*. New York: Houghton Mifflin, 2007

---. *The Lord of the Rings. A Reader's Companion*. London: HarperCollins, 2005

Kurz, Gerhard. *Metapher, Allegorie, Symbol*. Göttingen: Vandenhoek und Ruprecht, 2004

Murray, Robert. "Sermon at Thanksgiving Service, Keble College Chapel, 23rd August 1992". *Proceedings of the J.R.R.Tolkien Centenary Conference 1992*. Ed. Patricia Reynolds, Glen H. GoodKnight. Milton Keynes: Mythopoeic Press, 1995

Shippey, Tom. *J.R.R. Tolkien – Author of the Century*. London: HarperCollins, 2000

Spahn, Andreas. »Rationalistische und traditionalistische Hermeneutik«. *Perspektiven Philosophischer Forschung*. Hg. Fabian Geier, Andreas Spahn, Christian Spahn. Essen: Oldib Verlag 2007, 19-41

Tolkien, John Ronald Reuel. "Beowulf and the Critics". *Beowulf and the Critics*. Ed. Christopher Tolkien. London: Allen & Unwin, 1983, 5-48

---. *The Book of Lost Tales I*. Hg. Christopher Tolkien. London: HarperCollins, 2002

---. "Leaf by Niggle". *Tales from the Perilous Realm*. London: HarperCollins, 2002, 119-144

---. "On Fairy-Stories". *Beowulf and the Critics*. Ed. Christopher Tolkien. London: Allen & Unwin, 1983, 109-161

---. *The Lord of the Rings*. New York: Houghton Mifflin, 2004

---. *Sauron Defeated*. Hg. Christopher Tolkien. London: HarperCollins, 2002

Leaf by Niggle/Blatt von Tüftler: eine literaturkritische Untersuchung

Heidi Krüger (Hamburg)

Vorbemerkung

Die Erzählung *Leaf by Niggle* – veröffentlicht Januar 1945 in der *Dublin Review*, geschrieben irgendwann zwischen 1939 und 1943[1] – ist bereits des Öfteren von Tolkienforschern gedeutet worden. Auffallend dabei ist, dass die Ergebnisse nicht sehr stark voneinander abweichen.

In einem ersten Schritt sollen in diesem Essay die methodischen Implikationen, die diesen Deutungen zugrunde liegen, herausgearbeitet werden, um zum einen die Ursache für die Ähnlichkeiten unter ihnen herauszufinden und um zum anderen diese Implikationen, gerade wenn sie stillschweigend oder unbewusst enthalten sind, beschreibbar und so diskutierbar zu machen. In einem zweiten Schritt soll ein alternatives Deutungsmodell vorgestellt werden.

1 Interpretationen von *Leaf by Niggle*

Eine der frühesten Interpretationen stammt von Paul H. Kocher (1972), gefolgt von Randel Helms (1974). Beide befassten sich mit der Erzählung noch zu Lebzeiten Tolkiens (Tolkien starb 1973) und hatten weder die Biographie von Humphrey Carpenter (1977) noch die Briefe Tolkiens (1981) zur Verfügung. Letzteres galt auch für Jane Chance, deren Interpretation erstmalig 1979 erschien, und für Dieter Petzolds kurze Deutung von 1980. Beide – Chance und Petzold – überarbeiteten später ihre Werke, erneuerten aber nicht grundlegend ihre Sicht auf *Leaf by Niggle*. Gleiches gilt für Tom Shippey, der sich bereits 1982 mit dieser Erzählung ausführlich auseinandersetzte und dies im Jahr 2000 noch einmal in ähnlicher Weise tat.

Diese Interpreten sind von mir in der genannten Weise untersucht worden, und ich stelle die wichtigsten Ergebnisse hier in knapper Form vor. Es ist aber zu bedenken, dass keiner von ihnen eine isolierte Deutung geschrieben hat, sondern diese jeweils enthalten ist in einem Buch, das das Gesamtwerk Tolkiens, zu größtem Teil auch seine Person, beschreibt und deutet.

Korrekterweise müsste also die Deutung einer einzelnen Erzählung durch einen Interpreten im Licht seiner Gesamtdeutung Tolkiens dargestellt werden,

---

[1] Zu dem unsicheren Entstehungsdatum siehe 2.2.3.

was aber zum einen aus Platzgründen nicht möglich ist, zum anderen das Anliegen dieses Essays überstiege. Stattdessen werde ich die Interpretationsmuster (hier meist ›Paradigmen‹ genannt) systematisieren und den Interpreten, die sich ihrer bedienen, zuordnen. Das Ziel dabei ist nicht, die Ergebnisse der Interpreten komplett zu beschreiben, sondern die ihnen zugrunde liegenden Implikationen sichtbar zu machen.

1.1 Überblick über die Paradigmen der Interpreten

Den untersuchten Interpretationen liegen fünf Hauptparadigmen zugrunde, wenn auch in unterschiedlicher Akzentuierung und Ausformung:

Außerwerkliche Deutungsmuster:
- Allegorische Deutung
- Autobiographische Deutung
- Christliche oder christlich-katholische Deutung
- Deutung von *Leaf by Niggle* als Illustration des Aufsatzes *On Fairy-Stories*

Innerwerkliche Deutungsmuster:
- Erzählerstimme = Tolkiens deutende Stimme

Diese fünf Paradigmen stehen bei den Interpreten untereinander in Beziehung, besonders verflochten miteinander sind die ersten drei: Die Grundentscheidung ist deutlich die, das Werk allegorisch zu deuten. Angewandt wird der allegorische Gedanke dann sowohl auf die Biographie Tolkiens als auch auf die christliche bzw. christlich-katholische Lehre.

Im Folgenden fasse ich die Begründungen zusammen, die seitens der Interpreten für die Wahl der einzelnen Interpretationsmuster ausschlaggebend waren:

1.2 Begründungen für die Wahl der Paradigmen

1.2.1 Allegorische Deutung und ihre Begründungen

Der Begriff ›Allegorie‹ ist bekanntermaßen ein Reizwort innerhalb der Tolkien-Community, und so findet man bei fast jedem Interpreten, der ein Werk von Tolkien allegorisch deuten möchte, eine Art Rechtfertigung, weshalb er das tut, obwohl Tolkien vielfach seine Allergie gegen allegorische Deutung kundgetan hat.

Helms (73) weist auf den *Beowulf*-Aufsatz hin, in dem Tolkien eine Allegorie geschrieben habe – die bekannte Turm-Allegorie (BMC 7f) –, und Helms schließt, Tolkien habe sein Leben lang die Allegorie als legitimes Mittel der Literaturkritik angesehen. Die Begründung aber dafür, dass darum auch zwei literarische (also nicht literatur**kritische**) Werke – *Leaf by Niggle* und *Smith of Wootton Major* – allegorische seien, fehlt.

Petzold begründet seine Sicht damit, dass es »nicht schwer zu erkennen« sei, dass es sich bei *Leaf by Niggle* um eine Allegorie handele. Er ordnet das Werk in die Tradition des mittelalterlichen Moralitätenspiels ein (*Fantasy* 58).

Shippey wiederholt das Argument von Helms und betont wie er, Tolkien habe die Allegorie mehrfach in seinem akademischen Leben benutzt, gibt aber auch nur das Turm-Beispiel. Zusätzlich begründet er, weshalb *Leaf by Niggle* eine Allegorie sei, folgendermaßen: Bereits der erste Satz in *Leaf by Niggle* wecke in jedem Kenner des Angelsächsischen die Assoziation des ersten Satzes von *Bede's Death-Song*[2]; und weil dieser vom Tod handele, tue dies also auch *Leaf by Niggle*. Und so sei die Erzählung eine Allegorie auf den Tod. (*Road* 43).

Kocher und Chance sehen ebenfalls das Werk als allegorisch an; ersterer ohne ausdrückliche Begründung, während Chance (85) gleich Petzold[3] als Begründung eine Genrebezeichnung angibt: Sie bezeichnet *Smith of Wootton Major* und *Leaf by Niggle* als »Christian Parable« und sieht hier die gleichen Prinzipien angewandt wie z.B. in *Ancrene Wisse*[4].

1.2.2 Autobiographische Deutung und ihre Begründungen

Dass *Leaf by Niggle* autobiographisch sei, wird von allen fünf Interpreten als selbstverständlich vorausgesetzt. Da gleichzeitig die Erzählung als Allegorie gesehen wird, bestehen die Begründungen, allgemein gesehen, darin, dass Parallelen zwischen Aussagen im Werk und Ereignissen im Leben Tolkiens (konkreter, literarischer und wissenschaftlicher Art) behauptet werden.

---

2   *Bede's Death Song*, 5-zeiliges Gedicht in angelsächsischer Sprache, geschrieben evtl. von dem Benediktinermönch Beda (ca. 673-735), Übersetzung der »Northumbrian version« ins moderne Englisch von Richard Hamer,
   http://syllabus.syr.edu/ETS/pamoody/ets333/projects/heroux/bedee.htm:
   Fore ðaem nedfere nenig wiorðeð / ðonosnottorra ðon him ðearf riae / to ymbhycgenne aer his hinionge / hwet his gastæ godes oððe yfles / ester deaðdege doemed wiorðe.
   Before the journey that awaits us all, / No man becomes so wise that he has not / Need to think out, before his going hence, / What judgment will be given to his soul / After his death, of evil or of good.
   Vergleiche damit die ersten drei Sätze von *Leaf by Niggle*: »There was once a little man called Niggle, who had a long journey to make. He did not want to go, indeed the whole idea was distasteful to him; but he could not get out of it. He knew he would have to start some time, but he did not hurry with his preparations.«
3   Vgl. Genaueres unter 2.1.
4   Tolkien hat *Ancrene Wisse*, einen mittelenglischen religiösen Text vom Beginn des 13. Jh., 1962 editiert, 1929 einen Artikel darüber geschrieben.

Für Kocher, Helms und Shippey vor allem ist dabei das Vorwort Tolkiens zu der ersten Ausgabe von *Tree and Leaf* im Jahr 1964[5] von zentraler Bedeutung, und zwar aufgrund folgender Angaben:

1. Der Aufsatz *On Fairy-Stories* und die Erzählung *Leaf by Niggle* entstammten beide dem Zeitraum 1938/39.
2. Beide Werke seien geschrieben worden, als Tolkien seinen Roman *The Lord of the Rings* bis Bree vorangetrieben habe und nun nicht mehr über Gandalf und Streicher wusste als die Hobbits: »And I had begun to despair of surviving to find out.«
3. Beide Werke seien durch die Symbole ›Baum‹ und ›Blatt‹ und durch das Thema ›sub-creation‹ miteinander verwandt.
4. Es habe vor Tolkiens Schlafzimmer eine Pappel gegeben, die niedergehauen worden sei: »It was suddenly lopped and mutilated by its owner, I do not know why. It is cut down now, a less barbarous punishment for any crimes it may have been accused of, such as being large and alive. I do not think it had any friends, or any mourners except myself and a pair of owls« (TL vi).

Aus 1. und 2. wird geschlossen, dass Tolkien sich bei der Niederschrift der Erzählung in einer akuten Schaffenskrise befand, sich dem Tode nahe sah und deshalb sein Ebenbild – Niggle – sterben und den Zustand nach dem Tod erleben lässt. 4. dient als Nachweis, dass zwischen Leben und Werk klare Verbindungen existieren. 3. scheint darauf hinzuweisen, dass mit den Blättern und dem Baum das bisherige Werk Tolkiens gemeint ist und Tolkien also über sein eigenes Werk schreibt.

Ohne ausdrücklichen Bezug auf das genannte Vorwort sehen Petzold und Chance in Niggle ein Selbstportrait Tolkiens, weil sie Ähnlichkeiten zwischen Niggle und Tolkien – vor allem in ihrer Pedanterie – ausgemacht haben.

1.2.3 Christliche oder christlich-katholische Deutung

Dass *Leaf by Niggle* christlich zu deuten sei, wird von keinem der Interpreten begründet; es wird vorausgesetzt bzw. als natürliche Folge der ersten beiden Paradigmen gesehen. Da – nach Shippey – bereits der erste Satz stark an *Bede's Death-Song* erinnere, könne das Motiv der Reise in Tolkiens Erzählung nur die Reise in den – christlich verstandenen – Tod, das Arbeitshaus nur das (katholische) Purgatorium sein. Laut Helms – ähnlich wie Petzold – kommt Niggle ins Fegefeuer, weil sein Ebenbild – Tolkien – katholisch gewesen ist. Chance geht grundsätzlich von der Prämisse aus, dass Tolkien in seinem Werk

---

5 Das Vorwort Tolkiens zu der Erstauflage von 1964 ist in den späteren Ausgaben als Teil des ›Preface‹ (von Christopher Tolkien) abgedruckt.

philosophische und theologische Ideen umsetzt. Die Geschichte dramatisiere das römisch-katholische Sakrament der Buße und Beichte (86).

1.2.4 Deutung als Illustration des Aufsatzes *On Fairy-Stories*

Wie in 1.2.2 schon erwähnt, schließen die entsprechenden Interpreten aus der Tatsache, dass Tolkien zwischen dem Aufsatz und der Erzählung Gemeinsames sieht, dass beide Werke das Gleiche mit verschiedenen Mitteln ausdrücken. Das heißt, die Erzählung sei eine Umsetzung der im Essay entwickelten Thesen in das Medium der fiktionalen Dichtung. Konkret bedeutet das, dass die Theorien über die Faerie und das Verhältnis von Primärwelt und Sekundärwelt in der Erzählung illustriert wurden.

Petzold ist dabei der Vorsichtigste: Er räumt ein, die Erzählung als Ganzes sei nicht auf die Funktion der Illustration theoretischer Resultate reduzierbar (*Leben* 48). Helms hingegen meint, beide Werke reden von ziemlich genau den gleichen Dingen (73).

1.2.5 Erzählerstimme = Tolkiens deutende Stimme

Dass die Erzählerstimme das Geschehen im Sinne Tolkiens deutet, also die ›Moral der Geschichte‹ dem Leser ständig erläutert, wird von den Interpreten, die dies voraussetzen, nicht begründet und nicht hinterfragt. Einzig Jane Chance (obwohl sie entschiedener als alle anderen die Erzählung auf christlicher Basis deutet) löst sich von der Erzählerstimme und untersucht zumindest in einzelnen Fällen den Text selbst.

Daher kommt es – unter anderem –, dass Kocher, Helms, Petzold und Shippey in ihren Deutungen fast austauschbar sind, während Chance aufgrund der Textanalyse zumindest partiell zu individuellen Lösungen findet.

1.3 Zusammenfassung der Begründungen

Allegorische Deutung
Begründet wurde die Notwendigkeit, diese Erzählung allegorisch zu deuten, damit, dass
- Tolkien in einem Aufsatz eine Allegorie benutzt habe.
- das Genre es erfordere.

Autobiographische Deutung
Begründet wurde die Auffassung, dass hier eine autobiographische Erzählung vorliege, damit, dass
- Parallelen zwischen Werk und Ereignissen in seinem Leben ausgemacht wurden.

Konkret hieße das:
- Tolkien habe sich zur Zeit der Niederschrift in einer akuten Schaffenskrise befunden und diese in der Erzählung beschrieben.
- Er habe geglaubt, der Tod stehe nahe bevor, und habe darum die Reise in den Tod und das Leben nach dem Tod beschrieben.
- Die Eigenschaften, die die Hauptfigur Niggle besitze, seien haargenau die, die auch Tolkien besitze; darum habe er sich in dieser Figur selbst dargestellt.

Christliche oder christlich-katholische Deutung
Dass hier eine christliche oder christlich-katholische Erzählung vorliege, wurde begründet damit, dass
- Tolkien selbst katholisch gewesen sei.
- das Arbeitshaus an ein Purgatorium erinnere.

Deutung als Illustration des Aufsatzes *On Fairy-Stories*
Begründet wird diese illustrierende Funktion der Erzählung durch
- Tolkiens Vorwort
- ähnliche Symbolik (Baum und Blatt)
- ähnliches Verhältnis zwischen Primärwelt und Sekundärwelt

Erzählerstimme = Tolkiens deutende Stimme
Begründet wurde dies nicht, sondern stillschweigend vorausgesetzt.

1.4 Außerwerkliche und innerwerkliche Deutungsmuster

Bevor ich die eben in 1.2 und 1.3 aufgeführten Begründungen für die gewählten fünf Paradigmen bewerten, auswerten und ihnen methodische Alternativen entgegenstellen kann, muss ich noch erläutern, welche Bedeutung die beiden in 1.1 erwähnten allgemeinen Deutungsmuster ›außerwerklich‹ und ›innerwerklich‹, denen ich die fünf Paradigmen zugeordnet habe, für die Auswertung haben.

1.4.1 Außerwerkliche Deutungsmuster – die ersten vier Paradigmen

Unter ›außerwerklich‹ verstehe ich ein Doppeltes: Zum einen werden die Deutungen nicht aufgrund von Textanalyse erst erarbeitet, sondern die Schemata stehen schon vor der Textanalyse fest und werden wie ein Raster über den Text gelegt. Zum zweiten – und dies ist die Ursache für das Erste – geht es, wenn diese Ansätze konsequent zu Ende gedacht werden, letztlich nicht um ein Verstehen des Werkes, sondern um das Verstehen außerwerklicher Dinge wie der Person des Autors oder des Wesens des katholischen Christentums.

Im ersten Fall ist der Text lediglich Material für das Verstehen einer konkreten Psyche, im zweiten Fall für die Auslegung einer religiösen Lehre.

Diese Methodik ist der Literaturwissenschaft, war aber auch Tolkien wohlbekannt. Den *Beowulf*-Interpreten warf Tolkien vor, dass sie das Gedicht nicht als Gedicht lasen, nicht als ein Werk der Kunst, sondern es stattdessen als Steinbruch für Fakten nutzten (Turmbeispiel! BMC 5-8). Die Literaturwissenschaft achtet heute größtenteils darauf, dass die Interpretationsschemata hinterfragt und in ihren Implikationen offen dargelegt werden, da sie andernfalls subjektive Botschaften mittels einer Scheinobjektivität manipulierend ins Spiel brächten.

Besonders eindeutig ist hier Terry Eagleton in seinem weit verbreiteten Werk *Einführung in die Literaturtheorie*. Unter anderem in marxistischer Literaturtheorie wurzelnd, sieht Eagleton Ideologiekritik als entscheidendes Instrument an, um solche nicht als subjektiv deklarierten Botschaften in ihrer manipulierenden – und vor allem Macht ausübenden – Tendenz sichtbar zu machen. Und es wird zu zeigen sein, dass die angewandten Interpretationsschemata innerhalb der hier besprochenen Erzählung von Tolkien genau dies tun: Macht zu rechtfertigen.

1.4.2 Innerwerkliches Deutungsmuster – das fünfte Paradigma

Als ›innerwerkliches‹ Deutungsmuster bezeichne ich hier eine Methode, die sich zunächst mit dem Werk selbst als literarischem befasst und dessen immanente Struktur – so, wie sie sich dem Interpreten darstellt – beschreibt. Dafür gibt es bei den fünf erwähnten Tolkienforschern so gut wie keine Beispiele.

Mit Ausnahme von Chance, die die Beziehung zwischen Niggle und Parish am Text selbst studiert, interessieren sich die anderen Deuter für solche Bezüge nicht, da ihre Methodik von ihnen verlangt, für jedes einzelne Textelement eine außerliterarische Entsprechung – im Leben Tolkiens oder in der katholischen Lehre – zu suchen. Dass die Textelemente zueinander in einem Spannungsgefüge stehen und eine Komposition darstellen, kommt nicht in den Blick.

Nur die Erzählerstimme als einzig innerwerkliches literarisches Mittel wird für die Deutung genutzt – aber, vom Standpunkt der Literaturtheorie aus gesehen, auf vortheoretische Weise. Dass der Erzähler ebenfalls eine literarische Figur ist und nicht identisch mit dem Autor selbst, ist literaturtheoretisch seit langem erfasst. Nur in einem echten Lebensbericht ist der Erzähler identisch mit dem Autor. In einem fiktionalen Text aber ist der Erzähler fiktiv und ist nicht automatisch die verkleidete Stimme des Autors.

Die Erzählerstimme in *Leaf by Niggle* ist eine moralische Instanz, die Niggles Verhalten bewertet. Die fraglose Identifikation dieser Stimme mit Tolkiens Bewertung dieser Figur und damit der einzig richtigen Aussage der Erzählung setzt den Kunstcharakter außer Kraft und reduziert sie auf eine illustrierte Predigt mit feststehender Botschaft. Damit wird wie in den ersten vier Paradigmen eine ideologische Deutung manifestiert, die keinen Spielraum zulässt und mit dem scheinbaren Autor in Konjunktion den Stab über ein bestimmtes Verhalten bricht. Auch hier wird der Inhalt des Textes als Machtinstrument über menschliche Verhaltensformen etabliert.

2 Diskussion und Vertiefung zentraler Deutungsmomente

2.0 Die Implikationen der Begründungen und Kritik – Übersicht

Nachdem ich die von den Interpreten benutzten Paradigmen in ihrer grundsätzlichen Problematik skizziert habe, komme ich auf die konkreten Begründungen zurück, die ich bei den Interpreten für ihre Wahl der Interpretationsmuster gefunden habe, und untersuche sie im Folgenden auf die Stichhaltigkeit ihrer Prämissen.

Einige dieser Begründungen allerdings werde ich nicht kommentieren, da sie gar keine Begründungen sind.

Keine Begründungen:
- Weil es die Turm-Allegorie gebe, müsse auch *Leaf by Niggle* eine Allegorie sein.
- Weil in *Bede's Death-Song* die Reise der Tod bedeute, müsse die Reise auch bei *Leaf by Niggle* der Tod sein.
- Weil Tolkien Katholik sei, müsse auch Niggle Katholik sein und in eine katholische Hölle kommen.

Folgende Begründungen werde ich in einzelnen Abschnitten kommentieren:
- Die allegorisch-christliche Deutung sei vom Genre her gefordert (2.1).
- Das Werk spiegele das Leben Tolkiens (2.2).
- Tolkien habe aus einer Schaffenskrise und aus naher Todeserwartung heraus das Werk geschrieben.
- Niggle sei identisch mit Tolkien (2.2.2).

Auf folgende noch übrig gebliebene und zentrale Deutungskomplexe werde ich eingehen, während ich (leider auch hier nur in einigen prägnanten Strichen möglich) *Leaf by Niggle* in Kapitel 3 literaturkritisch untersuche:
- Das Verständnis der „Reise"
- Das Arbeitshaus

- Die Funktion der Erzählerstimme
- Das Verhältnis zwischen Primärwelt und Sekundärwelt

2.1 Bestimmung des Genres bzw. der Gattung

Wie stark die Interpretation eines Werkes davon abhängt, welches Genre oder welche Gattung ihm zugeordnet wird, ist folgendem Satz Dieter Petzolds zu entnehmen:

> Dass es sich bei *Leaf by Niggle* um eine Allegorie handelt, ist nicht schwer zu erkennen. Als solche besitzt sie einen relativ eng umrissenen Bedeutungsgehalt, der durch eine Art ›Übersetzung‹ der einzelnen Momente erschließbar ist. Es ist daher nur natürlich, dass sich die Deutungen, die Kocher und Helms geliefert haben, in den wesentlichen Punkten decken. Aus unserer Sicht ist ihnen nicht viel hinzuzufügen. (*Fantasy* 58)

Hier wird die Haupterklärung dafür geliefert, weshalb sich die Interpretationen alle so sehr ähneln: Die Erzählung wird in die Tradition mittelalterlicher Genreformen wie dem morality play und der christlichen Parabel eingeordnet, und es wird ihr damit die christlich-allegorische Deutung wie ein Panzer verpasst: Ein Kunstmaler stirbt, durchläuft im (katholischen) Jenseits das Purgatorium (den Läuterungsprozess) und geht geläutert weiter.

Aber die Erzählung selbst thematisiert das Christentum gar nicht. Auch erzwingt sie nicht die allegorische Deutung. Und ebenso wenig erzwingt sie automatisch in ihrem ganzen Habitus die Identifikation mit mittelalterlich-christlicher Literatur.

Was die Interpreten in ihrer Deutung gänzlich ausgelassen oder übersehen haben (lediglich Petzold weist mit einem Satz darauf hin), ist die moderne Form, der moderne Stil, die moderne Struktur der Erzählung (z.B. sichtbar in dem unterkühlten Schreibduktus und dem offenen Schluss). Diese Komponenten sind erst im 20. Jahrhundert entstanden, drücken sein Lebensgefühl aus und waren im Mittelalter noch gar nicht möglich.

Es ist zwar richtig, dass die Parabel im Mittelalter und auch schon in der Antike als literarische Form benutzt wurde. Aber es war nicht Tolkien allein, der sie im 20. Jahrhundert wiederbelebt, erneuert und ihr neue Aussageweisen für akute Fragestellungen abgewonnen hat: Es waren auch Franz Kafka, Eugène Ionesco, Samuel Beckett, Max Frisch, Friedrich Dürrenmatt, Bert Brecht, Harold Pinter und viele andere. Siehe dazu:

»In der mod. Lit. wird die Parabel vielfach zur einzig möglichen Aussage menschlicher Befindlichkeit« (Wilpert 549) und

»Im 20. Jh. wurde der Gattungsbegriff der P.[arabel] formal erweitert: Sie ist nicht mehr nur Trägerin einer Lehre, sondern wird zum künstlerischen Gestaltungsprinzip. Einen offenen Charakter hat die P.[arabel] bei F. Kafka.«[6]

Quintessenz:
Die moderne Parabel hat die Möglichkeit eröffnet, Fragen der menschlichen Existenz aufzuwerfen und zu skizzieren, ohne die Antworten vorzuprogrammieren. Sie ist eine offene Form und verlangt nach keiner eindeutigen und ausschließlichen Deutung.

2.2 Verhältnis Leben und Werk

2.2.1 Verschiedene Positionen

Es scheint für sehr viele Leser reizvoll, in den Werken eines Autors dessen Psyche und persönliche Probleme herauszulesen. Mitunter besteht sogar das Bedürfnis, den Moment zu rekonstruieren, in dem der Autor zur Feder griff und losschrieb: Was mag er da gedacht, was mag er gefühlt, was mag er gewollt haben?

Ob dies überhaupt möglich ist, ist die eine Sache. Ob die Klärung oben genannter Fragen zum Verständnis des Textes beiträgt, eine zweite.

Wie in diesem Essay öfter erwähnt, sind sich die hier vorgestellten Interpreten darin einig – wenn auch mit unterschiedlicher Akzentuierung –, dass *Leaf by Niggle* bereits von Haus aus eine autobiographische Erzählung sei. Belegt wurde dies vor allem durch den Hinweis, dass das Geschehen in der Erzählung stets das Geschehen in Tolkiens Leben widerspiegele.

Das ganz Spezielle bei dieser Auffassung ist, dass man nach dieser Methode durch die Erzählung nichts über Tolkien erfährt, was man nicht schon vorher weiß – denn man muss ja erst durch außerliterarische Dokumente davon in Kenntnis gesetzt werden, dass es diese biographischen Details gab, die man dann in der Erzählung identifizieren will.

Shippey kann nur dadurch die Bedeutung des vernachlässigten Gartens identifizieren, weil er weiß, dass Tolkien in den Augen der Professorenschaft zu wenig Akademisches produziert hat, kann nur darum das *Leaf* mit dem *Hobbit* gleichsetzen, weil er zu wissen meinte, dass der *Hobbit* das erste Werk Tolkiens war. Als er von noch früheren Werken erfuhr, musste er seine Theorie revidieren.

---

6   *Harenberg Weltlexikon Band 4*, zitiert aus: http://www.teachsam.de/deutsch/d_literatur/d_gat/d_epik/txtsor/epi_klein/para/par_txt_4.htm

Heidi Krüger

Die in diesem Sinne autobiographische Methode taugt also weder dazu, etwas Neues über den Autor im Text zu erfahren, noch dazu, Erkenntnisse anderer Art mittels des Textes zu haben. Dieses Votum gilt allerdings nur dann, wenn man die autobiographische Methode konsequent anwendet – was selbst Shippey nicht gelingt, obwohl er jedes erzählerische Detail im Leben Tolkiens aufzuspüren sich bemüht. Es kann allein schon deshalb nicht gelingen, weil mit der vorausgesetzten Identität von Reise = Tod und Niggle = Tolkien Tolkien ja niemals über seinen eigenen Tod und die Erlebnisse im Jenseits hat schreiben können.

Die vielleicht entschuldigende Aussage, Tolkien sei ja nicht wirklich gestorben und beschreibe dies autobiographisch, sondern schildere lediglich seine Angst davor autobiographisch, baut aber die Barriere klar auf: Die Reise kann dann nicht ins Jenseits führen, sondern nur in das eigene Innere. Und dann hat auch kein Tod stattgefunden, sondern die Erforschung der eigenen Psyche im Diesseits.

Und selbst dies ist noch die Frage. Stellen Autoren nur immer sich selbst dar? Ist die Tatsache, dass in ihren Erzählungen Reminiszenzen an ihr Leben auftauchen, ein Beweis, dass die Intention die Selbstdarstellung ist? Thomas Mann schreibt: »Wer ist ein Dichter? Der, dessen Leben symbolisch ist. In mir lebt der Glaube, dass ich nur von mir zu erzählen brauche, um auch der Zeit, der Allgemeinheit die Zunge zu lösen, und ohne diesen Glauben könnte ich mich der Mühe des Produzierens entschlagen« (34).

Es ist also möglich, die Erfahrungen mit sich selbst nur als Ausgangssubstanz zu nutzen, um daran Phänomene allgemeinerer Natur – der Kultur, der Gesellschaft, des menschlichen Verhaltens etc. – zu studieren und in einer ›gereinigten‹ Form als Erzählung zu präsentieren.

2.2.2 Niggle = Tolkien

Dass mit Niggle ein Selbstportrait Tolkiens geschaffen wurde, wird zumeist daran festgemacht, dass bereits das Wort »Niggle« auf eine Eigenschaft hinzuweisen scheint, die auch Tolkien besessen haben soll: Pedanterie, Nörgeligkeit, Detailbesessenheit.

Niggle wurde mit seinem Werk nicht fertig, Tolkien wurde auch mit so vielem nicht fertig. Die Ursache scheint bei beiden gleich zu sein: Verzettelung in belanglose Details, die immer wieder geändert werden. Im Text erfahren wir über Niggle aber: »He used to spend a long time on a single leaf, trying to catch its shape, and its sheen, and the glistening of dewdrops on its edges« (TL 94).

Es handelt sich also nicht um Verzettelung in belanglose Details. Wir lesen von einer sehr meditativen Weise des Malens, einem Hingegebensein an den

Versuch, die Schönheit der Natur malerisch adäquat zu erfassen. Dies erinnert an die Malerei des japanischen ZEN, in dem nach der alten Schule jedes tief erfasste und gestaltete Blatt ein weiteres Blatt in der Schöpfung ist.

Niggles Auffassung von Kunst steht diametral der Kunstauffassung fast aller anderen Figuren gegenüber, und allein dies deutet auf einen Grundkonflikt hin, der zwar durch die Reibung des konkreten Künstlers Tolkien an der Kultur, in der er lebt, erlebt worden sein mag (aber nicht muss), auf jeden Fall aber weit über das Private hinausragt und ein Grundphänomen und -problem unserer Kultur fixiert und durchleuchtet.

Der Name »Niggle«, der scheinbar auf ein rein privates Problem Tolkiens – das der Unorganisiertheit – hindeutet, kann, wie so vieles in der Erzählung, aus der Perspektive der »anderen« (zu denen auch die Erzählerstimme gehört, wie noch gezeigt werden wird) stammen. Für die anderen ist Niggle ein Taugenichts, weil er sich zu tief in seine Kunst versenkt, statt eine vernünftige und angepasste Karriere zu planen. Für sie ist er ein »Niggle«.

2.2.3 Schaffenskrise

Dass Tolkien sich in der Zeit der Niederschrift von *Leaf by Niggle* in einer akuten Schaffenskrise befunden und außerdem befürchtet habe, in naher Zukunft zu sterben (und darum diese Erzählung geschrieben habe), wird als fast stehender Topos benutzt, und doch hat er keine wirkliche Basis.

Zum einen ist die Entstehungszeit der Erzählung unklar, denn Tolkien hat sich widersprochen. Seine Angabe im Vorwort zu *Tree and Leaf*, das Werk sei 1938/39 entstanden, hat er 1964 gemacht, also rund 20 Jahre nach Veröffentlichung. Zwei Jahre vorher, 1962, gab er ebenfalls 1939 an, mit der (scheinbar) klaren Erinnerung, 1940 die Geschichte seinen Freunden vorgelesen zu haben (L 320, # 241). Aber im Jahr 1945 – dem Jahr der Veröffentlichung – gab er 1943 oder 1942 an (L 113, # 98). Hammond/Scull verweisen weiterhin auf eine von Tolkien im April 1943 geschriebene Postkarte, auf der er April 1942 als Entstehung der Erzählung angibt (494).

Die Wahrscheinlichkeit, dass das Datum 1938/39 und damit auch das gleichzeitige Entstehen von *On Fairy-Stories* und *Leaf by Niggle* ein Irrtum ist, ist also sehr hoch. Zumindest Petzold und Shippey haben bei ihren Neuauflagen die Briefe gekannt – aber von dem Topos »Schaffenskrise« sind sie nicht abgerückt.

Zum anderen gilt es Folgendes zu bedenken: Laut mehrmaligem – und in dem Fall stets gleichlautendem – Bericht Tolkiens ist er mit der kompletten Geschichte im Kopf aufgewacht und hat sie sofort fast ohne Korrekturen in wenigen Stunden niedergeschrieben. Er wird also selbst kaum gewusst haben, was sie bedeutet, und seine mentale oder psychische Beschaffenheit an diesem Tag oder in dieser Nacht ist nicht mehr rekonstruierbar.

Auch ist Anlass einer Geschichte nicht identisch mit Bedeutung der Geschichte – selbst Zahnschmerzen können dazu inspirieren, über das Leid der Menschheit zu schreiben, ohne dass es eine Geschichte über schlechte Erfahrung mit einem Zahnarzt werden muss. Und ist dieser Satz aus dem genannten Vorwort »And I had begun to despair of surviving to find out« tatsächlich Ausdruck eines tief verzweifelten, sich dem Tode nahe wähnenden Menschen? Kann es nicht einfach nur heißen: »Ich glaube nicht, dass ich in diesem Leben noch mal eine Lösung finde«?

Dass es sich in der Erzählung um eine Künstlerproblematik handelt, glaube allerdings auch ich. Davon erzählt der Text. Aber er ist vielschichtig, und es wird mehrere Deutungsmöglichkeiten geben, vielleicht sogar viele – wenn man erst einmal darauf verzichtet, ihn nach vorprogrammiertem Muster zu ›übersetzen‹.

3 Blicke auf die Erzählung

Eine meiner wesentlichen Voraussetzungen in der Betrachtung literarischer Werke ist das Bewusstsein, dass wir in eine durch literarische Mittel erzeugte Welt eintreten, also in einen Kunstraum, dessen Beschaffenheit wir erst einmal untersuchen müssen. Natürlich gibt es in ihm Assoziationen mit unserer normalen Welt, denn Schriftsteller leben ja in dergleichen Innen- und Außenwelt wie wir. Aber mithilfe der künstlerischen Mittel wird eine ungewohnte Perspektive erzeugt – man denke nur an Bilder von Pablo Picasso oder Salvador Dalí –, durch die an unserer Welt, so wie wir sie gewohnt sind zu sehen, ganz neue Seiten sichtbar gemacht werden.

Was in diesem Kunstraum existiert, kann nur dort leben, ist Teil von ihm. Es werden dort Wörter benutzt, die auch in unserer Alltagswelt benutzt werden, aber sie haben dort eine neue Funktion bekommen, eine zusätzliche Aura. Sie können weder aus diesem Raum heraus, ohne ihren Charakter zu verändern, noch kann etwas in diesen Raum hinein, das nicht von ihm verändert wird. Das ist zentral, und darum hat auch die »Reise« in der Erzählung *Leaf by Niggle* eine Eigentümlichkeit, die nur diesem Kunstraum vorhanden ist und die man erst herausfinden muss.

3.1 Eine alternative Lesart

Es gibt viele Lesarten, und es soll viele geben. Ich stelle hier eine in Grundzügen vor, die daraus erwachsen ist, dass ich hinter der Erzählung eine literarische Konzeption wahrzunehmen meine, die vielleicht nicht in Tolkiens strukturierendem Bewusstsein war, die aber sein literarischer Instinkt dennoch realisiert hat.

Es gibt Schriftsteller, die ihr Konzept und ihre Intention vor Schreibbeginn festlegen, andere, die die Konzeption während des Schreibens entwickeln und überhaupt erst entdecken. Zu letzteren zähle ich Tolkien; und bezüglich *Leaf by Niggle* gilt dies noch mehr, da er ja – wenn wir seinen Worten glauben – die Geschichte in wenigen Stunden niedergeschrieben und danach kaum noch etwas verändert hat.

Die literarische Konzeption, die ich hinter der Erzählung sehe, ist eine offene, keine geschlossene. Ich sehe keine fertige und abgeschlossene Botschaft, sondern Spots auf Problemfelder, die zwar zusammenhängen, auch Fragekomplexe gebündelt thematisieren, aber sie nicht wie eine mathematische Aufgabe lösen, sondern eigentlich nur fokussieren. Das wäre dann eine starke Gemeinsamkeit mit der modernen Parabel – vor allem der von Franz Kafka – und der modernen Kurzgeschichte, denen endgültige Antworten suspekt sind und die es vorziehen, das Rätsel oder die Krankheit des akuten Lebens sichtbar zu machen.

3.1.1 Aufbau der Erzählung

Grob gesprochen, zerfällt die Erzählung deutlich in zwei Teile: Das Leben Niggles in seiner normalen Welt bis zu seiner Reise (A) und das Leben Niggles ab der Reise bis zum Unterwegssein in einer anderen Welt (anderen Welten) (B).

Die Reise ist das Gelenk zwischen den beiden Welten, und sie ist als Motiv allgegenwärtig seit dem ersten Satz, da sie wie ein Damoklesschwert über allem Geschehen hängt. Sie muss gemacht werden, man kann ihr nicht entgehen.

Der erste Teil (A) macht ein gutes Drittel des Gesamttextes aus. Der zweite Teil ist aber noch weiter untergliedert gemäß den Stationen, an denen Niggle sich aufhält: Arbeitshaus (B1), Aufenthalt in seinem (imaginierten) Bild (B2), Orte nach Verlassen des Bildes (B3).

Unterstützt und weiter untergliedert werden diese Etappen durch die handelnden Personen. Hauptperson ist natürlich Niggle, anwesend in allen Szenen (mit Ausnahmen von b und c, siehe unten). Sein Gegenpart ist Parish. In der normalen Welt (A) ist er Niggles Nachbar und durch seine vielen Bitten um Hilfe mit daran Schuld, dass Niggle seine künstlerische Arbeit nicht fertig bekommt. In B2 begegnen sie einander wieder, und das Verhältnis zwischen den beiden verändert sich grundlegend: Sie werden Freunde und arbeiten zusammen.

Eingeblendet in diese Abschnitte sind drei hörspielartige Szenen:
a) Eingeblendet in B1: Zwei Stimmen verhandeln über das weitere Schicksal Niggles – Niggle hört mit.
b) Eingeblendet in B3: Drei Männer diskutieren über Nutzen und Unnutzen der Künstlerschaft Niggles – Niggle ist nicht dabei.

c) Ebenfalls eingeblendet in B3: Die beiden Stimmen von B1 diskutieren über das Landschaftsgebiet, das Niggle und Parish während ihres Aufenthaltes in dem Bild bearbeitet haben.

Weiterhin ist die Erzählung angereichert mit einer Reihe von Figuren, die stereotypischen Charakter tragen und durch ihre Rätselhaftigkeit und Undurchschaubarkeit sozusagen das Salz in der Suppe ausmachen:

Da sind der Inspektor und der Chauffeur, der Schaffner und der Schäfer, und dazu gehören im Grunde auch die Personen der ›Hörspiele‹. Sie alle treten nur einmal oder höchstens zweimal auf und machen eher eine surreale denn reale Komponente aus. Durch ihr Auftauchen verändern sie die Handlung entweder stark oder deuten sie massiv.

Die einzige weibliche Person übrigens in diesem ganzen Männerarsenal ist die Frau von Parish, und sie hat fast keine andere Funktion als die, krank zu sein und in B2 durch ihre Abwesenheit Parish zu veranlassen, auf sie zu warten statt mit Niggle zusammen nach B3 zu gehen.

3.1.2 Die normale Welt

Es sind die Kleinigkeiten im Text, die uns darauf aufmerksam machen, dass Niggles Welt eine verfremdete Welt ist, fast eine absurde. Vor allem sind da die seltsamen strengen Gesetze, die in dem Land herrschen: Im Garten darf kein Unkraut wachsen, sonst droht der Besuch des Inspektors; und das Lebenswerk eines Kunstmalers darf zur Dachreparatur genutzt werden, wegen der Leinwand. »But houses come first. That is the law«, sagt der Inspektor (LN 101).

Die Gesetze des Landes erstrecken sich auch auf die Handlungen der Bürger: Künstlerische Arbeiten müssen eingestellt werden, wenn Bürger- oder Nachbarspflichten rufen (und seien sie noch so unsinnig). Sie erstrecken sich sogar auf die Gefühle der Bürger: Das Einstellen der künstlerischen Arbeiten darf nicht bejammert, die Nachbarspflichten müssen freudig und ohne Bedauern erledigt werden. Die Überwachung dieser Gefühle ist subtil und wird im Fall Niggle von der Erzählerstimme vorgenommen. Sie deckt kommentierend diese Verhaltensweisen auf; und die Adresse, an die diese Kommentare gerichtet sind, ist nicht der Leser, wie man glauben könnte, sondern, wie sich später herausstellt, das Gericht, das im Arbeitshaus (B1) über Niggle urteilt und Protokolle vorliegen hat, die genauso klingen wie die Kommentare der Erzählerstimme.

Die Welt, in der Niggle lebt, ist also eine kunstfeindliche und zwar bis ins Absurde gesteigert. Die Bedrohung kommt von außen (Inspektor), aber sie kommt auch von innen (Erzählerstimme). Diese Konstellation und die daraus erwachsene Problematik ziehen sich bis an das Ende der Erzählung durch. Sie sind – in meiner Lesart – der rote Faden.

3.1.3 Der Transit

Niggle weiß, dass er bald reisen muss. Ein paar andere Leute wissen es auch, denn sie lauern auf sein Häuschen. Niggle versucht fieberhaft, sein Lebenswerk, dem er sich seit langem ausschließlich widmet, zumindest bis zu einem bestimmten Grad abzuschließen – aber zu spät.

Es kommen im Abstand von ein paar Minuten zwei Personen zu Besuch, die wie Doppelgänger aussehen: der Inspektor und der Chauffeur. Beide sind von oben bis unten schwarz gekleidet, und beide bewerkstelligen den »Transit« jeweils von ihrer Seite aus: Der Inspektor wird direkt nach der Abreise das Lebenswerk Niggles zerstören, indem er die Leinwand für die Dachreparatur benutzt, und der Chauffeur bringt Niggle zum Zug, der wiederum Niggle zunächst ins Arbeitshaus bringt – wo sein Künstlertum vernichtet werden wird –, dann ihn in das Innere des Bildes bringt, das gleich zerstört werden wird. Aber er kommt nicht in das Bild, so wie es jetzt ist, sondern so, wie es nur in seinem Kopf enthalten war. Das Land der Realisation verlässt er ein für allemal; was jetzt vor ihm liegt, ist das Land der Vorstellung.

Der Gedanke, dass die Reise nichts weiter als der Tod ist, scheint nahezuliegen, schon wegen seiner Endgültigkeit. Aber Fakt ist, dass das, was Niggle nun kennenlernt, nachdem er aus dem Zug ausgestiegen sein wird, kein göttliches Jenseits sein kann, überhaupt kein Leben nach dem Tod sein kann, denn dort herrschen die Zwänge durch die Zeit noch mehr als in dem Land, aus dem Niggle gerade kommt.

Die Reise innerhalb des von Tolkien geschaffenen Kunstraums »Leaf by Niggle« besitzt überhaupt kein adäquates Äquivalent in unserer realen Welt. Niggle reist in eine Gegend, aus der es keine Wiederkehr gibt, aber die nur literarisch erzeugt werden kann: in die eigenen Träume, Albträume und Vorstellungen, in denen sich das realistische Leben verzerrt und überdimensional spiegelt und wo das im realen Leben Latente dominant wird.

Das Thema ›Primärwelt – Sekundärwelt‹ handelt Tolkien in fast allen seinen Werken ab, und ab und zu (auch in seinem Aufsatz *On Fairy-Stories*) deutet er die Möglichkeit an, dass manche Besucher der Faerie nicht wieder zurückkehren. Es ist Interpretationssache, wie man sich das realistisch vorstellen möchte – aber der Tod ist damit sicher nicht gemeint, denn es gibt ja viele Besucher, die wiederkommen.

3.1.4 Das Arbeitshaus

Das ist die erste Station, in die Niggle gebracht wird. Und er wird hier gefoltert, vermutlich viele Monate lang (Niggle kommt es wie einige hundert Jahre vor). Durch Isolationshaft, Dunkelheitsfolter und der damit verbundenen Gehirnwäsche werden seine ehemaligen künstlerischen Ziele quasi gelöscht, er kann sich nicht mehr an sie erinnern. Sobald er so weit ist, muss er unter gleichzeitigem Schlafentzug körperlich so hart arbeiten, dass ihm das rohe Fleisch von den Händen hängt und sein Rückgrat kurz vor dem Zerbrechen steht.

Jane Chance schreibt zu diesem Vorgang: »This breaks him physically ... – but cures him spiritually« (94). Der ideologisch Verblendete rechtfertigt auch noch das größte Verbrechen am Menschen, wenn es im Namen Gottes gefordert wird.

Ohne eine solche ideologische Rechtfertigung lesen sich die Texte anders. Hinter diesen Foltervorgängen steht eine anonyme Macht – im Text mit »they« bezeichnet. Es ist der gleiche Geist, der den Inspektor Niggles Lebenswerk zerstören ließ, weil es nur als Materialwert Nutzen brachte.

Und was Niggle in dem Arbeitshaus gelernt hat, ist: Zeit nicht mehr zu verschwenden, sondern auf Knopfdruck mit der Arbeit zu beginnen, auf Knopfdruck die Arbeit liegen zu lassen. Was in der ersten Welt Niggles Eigenart und eine echte Alternative zu einer verhetzten Kultur war: ohne Rücksicht auf Zeit und wirtschaftlichen Nutzen meditativ und in tiefer Versenkung die Schönheit der Natur künstlerisch einzufangen – das ist nun in Niggle gelöscht. Er beherrscht jetzt das Zeitmanagement.

3.1.5 Die beiden Stimmen

Wenn der Inspektor und nun diese anonymen Mächte das Kunstwerk und den Künstler von außen bedroht und schließlich vernichtet haben, so ist auch hier die innere Bedrohung subtiler – und gefährlicher. Sie tritt im Namen der Moral auf, fordert im Namen der Gewissensprüfung den Verzicht auf Kunst bzw. ein schlechtes Gewissen, wenn man sich ihr verschreibt und auch ihr gegenüber sich verpflichtet fühlt. Die beiden Stimmen, die jetzt »den Fall Niggle« durchnehmen, bemängeln, dass sein Herz nicht nach der Regel funktionierte, sein Kopf nicht richtig »angeschraubt« war, er immer viel zu viel Zeit vergeudet hat.

Ihn rettet nur, dass er mitunter auch von Herzen hilfsbereit war, und so darf er das Gefängnis verlassen. Niggle, der sich inzwischen so schuldig fühlt, dass er eine freundliche Behandlung nicht verdient zu haben meint, verlässt nun überselig das Gefängnis und sieht nach Monaten wieder die Sonne.

3.1.6 Innen im Bild

Niggle geht zu der Zugstation – deren seltsame Größe ihm auch schon bei der Ankunft aufgefallen war –, und er fährt mit dem Zug in eine Landschaft, die sich später als Niggles Bild herausstellen wird. Es ist aber nicht das von ihm gezeichnete Bild, sondern das imaginierte. Was in ihm lebte, lebt auch hier. Und er kann es rein genießen, weil die Erinnerung an eine Zeit, als er das in ihm Lebende gestalten wollte, nicht mehr existiert.

Sein Bild ist fertig – weil es in seiner Imagination fertig war –, und so gibt es viel nicht mehr zu tun. Zwar kommt nun auch Parish zu ihm, und die beiden arbeiten zusammen – aber nicht künstlerisch, wie es aussieht, sondern mit Hacke und Spaten. Es wird regelrecht gegärtnert, ja, es wird ein kleines Haus gebaut, für Parish und seine Frau, die hoffentlich bald kommt.

Aber Niggle ist geistig schon weiter. Er möchte das Bild verlassen, neue Bilder kennenlernen, neue Erfahrungen sammeln. Und so steigt er mit einem Schäfer in das Gebirge. Später wird Parish zu ihm stoßen.

Sie sind glücklich, alle beide. Aber sie sind es durch das Abschütteln der Materie, durch den Verzicht auf das konkrete Wirken. Die Faerie hält vieles bereit, sagt Tolkien in anderen Werken, Grauenvolles, traumhaft Schönes und auch die Illusion. Im ›richtigen‹ Leben, um das beide sich nicht mehr kümmern, ist die Kunst Niggles nur noch ein Lachfaktor. Da hat sich inzwischen die Kälte des Nützlichkeitsdenkens verstärkt.

Diese Schere ist auch durch das scheinbare Glück von Niggle und Parish für mich nicht wegzuleugnen. Ich sehe also nicht die Botschaft ›Im Himmel wird alles wieder gut‹. Denn ich sehe hier keinen Himmel gestaltet, sondern den Rückzug in die Welt der Vorstellung und Imagination, und zwar den totalen Rückzug, der nur literarisch herzustellen ist. Das albtraumhaft erlebte Brechen des Rückgrats durch eine auf Zeitmanagement getrimmte Gesellschaft hat eine paradiesische Alternative erzeugt wie eine Fata Morgana, in der man nun wandeln kann.

3.1.7 Epilog

Es gibt am Ende der Erzählung noch so etwas Ähnliches wie einen Epilog. Gestaltet wird er durch die beiden letzten Hörspielszenen b und c. Während b leicht zu verstehen ist – Niggle wird in der verlassenen Welt verlacht –, ist c sowohl interessant als aufschlussreich als auch schwer zu verstehen.

Die beiden Stimmen räsonieren über die Region, in der Niggle und Parish zuletzt gearbeitet, die sie aber längst verlassen haben. Es ist zu einem Erholungsgebiet geworden, das von denen besucht wird, die die Stimmen dorthin geschickt haben, sozusagen zur Kur. Es schlage gut an, die wenigsten müssten zurückkommen, und es sei eine gute Vorbereitung für die Berge.

Nun ist diese Region ja das Bild Niggles. Es ist inzwischen umgetauft worden zu »Niggle's Parish«. Und war der seltsam große Bahnhof schon im Bewusstsein einer hohen Anzahl kommender Touristen so groß gebaut worden? Aber wer sind die Besucher? Und warum ist das Bild von Niggle's Parish so erholsam?

In der Logik meiner Deutung könnten die Besucher die Gestrandeten der Gesellschaft sein, die nach einer ›Sonderbehandlung‹ fit für das Management in ›Fantasia‹ werden.

Bibliographie

Carpenter, Humphrey. *Tolkien – A Biography*. London: HarperCollins, 2002

Carpenter, Humphrey, ed. *The Letters of J.R.R. Tolkien*. London: HarperCollins, 1995

Chance, Jane. *A Mythology for England*. Kentucky: The Univerrsity Press of Kentucky, 2001 (first edition 1979)

Eagleton, Terry, *Einführung in die Literaturtheorie*. Stuttgart: J.B.Metzler, 1997

Helms, Randel. »Tolkiens Welt« (first edition 1974). *Tolkiens Welt. Tolkien und die Silmarille*. Passau: Tolkiana 3, EDFC, 1995, 9-97

Kocher, Paul. *Master of Middle-earth. The Achievement of J.R.R.Tolkien*. Hammondsworth: Penguin Books, 1974 (first edition 1972)

Mann, Thomas. »Über ›königliche Hoheit‹«. *Autobiographisches*. Frankfurt: Fischer Bücherei, 1968, 31-34

Scull, Christina and Wayne G Hammond. *The J.R.R.Tolkien Companion & Guide. Readers Guide*. Boston: Houghton Mifflin Company, 2006

Petzold, Dieter. *J.R.R.Tolkien. Fantasy Literature als Wunscherfüllung und Weltdeutung*. Heidelberg: Carl Winter Universitätsverlag, 1980

---. *J.R.R.Tolkien. Leben und Werk*. Eggingen: Edition Isele, 2004

Shippey, Tom. *The Road to Middle-earth*. Boston: Houghton Mifflin Company, 2003 (first edition 1982)

---. *J.R.R.Tolkien. Autor des Jahrhunderts*. Stuttgart: Klett-Cotta, 2002 (first edition 2000)

Tolkien, John Ronald Reuel, ed. *Ancrene Wisse: The English Text of the Ancrene Riwle: Ancrene Wisse*. Edited from MS. Corpus Christi College, Cambridge 402. London: Early English Text Society by the Oxford University Press, 1962 (Early English Text Society; 249)

---. "Ancrene Wisse and Hali Meiðhad". *Essays and Studies by Members of the English Association* 14 (1929): 104-126

---. "Beowulf. The Monsters and the Critics". *The Monsters & The Critics and Other Essays*. London: HarperCollins, 1997 (first edition 1983), 5-48

---. "Leaf by Niggle" (first edition 1945). *Tree and Leaf*, 91-118

---. "On Fairy-Stories". *Tree and Leaf*, 1-81

---. *Tree and Leaf*. London: HarperCollins, 2001 (first edition 1964)

Wilpert, Gero von. *Sachwörterbuch der Literatur*. Stuttgart: Alfred Kröner, 1969 (Erstauflage 1955)

Journeys in the Dark

Margaret Hiley (Peterborough)

Fantasy and Quest

This paper will focus upon one of Tolkien's short stories and one of his poems: *Smith of Wootton Major* and *The Sea-Bell*, and its aim will be to examine them in terms of how each of them represents a Quest: the Quest for Faërie. In this respect, the two texts can be seen as representing two sides of a coin. Smith, the hero of *Smith of Wootton Major*, travels to Faërie and can yet return home "unscathed", if not "unchanged" (cf. *FR* 329). The speaker of *The Sea-Bell* in contrast returns back to mortal realms well-nigh destroyed by his quest. One might be led to assume that the one represents a "successful" quest and the other a "failed" one. Yet I believe that in fact *both* journeys are "failed" quests in the traditional sense.

A couple of general words upon the centrality of the quest motif in the genre of fantasy:
Fantasy is particularly concerned with space, and the spatial is its defining dimension. Fantasy relies on the strangeness and unfamiliarity of its worlds to entrance its reader into wonder, and the settings of fantasy novels, their landscapes, cities, and realms, form a central part of the stories told. One of the most famous definitions of the Fantastic[1] also relies on spatial terms. Tzvetan Todorov defines the Fantastic as "a frontier between two adjacent realms" (44); it is the frontier between the natural and the supernatural, the known and the unknown.

It follows then that the central form of fantasy narrative must be one that accommodates the importance of space. This narrative form is, of course, the quest: the tale of a journey across the fantastic world. According to W.H. Auden (on whose seminal article *The Quest Hero* I largely base my definition of the quest), "to go in quest means to look for something of which one has, as yet, no experience" (40). It is thus a journey into the unknown, and most fantasy novels (and films, and games) are about such journeys. In this respect the chapter title, "A Journey in the Dark", taken from the Mines of Moria sequence of *The Fellowship of the Ring*, which forms the title of the present paper, can be seen as representative of the fantasy genre.

---

1 Although I am aware that the terms "Fantasy" and "The Fantastic" do not necessarily denote the same thing, I am going to use them as interchangeable here as for this paper the distinction between them is irrelevant.

So what is it "of that [we have], as yet, no experience"? Of course, the quest can simply be to explore an unknown country of which we have no experience – somewhat the way Smith does on his first voyages into Faërie. However, in fantasy literature a quest is only rarely purely about exploring and charting an unknown country. According to C.S. Lewis, man enters Faërie "in search of ... beauty [and] awe", but also of "terror" (*Science Fiction* 90) – he (or she) goes in search of aesthetic and emotional experiences of an intensity not usually found within the Primary World. And these can be both of a good or bad nature – or even both at the same time. For Tolkien's other name for Faërie is of course the "Perilous Realm". Thus, the geographical dimension of the quest is also tied to a spiritual or psychological dimension – sometimes so much so that we interpret the spatial dimension as being purely symbolic of the psychological.[2]

Traditionally, there is an object to the quest – a magical artefact to be won (or destroyed, as in *The Lord of the Rings*), a beautiful princess to be found and married, a fearful beast to be vanquished (cfr. Auden 44-45). Through the achievement of these tasks, the hero establishes himself: his (hidden) virtues are made clear and / or his hidden identity is revealed, and his position in society is secured. Then, we have our traditional ending: "and they all lived happily ever after."

This is the model for texts such as C.S. Lewis's *The Horse and His Boy*, where the fisher-boy Shasta leaves his supposed father to run away to Narnia, and in the course of travelling through the countries of Calormen and Archenland discovers that he is really the long lost son of King Lune of Archenland. Shasta also encounters both beauty and terror hitherto unknown to him in the person of Aslan.[3] This is also the kind of model Tolkien follows in *The Hobbit*, where Bilbo embarks on his quest, which brings out hitherto unsuspected qualities in him, and afterwards returns home again – "There and Back Again". However, we know that actually this is not the end of Bilbo's tale.

In *The Lord of the Rings* we find out that Bilbo does not remain in Hobbiton happily till the end of his days. The Ring sets to work on him, and the wide world calls him, and in the end he sets out on another journey – one that we as readers do not really see concluded. In the sequel to *The Hobbit*, Tolkien's depiction of the quest is far more ambiguous – as we know, Frodo's quest ultimately succeeds but only at great cost to himself. This then is a quest that ends ambivalently to say the least; indeed, I would not be sure whether we can call it a truly successful quest or whether in certain respects it is actually rather a

---

2   C.G. Jung's works are of course important here; for example in *Archetypes* and the *Collective Unconscious* he discusses the importance of journeys in the dark and the confrontation with one's shadow.
3   Cf. Lewis, *Horse*: "[Shasta] turned and saw, pacing beside him, taller than the horse, a Lion... It was from the Lion that the light came. No one ever saw anything more terrible or beautiful." (177).

failed quest. For the object, the destruction of the Ring, is achieved; but in the end it is not the quest hero who manages to destroy the Ring, and far from Frodo being established in society through his deeds, he is actually cut off from it through his quest and in the end decides to depart from Middle-earth altogether. There is no "happily ever after" in *The Lord of the Rings*.

In this regard Tolkien's works are typical of the twentieth-century re-imagining of the Quest. When the quest motif is adopted – as it is for example prominently in works such as Joyce's *Ulysses* or Eliot's *The Waste Land* – it is ironised or depicted as fruitless. You can't be J. Alfred Prufrock, or Leopold Bloom, or indeed Frodo Baggins to achieve the Holy Grail. Looking at twentieth-century fantastic writing, which has produced works as varied as David Lindsay's *Voyage to Arcturus*, or the more recent *Farseer* trilogy by Robin Hobb, most fantastic quests do not have a happy ending – or even an ending at all!

Wanderers and Trespassers

Tolkien's short works demonstrate the same problematisation of the quest that can be found in his longer works. Indeed, perhaps of necessity they focus more directly upon this problem, as their form is more condensed. Looking at the examples of *Smith of Wootton Major* and *The Sea-Bell*, we will now examine more closely in which ways these works conform to the definition of a quest, and in which ways they challenge and differ from that definition.

In both texts, there is no obvious "object" (such as the destruction of the Ring) to the journeys the protagonists make. Thus the exploration of Faërie itself, the "search for beauty and terror", is the main "object" of their voyages in the Perilous Realm. In Smith's case one could take the desire to see the Faery Queen as the object of Smith's journeys; after all, she says to him "Ever since that day [when Smith received the star] you have desired to see me, and I have granted you your wish" (28). However, the Queen can be taken as representative of the heart of the land of Faery and thus the desire to behold her is also the desire to see the Perilous Realm itself.

One traditional aim of the quest story is for the hero to explore the new realms he has entered and to a certain extent make them "his" (I am purposely using the male pronoun here: by the time we have female quest heroines in fiction, the quest as a motif has already been questioned and is no longer portrayed in a traditional way). This might occur by, for example, killing the evil wizard who rules over them and appropriating ("liberating", to use our current politically correct jargon) his realm, or marrying the beautiful princess to whom the country belongs. In *On Fairy-Stories*, Tolkien problematises this, stating that we mortals are but "wandering explorer[s] (or trespasser[s])" (109) in the Perilous Realm. Faërie is *not* a place to be conquered and appropriated.

Thus Smith in *Smith of Wootton Major* is called "a learner and explorer, not a warrior" (17). He does not seek to subdue Faërie and make it his own; indeed, the story makes it very clear that he would be most foolish to do so, and that his humility is one of the reasons he can visit Faërie for so long (and his failure to observe his boundaries, passing into Inner Faery, results ultimately in the star being taken from him). In *The Sea-Bell*, of course, the speaker does attempt to make himself the ruler of Faërie:

> Of river leaves and the rush-sheaves
> I made me a mantle of jewel-green,
> a tall wand to hold, and a flag of gold;
> my eyes shone like the star-sheen.
> With flowers crowned I stood on a mound,
> and shrill as a call at cock-crow
> proudly I cried: "Why do you hide?
> Why do none speak, wherever I go?
> Here now I stand, king of this land,
> with gladdon-sword and reed-mace.
> Answer my call! Come forth all!
> Speak to me words! Show me a face!" (*ATB* 58f)

The consequence is disastrous: the speaker is surrounded by a dark cloud, driven mad, loses track of time, and almost never finds back to his boat that can carry him back to mortal lands.

One of the key differences between the speaker of the poem and Smith is that Smith is a legitimate "explorer"; he received the gift of the fay-star that acts as his passport to Faërie (a bit like the white stone given to Frodo by Arwen, that acts as his token by which he may enter Valinor – or, on a grander scale, the Silmaril enables Eärendil to reach Valinor). The speaker of *The Sea-Bell* does not have such a passport; he appears to find the mysterious "shell like a sea-bell" by chance. And even if he was meant to receive the shell, he squanders the chance he is given by attempting to crown himself king of Faërie. He is thus, according to Tolkien's definition, a "trespasser" in Faërie, one who is not there by right.

However, as mentioned above, even Smith becomes a trespasser when he passes through the encircling mountains that guard the "heart of the kingdom". His encounter with the dancing maiden (who is later revealed as the Faery Queen) makes this clear:

> She laughed as she spoke to him, saying: "You are becoming bold, Starbrow, are you not? Have you no fear what the Queen might say, if she knew of this? Unless you have her leave." He was abashed,

for he became aware of his own thought and knew that she read it: that the star on his forehead was a passport to go wherever he wished; and now he knew that it was not. But she smiled as she spoke again: "Come! Now that you are here you shall dance with me"; and she took his hand and led him into the ring.   (23)

Forgiven as Smith is on this occasion, we can see that the possession of such a token does not guarantee possession of or belonging in the magic world. A further episode in Smith's wanderings makes this very clear:

> …a breeze rose to a wild Wind, roaring like a great beast, and it swept him up and flung him on the shore, and it drove him up the slopes whirling and falling like a dead leaf. He put his arms about the stem of a young birch and clung to it, and the Wind wrestled fiercely with them, trying to tear him away; but the birch was bent down to the ground by the blast and enclosed him in its branches. When at last the Wind passed on he rose and saw that the birch was naked. It was stripped of every leaf, and it wept, and tears fell from its branches like rain. He set his hand upon its white bark, saying: "Blessed be the birch! What can I do to make amends or give thanks?" He felt the answer of the tree pass up from his hand: "Nothing," it said. "Go away! The Wind is hunting you. You do not belong here. Go away and never return!" (20f)

"*You do not belong here.*" If there is one quote that I personally would take as epitomising modern fantasy (and science fiction too, for that matter), this is it. This is confirmed for example by Lucie Armitt in her study *Theorising the Fantastic*: "If fantasy is about being absent from home…, then the inhabitant of the fantastic is always the stranger" (Armitt 8). This foreignness and sense of "not belonging" is a central feature of modern fantasy. This is also mentioned by Ursula Le Guin, who puts it as follows: "the point of Elfland is that you are not at home there. It's not Poughkeepsie. It's different" (71).

Thus neither Smith nor the speaker of *The Sea-Bell* can achieve belonging in the realms they explore or trespass upon. In general, we can observe that the protagonists of twentieth-century fantastic writing are not settled characters, integrated into their society or world; they are strangers, sojourners, who travel through different places only to leave them again, often enough to find that when they return to what was once their home, they can no longer or only with difficulty be part of it again. This represents a fundamental questioning of the traditional quest motif.

Knowledge and Identity

Another particularly modern trait of fantasy is that, besides denying its protagonists a home, it denies them any real possibility of gaining knowledge through their travels. As we have seen, a fantastic journey is not a (colonial) exploration and mastering of foreign regions. Tolkien states that the traveller in Faërie is "full of wonder but not of information" (FS 109). Or to bring in another example, the protagonist of David Lindsay's *A Voyage to Arcturus* is told: "You came to carve a strange world, and now it appears you are carved yourself" (112).

The Perilous Realm must always remain beyond the understanding of the strangers passing through it. Thus Lucie Armitt notes that "the type of strangeness noted here is not one of former ignorance which can be transformed into knowledge. Here we are dealing with the always/already unknown and the unknowable, the world of alien beings who will always be 'other'" (25).

In this sense also, *Smith* and *The Sea-Bell* can be seen as representative texts. Although Smith journeys many times to Faery over many many years, he still never is able to work out the geography of the fairy country; he discovers there is an "Outer Faery" and an "Inner Faery", but little else. For example, he is unable to rediscover the "King's Tree": "He never saw that Tree again, though he often sought for it" (20). Also I feel the way the narrator states that he "believ[ed] he was in an island realm beleaguered by the Sea" (18) implies he is mistaken about this fact. The speaker in *The Sea-Bell* also loses his way and is unable to find his way back to where he came from. This lack of geographical information corresponds to a lack of understanding of the ways of Faërie. The speaker of the poem cannot gain understanding of his surroundings as he can never make contact with the inhabitants of Faërie (as he should not be there), and he also misinterprets the warnings given him (for example by the "cold wind" that stirs in his hair). Smith also cannot fully grasp the sights he sees in Faery: "he had seen things of both beauty and terror that he could not clearly remember nor report to his friends, though he knew that they dwelt deep in his heart. But some things he did not forget, and they remained in his mind as wonders and mysteries that he often recalled" (18). Even when he meets the Faery Queen he at first does not even realise who it is he is speaking to, and when he does recognise her it is only to lose her almost immediately; it is hardly "knowledge" we can speak of here.

Julia Kristeva, in *Strangers to Ourselves*, claims that strangeness and foreignness are "the hidden face of our identity" (1) – what we perceive as strange is actually that part of our identity which we hide from ourselves, projected onto others. What happens, then, when all that is perceived is strange, and there is no home to go to? If this strangeness is, as Armitt claims, "the always/already unknown and the unknowable", then we can never come to know ourselves: self-knowledge becomes an impossibility.

Traditionally, as we have heard, a quest is seen as something that constitutes self – the hero sets out to discover his true worth or his hidden identity. However, most twentieth-century fantastic works are more ambiguous in their approach to journeying into the unknown as a means of discovering identity. The Perilous Realm is forever beyond our ken, and thus voyages in it can lead to neither knowledge nor self-knowledge. Fantastic journeys destroy identity rather than constituting it, as the travellers are taken out of their society and even their world.

Thus the speaker of *The Sea-Bell* significantly exclaims at towards the end of the poem *not* "I have lost my way" but "I have lost myself" (the utterance "I know not the way" follows afterwards; *ATB* 59). He is an outsider in Faërie, and upon his return to the land of men he finds he is still an outsider. Tolkien in the poem expresses this through language: in Faërie, he hears "never a greeting", and none replies to his significant command "Answer my call! ... Speak to me words!". At the tragic end of the poem, even the sea-shell is "silent and dead", and all communication is turned inwards in a vicious circle as the speaker concludes: "To myself I talk; for still they speak not, men that I meet" (*ATB* 60). His quest for knowledge and for identity has failed disastrously.

Smith appears luckier. He is, after all, a legitimate wanderer in Faërie, and even has a guide in the form of Alf (of course, a significant name as it is Anglo-Saxon for Elf), who is later revealed as the King of Faery. He has a firm foothold in the outside world, a profession and a family, which the speaker of the poem has not. Yet he does, after all, lose at least part of himself: the part of himself called "Starbrow" – part which seems more important to him than his role as a husband or head of a family. I think it is quite significant that on his final return from Faery, the smith is not welcomed by his wife and children (as he is on his return after the dance with the Faery Queen). Instead, he is welcomed only by his son (both men are conspicuously absent from a family celebration), and we have a final picture of consolation in male companionship – even if it is the special bond between father and son that is emphasised here – rather than in the bosom of a complete family. His voyages in Faery have threatened, if not destroyed, his identity in the mortal world.

Maelstrom Realities

This lack of identity and self-knowledge is the cause of particular dangers lurking in the Perilous Realm: those that are part of the traveller and that he brings with him. That this is the case is made clear for example in *The Lord of the Rings*. When the Fellowship approach the elven land of Lothlórien,

Boromir is loth to enter, finally agreeing only "'Then lead on! ... But it is perilous.' 'Perilous indeed,' said Aragorn, 'fair and perilous; but only evil need fear it, or those who bring some evil with them'" (FR 329). This is repeated by Sam: "I don't know about *perilous*... It strikes me that folk takes their peril with them into Lórien, and finds it there because they've brought it" (TT 665).

While this particular point may not be so relevant to Smith, who shows only a small degree of hubris, but it is most certainly the case that the speaker of *The Sea-Bell* brings peril with him to Faërie. The cause of his disaster in Faërie lies only within himself – in his pride and possessiveness. He is confronted with himself and his flaws, not with any external threats. There is perhaps a parallel in the fiery lake scene in Smith – it is when he oversteps his boundaries that he is in the greatest danger, and we might read the wind that seeks to destroy him as an externalisation of his own faults (coincidentally – or not – the speaker in the poem is also chased by a "withering wind"; ATB 59). However this threat is not as explicit as in the poem, where as a consequence of the peril brought with him into Faërie, the speaker loses his mind and must "sit, wandering in wit" for the traditional fairy-tale period of a year and a day. He is trapped ultimately by the conflict between his own perception of reality and the reality of the Perilous Realm.

This problem of negotiating the shifts between different realities is a central concern of modern(ist) literature as well as fantasy. In the early twentieth century, external reality seemed increasingly overwhelming and incoherent; instead of one grand master narrative of reality, we are presented with individual perceptions of it (stream-of-consciousness technique of course springs to mind); Tolkien and Lewis's friend and fellow Inkling Owen Barfield describes "the man of today [as] overburdened with self-consciousness, insulated from Reality by his shadowy, abstract thoughts, and ever on the verge of the awful maelstrom of his own fantastic dreams" (126). I for one cannot think of a better way to describe the speaker of *The Sea-Bell* than this. (We should not forget that in some of the instances where stream-of-consciousness is employed most effectively, it is used to depict the thoughts of a madman, such as in Woolf's *Mrs Dalloway*.)

This maelstrom is perhaps one of the greatest dangers of the Perilous Realm: the traveller can lose his way back to our world, or as Tolkien puts it: "while [the traveller] is [in Faërie] it is dangerous for him to ask too many questions, lest the gates should be shut and the keys be lost" (FS 109). The exchange of one reality for another can result in being trapped in madness, as the quester runs the risk of being caught forever in "his own fantastic dreams". This is exactly what happens to the speaker of *The Sea-Bell*.

This ties in with another point made by Todorov. In his study *The Fantastic*, Todorov claims that in the twentieth century, it is not monsters, nor vampires, but "'normal' man [who] is precisely the fantastic being" (173). When mortal man enters the Perilous Realm, the strangest and most threatening being he can encounter on his quest will always be himself. Fantasy fiction, even "minor" works such as *Smith of Wootton Major* and *The Sea-Bell*, makes it clear that man himself is fantastic; he is a foreigner, he is a stranger to himself, and carries within himself dangers that threaten to annihilate him.

Conclusion

Thus *Smith* and *The Sea-Bell* to a certain extent give complementary answers to how the Quest for Faërie can end: on the one hand we have Smith, who is deeply saddened by the loss of his star but appears content that it has passed to a worthy successor of his choosing; on the other, we have the speaker of the poem, whose quest ends in disorientation and madness.

However, both texts evince a fundamental questioning of the traditional quest motif. Neither protagonist can gain possession of Faërie (for it is not something that can be "possessed", as much as we may desire to do so). Neither can gain true knowledge of that realm (knowledge again representing a form of mental possession that is impossible). Their identities, far from being constituted through their travels, are threatened and in the case of the speaker of *The Sea-Bell*, even destroyed completely. In this sense, like Frodo's quest, they are "failed" quests.

Bibliography

Armitt, Lucie. *Theorising the Fantastic*. London: Arnold, 1996

Auden, W.H. "The Quest Hero". *Tolkien and the Critics*. Ed. Neil D. Isaacs and Rose A. Zimbardo. Notre Dame: University of Notre Dame Press, 1968, 40-61

Jung, C.G. *Archetypes and the Collective Unconscious. The Collected Works of C.G. Jung*, Vol. 9, Part 1. London: Routledge, 1966

Le Guin, Ursula. "From Elfland to Poughkeepsie". *The Language of the Night*. London: The Women's Press, 1989, 70-82

Lewis, C.S. "On Science Fiction". *Of This and Other Worlds*. Glasgow: Collins, 1982, 80-96

Lewis, C.S. *The Horse and His Boy*. London: Collins, 1998

Lindsay, David. *A Voyage to Arcturus*. London: Gollancz, 2003

Todorov, Tzvetan. *The Fantastic*. Transl. Richard Howard. New York: Cornell UP, 1975

Tolkien, J.R.R. "On Fairy-Stories". *The Monsters and the Critics*. London: HarperCollins, 1997, 109-161

---. *Smith of Wootton Major*. London: Allen & Unwin, 1967

---. *The Adventures of Tom Bombadil*. London: Allen & Unwin, 1962

---. *The Fellowship of the Ring*. London: HarperCollins, 1997

---. *The Two Towers*. London: HarperCollins, 1997

---. *The Return of the King*. London: HarperCollins, 1997

A Star Above the Mast:
Tolkien, Faërie and the Great Escape

Anna E. Slack (Palermo)

The glimpsing of other worlds is at the heart of Faërie (OFS 41), but at the heart of man is a deep-seated yearning for more than a glimpse; at the heart of man lies the desire for "the Great Escape: the escape from Death" (OFS 68). This escape is figured in Faërie by what Tolkien calls the sundered paths of the two kindred; to man is given the gift of death, and to the elves the gift of deathlessness. Tolkien posits that, just as our own storytelling traditions speak of the quest for eternal life and escape from death, the stories of the elves are filled with escape from deathlessness. This notion was given concrete form in Tolkien's own mythology in the tale *Of Beren and Lúthien*, where the pivotal point of the myth is found in the escape from deathlessness chosen by Lúthien in the halls of Mandos.

That Lúthien's farewell to the world of Faërie is at the beating heart of Middle-earth tells us something about how Tolkien viewed the Great Escape and the relationship between man and Faërie.

Before we may venture to Faërie, we must consider the assumption that man seeks a Great Escape even in our own time, and examine how faith and Faërie may be linked.

Matters of faith have always dominated man's view of the world. If you look to the consolation provided by the great religions you will find the Great Escape presented mostly as the afterlife; the place where, according to the Christian mythos, there will be "no more mourning or crying" (Rev. 21.4). This escape ultimately entails leaving the world through death. But man has always sought other ways to reach the eternal world. In the Middle Ages many entered into the anchoritic life. These men and women felt that withdrawing from the world was a gesture of responsible fugitism which brought them closer to the Great Escape; seclusion from the world was best sought swiftly so as to come more quickly to the New Jerusalem. This style of life – rejecting the world by closeting oneself in a cell to contemplate the divine – could not be taken on lightly. Anchoritic 'guides' like the *Ancrene Wisse* figured the novice's withdrawal from our world as a battle against spiritual forces. In this, authors borrowed language from both the Bible and popular romances; the latter heavily influenced by the traditions of Faërie. Long before Tolkien wrote, faith and Faërie were intertwined. Visions of the afterlife were touched by Faërie, and vice versa.

So to Faërie. You will find the Great Escape offered by faith foreshadowed in the perilous realm in the countless journeys of men who fall asleep upon a mound. Here, the fleeting (and at times joyous) escape is marred by farewells, both to the world on leaving it, and to Faërie on returning. When travellers return, it is often to find that the long years of their lives have passed along with all whom they have known. The returned wanderer becomes doubly outcast; none can know him in his own world and he can never return to the realm of Faërie where he once resided.

Think for a moment of the fate of Keats's knight in *La Belle Dame sans Merci*, left "alone and palely loitering" (Keats 2) by the withered sedge; his rest on a mound leaves him "in thrall" (39-40), along with the dozens of kings, princes and warriors who have been beguiled before him. Having tasted the raptures of Faërie he becomes a prisoner in the historical world, bereft of all his joy. The knight enters into a kind of involuntary anchorage, with his memories of the *Belle Dame* making his cell walls; rather than passing his time in prayer, he passes it pining for the eternal world that was shown to him in the guise of Faërie.

We can compare this to the experience of the dreamer in the Gawain-poet's *Pearl*, a work later edited by Tolkien and E.V. Gordon. In this poem, the boundaries of faith and Faërie cross, co-existing in a way reminiscent of the mixed elements of paganism and Christianity in the epic poem *Beowulf*. The poem's dreamer, sleeping on a mound, does not encounter a belle dame nor even descend to Faërie, but rather ascends in a vision to the New Jerusalem where he meets again his 'pearl', posited to represent a daughter lost to him in death. The Pearl expounds the substance of this vision – a kind of catechism wherein the dreamer slowly grasps the promises of heaven – but the joy and consolation which he reaps are countered by his sudden reawakening into the primary or historical world where his grief returns to him in force. The dreamer can speak about what lies beyond the Faërie-like "crystal cliffs" (*Pearl* 3.174) and the river of his dream, but he must still live out his years on earth. Although he closes by enthusiastically expounding the theological essence of what he has learned, his farewell to his vision is a troubled one; his attempt at escape has been thwarted.

In *Pearl* we can see traces of Tolkien's theory of eucatastrophe; that Faërie can be a means of highlighting faith, as the Pearl does when she speaks to the dreamer about the New Jerusalem. Though Faërie cannot, as Tolkien observed, be "the road to heaven" (OFS 5), it possesses a haunting echo of that escape. So man, seeing (though not always recognising) in Faërie aspects of the greater journey, ventures after it. Some are wounded in the search, others are enriched. What a man finds when he crosses the threshold is determined not so much by the realm where he travels, but what he takes with him.

It is this taut relationship between man and the perilous realm that Tolkien explores in so many of his minor works. In charting possible relationships between men and Faërie, Tolkien tries to demonstrate the inherent value of

Faërie to men, and to reconcile it via eucatastrophe to the eternal world of the Great Escape.

So how does Tolkien illustrate these relationships? We may begin with a word of caution: "while [a traveller] is [in Faërie] it is dangerous for him to ask too many questions, lest the gates should be shut and the keys be lost" (OFS 3). Tolkien knew, perhaps better than most, that the realm of Faërie is called 'perilous' for good reason. Even (or especially) in childhood, we are well aware that Faërie is high and deep, with creatures in its borders who purpose both good and evil. These stories teach us that those who travel into Faërie with "the heart of a little child" (OFS 44), with humility and innocence, succeed in their trial, whatever its nature. But those who are arrogant – the hordes of elder princes and princesses whose youngest siblings outdo them – never come to a good end. For them, Faërie is the idle realm of children.

In the minor works on which I have chosen to focus, Tolkien presents us with several types of people who approach Faërie: first, those who don't believe in Faërie; second, those that hold false beliefs about Faërie and its nature; third, people for whom Faërie can be detrimental despite their knowledge of it; and fourth, figures who both believe in, and know, Faërie. For this last group, knowledge of the perilous realm affects the kind of recovery, escape and consolation that Tolkien clarifies in *On Fairy-Stories*.

Characters with no belief in Faërie hold that Faërie is better spelt *ai* than *ae*, and that the stories are fit only for the entertainment of children. *Smith of Wootton Major* presents us with just such a character: Nokes. If Nokes ever believed in Faërie at all he has been disabused of it, and actively seeks to diminish its influence on others. His notions of wands and pink icing, not to mention his sidelong snickers, clearly seek to relegate Faërie to the nursery (for "it amuses the children"; SWM 152). This is an activity that we know Tolkien found detestable, attributing it particularly to academics and critics; this disregard of Faerie by relegating it to the nursery Tolkien compared to the cutting off of other 'adult' arts like science. (OFS 35). In *On Fairy-Stories*, Tolkien writes that "the fear of the beautiful fay that ran through the elder ages almost eludes our grasp. Even more alarming: goodness is itself bereft of its proper beauty" (OFS 65). This bereavement is a result of deeming Faërie childish, and results in losing any sense of awe. Nokes understands neither awe-full fear nor awe of goodness; for the characters in which we, as readers, see these attributes, Nokes has only patronising words: Smith is a "quiet, slow boy" (SWM 173), Alf is "nimble" and "artful" (SWM 178). Nokes deprecates Faërie itself at every turn, as when he snidely asks Alf to tell him if, among the raisins for the cake, he notices any "special, fairy ones" (SWM 152). Nokes, unlike Smith, feels a pitiable, grovelling fear when confronted with the King of Faërie in his proper guise: he can only beg not to be harmed. His encounter with Faërie does not clear Nokes' sight; he attributes his vision to bad food.

For Nokes, everything has been disenchanted. Yet whilst he pours scorn on Faërie, he still reaches for its creative power although he does not apprehend its source: in the matter of the cake, he must rely on what he has garnered surreptitiously from Prentice to satisfy his 'severe critics' (SWM 150). He claims a creative and inventive superiority to Prentice, saying that it is '[his] place to have ideas, and not [Prentice's]' (SWM 153), but he can only palely copy Prentice's genius. Nokes has dethroned Faërie, and seeks to be a 'master of arts' in its place.

We can easily apply to Nokes many of Tolkien's comments about those who advocated 'real life' over 'fantasy' (OFS 63): factories and railways would be more real to Nokes than centaurs and dragons. In demeaning Faërie and his dogged preference for 'real life', Nokes suffers a long-term bereavement which he cannot see himself, but which is represented in the pomposity of his character. His joy at the end of the tale that Prentice is "gone at last" (SWM 178) rings deadeningly in the reader's ears. For Nokes, there is no Great Escape; the greatest achievement in Wootton Major is the great riddance of Alf.

Smith of Wootton Major reveals Tolkien's anxiety at the critical treatment of Faërie; Nokes's attitude expresses Tolkien's feeling that Faërie was being reduced to nursery rhymes by critics who saw only escapism, not the Great Escape, in its borders. That Nokes's voice dominates the end of the text reflects this, and creates a feeling of bereavement. It is of note that this keen sense of loss appears in one of Tolkien's last works, at a time when his own thought was "weighted with the presage of 'bereavement'" (L 389). Tolkien's concern that the didactic qualities of Faërie will be lost as the world fills with Nokeses is clear. It is just this bereavement that Nokes has suffered without knowing it.

Holding no belief in Faërie is, as we have seen, bad enough. As a younger man, Tolkien had also studied what happened to men who held false beliefs about the perilous realm. His poem *The Looney* was first written in 1934, and later revised and republished in 1962 as *The Sea Bell*. In both poems we can see Tolkien exploring another bereaving aspect of Faërie, this time the result of seeking Faërie and the Great Escape, but with that trademark of the great tragedies: hubris.

The most notable change between the two versions of Tolkien's poem is in terms of framing; originally, like Keats' *La Belle Dame*, the piece represented the speech of the titular Looney, who has returned from Faërie and is recounting his misadventure to an interested party. But the later version has no comparable narrative frame. Instead, in the added introduction, it is noted that the poem (subtitled 'Frodo's Dreme'), is 'of hobbit origin' (ATB 64). As Tom Shippey has noted in his book *Tolkien: Author of the Century*, this notation calls our attention to an alternative ending (282) for Frodo where there is no great escape to Valinor.

Like Firiel in *The Last Ship*, *The Sea Bell*'s traveller encounters an empty ship. His call that "it is later than late" (ATB 110), brings to mind the Great Escape. The "forgotten strand" (110) where he disembarks, and to which we can compare later descriptions of the white shores of Valinor, is beautiful but deserted. To the traveller's horror, the landscape is not paradise regained but rather threatening; there are "hidden teeth" (110) in it, the willows weep, the flowers are like fallen stars, and the ford is guarded by "gladdon swords" (111). The traveller finds no one and wherever he goes, everything that he expects from Faërie, figured in distant singing, flees from him. In response to this, the traveller makes himself a mantle and wand, claiming kingship for himself over the land. Having crowned himself with flowers he stands on a mound to make his proclamation of lordship, declaring himself master of the land.

Though the traveller may have begun well by wishing to journey on the empty ship to seek the Great Escape, this gesture is obviously hubristic and misguided. Its arrogant nature is enhanced by the fact that in this deed the traveller effectively tries to force a second entry into Faërie on his own terms; his mocking crown is an attempt to gain access to the hidden world which is frustratingly just beyond his reach. But when he tries to master Faërie he becomes like a mole, bent to the ground. Instead of an escape his claim produces a shroud of night, and brings to him a kind of death that touches everything about him; Tolkien vividly describes the dead trees, filled with spiders and beetles. The traveller, unsurprisingly, wanders "in wit" (ATB 112) in this period where Faërie lies dead all about him.

The traveller at last makes the long journey home. Returned from his escape, he casts away everything, including the sea bell which he will never more hear. The object has become a shell in more senses than one, and represents the hollowness of Faërie for the traveller. His desperate experience in Faërie was the result of forsaking or neglecting the first image and true form of Faërie (represented by the threatening sea and caves) for one closer to his own ideas of what Faërie should entail (hares and singing on the hill). These he never finds, even though Faërie encompasses them. The traveller's hubristic experience makes him an outcast both from Faërie and from his own world upon his return; the ships standing in the port are "laden with light" (ATB 113), at peace and fulfilled, while the returner is "dark as a raven" (ATB 113), unfulfilled and bereft.

Tolkien's concern about having a correct attitude to Faërie is clear; neither the realm nor tales of it may be trifled with, especially by means of adaptation or domination. The traveller seeks a very tame Faërie and in his disappointment his farewell to it is bitter. He returns unable to speak of his journey to anyone, because, just as in Faërie, none will speak to him. That Tolkien revised this poem later on in his life may illustrate some of Tolkien's own fears regarding his work. Had he obscured the Great Escape in what he wrote? Had he trifled with Faërie and rejected its true nature? *The Sea Bell* becomes an anti-Faërie story. The arrogant rejection of the Great Escape and the true realm of Faërie robs the traveller not just of Faërie, but also of the real world. The Great Escape has passed him by, the glimpse is lost as the sea bell ceases to ring.

So trying to master Faërie is a perilous business. How can we reconcile our visions of Faërie to the real world, and all that the real world represents? Our world is full of business, toil and duty that cannot easily be set aside to search for Faërie. For *The Sea Bell's* traveller, that search entailed the loss of both Faërie and of society in his own world. Is the risk one worth bearing, when we have so many duties and the price of adventure can be so high? Surely it is safer to be like Nokes, and allow Faërie to pass.

Tolkien did not hold this view. In *On Fairy-Stories* he expresses at length his notion that involvement with Faërie was vital in facilitating and deepening ties to the real world rather than the opposite. We can compare this idea to that hinted at by C. S. Lewis in his Narnia stories, where the children gradually grow "too old" (Lewis 188) for the Faërie realm of Narnia, but must take the lessons they have learned there back to their own world. So the experience of Faërie, unlike that of *The Sea Bell's* traveller, can be made a part of the real world. But the transition and reconciliation are not easy; for some, the perilous realm itself becomes dangerously greater than the escape that it mimics.

This concern is vividly expressed in *Leaf by Niggle*. In *Niggle*, Tolkien lays before us the unenviable position of a man unconvinced of his ability, and perhaps unable, to reconcile Faërie and his duties in the primary world in his own lifetime. Faërie, and the Great Escape itself as figured in Niggle's journey, become distractions rather than a source of recovery or reflection of the eternal world.

Niggle is afraid of the great journey due to his fascination with Faërie and the knowledge that he often struggles to complete all the tasks allotted to him. Like the traveller in *The Sea Bell*, Niggle is possessive of his time in Faërie; he spends a good deal of time painting, setting, for example, great importance on a single leaf at the expense of others. This obsession with Faërie is never allowed to go so far that he does not participate in the real world, but he does so with the kind of heavy heart that: makes "him uncomfortable more often than it [makes] him do anything" (LN 93). Niggle constantly feels pulled away from his love of Faërie by the hindrances of the real world, whereas his love of Faërie should actually fuel his involvement in it (just as, we might add, a looking forward to the 'Great Escape' should sharpen our taste for our own world).

Unlike *The Sea Bell's* traveller or Smith, Niggle is not offered a journey to Faërie: the journey offered to him is death itself. It is little wonder, then, that he is trying to put it off as best as he can, reasoning that once dead, his own voyage to Faërie, figured in his painting, will be concluded. He sees no link between Faërie, his world, and the Great Escape. For Niggle, Faërie is both a distraction and a frustration. It is not until he learns to place the beauty of Faërie and the real world together during his purgatorial sojourn with the mysterious voices and subsequent work with Parish that his connection to Faërie bears real fruit. It is then that his painting reflects part of the great journey, becoming the very landscape in which he travels: *Niggle's Parish*.

Here, Tolkien very clearly states that the subcreation of those who can describe Faërie can also reflect the great journey. The conclusion to Niggle's story is an antidote to the despair at the end of *The Sea Bell*. Tolkien also suggests that those who long for Faërie, like Niggle, look for the Great Escape in another guise. For many, we are told, Niggle's painting "makes the best introduction to the mountains" (LN 118); that is to say, the crystal cliffs of the eternal world.

In Niggle's story we can see that it is possible to come to some kind of understanding with Faërie, and that Faërie itself can be the connection between the historical and eternal worlds. This connection is also at the heart of Tolkien's eucatastrophe, the moment when the eternal world strikes through into the historical one. According to Tolkien, Faërie was the best kind of setting for this occurrence, and it goes without saying that Tolkien hoped that his own work could have a similar effect. Niggle only comprehends this aspect of his painting after his journey has begun; his relationship with Faërie is retrospective. We can posit that the ideal would be to be reconciled to Faërie whilst in the historical world, allowing it to enrich and prepare us for the greater journey. Interestingly, the minor work that best demonstrates this positive relationship with Faërie is also the one that speaks most clearly about the loss that accompanies Faërie: *Smith of Wootton Major*.

Smith is able to pass freely between the real world and Faërie (a feat making him nigh unique in literature) thanks to the fay star. This star enriches Smith deeply. Compare, for example, Smith's ability in song, and the beauty of the practical things that he makes, to Niggle's frustrated efforts at a double life. Smith travels in Faërie and sees things both terrible and lovely, but, unlike Nokes or *The Sea Bell*'s traveller, he remains in awe of them, does not flee from them, and does not attempt to claim lordship over them. He seeks the King of Faërie, rather than seeking to become the king, and in return for his modesty is guarded from the "greater evils" (SWM 157). He remains a learner and explorer, and his encounters with Faërie give him a great shadow, noted by his son as the true measure of his character. He grows beyond his stature in Wootton Major, but does not outgrow the village. He is at peace both in Faërie and at home, respected in both places.

The greatest moment of Smith's journey is when he is greeted by and recognises the Queen of Faërie. But this moment, which shows the depth of Smith's connection to Faërie, also highlights his bereavement from it:

> So he seemed to be both in the World and in Faery, and also outside them, and surveying them, so that he was at once in bereavement, and ownership, and in peace. When after a while the stillness passed he raised his head and stood up. The dawn was in the sky and the stars were pale, and the Queen was gone ... and he knew that his way now led back to bereavement.
> (SWM 164)

Here Tolkien summarises the double-nature of knowing Faërie, highlighting at once the way that Faërie figures the Great Escape, but also how it is not, and cannot be, that escape. The paradox of being both in bereavement and ownership is something that reaches beyond the scope of experience in the primary world, and is heightened by Faërie. Smith's true bereavement is in attaining for a moment the clarity loaned to Faërie by its echo of the Great Escape, and knowing that he cannot keep it, just as he cannot keep the star. He must bid it farewell.

Like Bilbo giving up the Ring, Smith gives up the star of his own volition, knowing that some things are not given as heirlooms. Thus, he renounces the possessiveness of the sea bell's traveller, and in so doing he demonstrates a nobility which is akin to Faërie. His return to Wootton Major is similar to that of Sam in *The Lord of the Rings*; Smith will do much good to the world by being back in it. Smith's son notes that Smith has much to teach besides the working of iron, but a shadow of the journeys that he made will always lie over him, making him more than what he would otherwise have been. Smith keeps the hall gilded in memory of Alf, just as Sam keeps the Red Book.

In Smith we see the epitome of a man touched by Faërie, but we see also that Faërie must always be left. For Smith, unlike Frodo and even Sam, there is no last crossing to Elvenhome, though he likely longs for it. Like the dreamer in *Pearl*, Smith must content himself with the memory of his journey while awaiting the greater one. Smith in many ways represents an ideal link to Faërie, but his farewell to it does not yet entail the complete reconciliation between Faërie and the historical world that Tolkien longed for. It is the sorrow in parting from Faërie having glimpsed, but not attained, the Great Escape that creates the sense of "an old man's book" (L 389) in many of Tolkien's minor works.

We have seen how possible relationships with Faërie can vary from arrogance and blatant disbelief, to eventual understanding of and acquiescence to bereavement and farewell. It is at the point of farewell that the true nature of the relationship is put to the test; for some, the mimetic nature of Faërie offers escape, recovery and consolation so as to effect a fruitful return to our own world. Tolkien's theory of eucatastrophe puts both reader and author in the place of the king who, after long and wild adventures in Faërie, returns to his kingdom with clear and deepened sight because he has glimpsed the eternal in his journey. The manner of our return reflects the nature of our journey, and our deepened sight should give us the vision to look forward to the journey for which Faërie has been a kind of testing ground. Like Smith, we should have the courage to keep the hall gilded in a world beset with Nokeses.

Tom Shippey views *Smith* as a "valedictory address" (Shippey 303), and certainly there is in Smith much that bears comparison to Tolkien himself. There is the long history of travel in Faërie, the illustration of its scope in the dark elves, the dancing queen, and the weeping birch. In Smith himself many of Niggle's worrying faults have been remedied; his participation in the life of Wootton Major is enhanced by his sojourns in Faërie, and perhaps Tolkien felt able to say the same of his own work. After Smith's return to Wootton Major it is difficult to know what the village's future will be, but it is at least encouraging that any of the children seem "fit to find the star" (SWM 176). Perhaps one of the consolations of Tolkien's own farewell lay in the notion that his journeys would help to encourage a correct attitude towards Faërie, and through that towards the Great Escape.

For Tolkien, Faërie was a place where the Great Escape to the eternal world was foreshadowed. But in many of Tolkien's works, both major and minor, there is a tone of despair, as travellers are forced to return to the historical world, some without learning the lessons that Faërie had to teach them. There is, however, one of Tolkien's minor works where faith and Faërie collide at the very departure point of the Great Escape: *Bilbo's Last Song*.

The poem has at its beginning the weight of impending bereavement figured in the familiar motif of the ending day, except in Bilbo's case it has already ended, and his eyes are "dim" (BLS 1). The singer bids farewell to his friends; like many before him, he can hear the call of a world beyond his own, and the stanza moves between literal descriptions of the harbour (the stony wall and the salt-sea) to visionary statements of going "beyond the sunset" (BLS 6). The stanza's focus on what the singer can hear, compounded by the emphasis on dimness of sight, enhances the capacity for vision that reaches beyond the world, just as those who go to Faërie see beyond it. But, on the cusp of the great journey, this vision can no longer be sneered at.

The second stanza returns to literal descriptions of the moorings fretting (perhaps with a desire to begin the journey). Yet as the stanza moves on, the searing vision of the first stanza settles into a kind of travelogue, charting the road that must be taken through shadows to "west of West" (BLS 15). In the final line we are told that in these lands, night "is quiet and sleep is rest" (BLS 16). This draws on the biblical assurance of a future where there will be no more weeping; the visionary world, enhanced by Faërie, is beginning to echo the eternal one.[1]

In the third stanza the poem mentions the Lonely Star, in which we can see the crossroads both of Faërie and eternity. This star is now no longer a passport as it was for Smith; it is the guide, and the true measure of the journey is where the singer, whose eyes had previously been dim, cries to the ship "I see the Star above your mast!" (BLS 24). Up to this point, the poem has been a vision of the Great Escape and the way to the West, but now, in this eucatastrophic moment, the Star itself is seen. Faërie and the Great Escape are unified as the star, laid down in old age, returns as a guide to lead the singer home.

That the Star at this point of farewell stands for both faith and Faërie is a fitting conclusion to Tolkien's long life. This double-facet of the Star also ties *Bilbo's Last Song* to Tolkien's essay *On Fairy-Stories*, where he states that Faërie stories moved closest to the eternal world in their capacity for eucatastrophe. For Tolkien, who struggled in many of his works to reconcile Faërie to the real world, the long-sought Great Escape shows that both Faërie and faith unite at last 'west of West', in the Star above the mast. He finds himself gazing at the very core of eucatastrophe: an "especially beautiful fairy-story" that is "primarily true" (OFS 72). What greater escape could there be?

---

[1] This echo of the eternal world would perhaps have been influenced by the writing of this poem so close to the end of Tolkien's life. Bilbo, although related directly to Middle-earth in name, seems now to be an allegorical representation of Tolkien himself. Although Tolkien does not speak directly about faith in his poem the matching of the appearance of the star with his comments in *On Fairy-Stories* about how eucatastrophe (the cornerstone of faerie) is, in Tolkien's mind, intrinsically related to the cornerstone of his faith (Christ, also biblically represented as the morning star), the star here seems to stand for faerie and faith in connecting to the themes of journeying into the West. Indeed, *Bilbo's Last Song* affords interesting comparison with Tennyson's *Crossing the Bar*.

Bibliography:

Carpenter, Humphrey. Ed. with the assistance of Christopher Tolkien. *The Letters of J.R.R. Tolkien*. London: HarperCollins, 1995

Gordon, E. V., Ed. *Pearl*. Oxford: Clarendon Press Oxford University Press, 1980

The Holy Bible: *New International Version*. London: Hodder and Stoughton, 2000

Keats, John. "La Belle Dame Sans Merci". *The Poems of John Keats*. Ed. Miriam Allcott. London: Longman, 1970, 500-506

Lewis, C. S. *Prince Caspian*. Harmondsworth: Penguin, 1962

Shippey, Tom. *J. R. R. Tolkien: Author of the Century*. London: HarperCollins, 2001

Tolkien, J. R. R. "Leaf by Niggle". *Tales from the Perilous Realm*. London: HarperCollins, 2002, 119-144

---. "On Fairy-Stories". *Tree and Leaf*. London: HarperCollins, 2001, 1-81

---. "Smith of Wootton Major". *Tales from the Perilous Realm*. London: HarperCollins, 2002, 145-178

---. "The Adventures of Tom Bombadil". *Tales from the Perilous Realm*. London: HarperCollins, 2002, 59-118

---. *Bilbo's Last Song*. London: Hutchinson, 2002

Zusammenfassungen der englischen Beiträge

Tolkiens Deutungen des Königtums Arthurs

Vincent Ferré

Für einen Leser von *The Lord of the Rings* wäre es ein Fehler, nur der Rückkehr des Königs zu gedenken, da dieses Ereignis nur die lange Abwesenheit eines Königs und die Vakanz der Macht anzeigt. Diese Motive – Echos des *Beowulf* – sind die offensichtlichsten Zeichen einer politischen Krise, die allgemein für Mittelerde zu gelten scheint und Herrscher, vor allem Könige, betrifft.

Dieser Beitrag widmet sich der Kritik, die Tolkien in seinen kleineren Werken *Farmer Giles of Ham* und *The Homecoming of Beorhtnoth* äußert. Dabei wird Bezug genommen auf zwei von Tolkiens kritischen Texten, die das Scheitern des Königs hervorheben (*Beowulf: The Monster and the Critics*, 1936, und *Sir Gawain and the Green Knight*, 1953) und seine darin entfaltete politische Analyse.

Tolkiens Hauptziel scheint Arthur gewesen zu sein, das Zentrum eines Triumvirats mit Beowulf und Beorhtnoth: In einer politischen Lektüre der mittelalterlichen Texte bezichtigt Tolkien diese drei Herrscher des Fehlens in ihrer Führerschaft und Verantwortung, der Hybris, während er – in seinem fiktionalen Werk – ein anderes Modell für einen König vorschlägt.

Mit Tieren sprechen

Guglielmo Spirito

In Märchen sprechen Tiere und Vögel oft wie Menschen. Bis zu einem gewissen Grad resultiert dieses Wunder aus einem der ursprünglichen ›Wünsche‹ des Menschen, der nach J.R.R. Tolkien nahe dem Kern Faëries liegt: dem Wunsch des Menschen nach Gemeinschaft mit anderen Lebewesen. Aber unsere Sprache hat mit diesem Wunsch wenig zu tun und vergisst ihn oft völlig. Stattdessen wünschen wir, die eigene Sprache der Tiere und Vögel zu verstehen, was noch näher am eigentlichen Zweck Faëries liegt. Märchen geht es offensichtlich nicht um das Mögliche, sondern um das Erwünschte.

Dieser Wunsch, so alt wie der Sündenfall, offenbart ein Empfinden einer Abgrenzung – oder sogar einer Trennung – unserer selbst von den Tieren. Der Mensch hat die Beziehungen abgebrochen und sieht nun nur noch von außerhalb.

»Nur wenigen ist es vergönnt, sich außerhalb des eigenen Reiches ein wenig umsehen zu dürfen; die anderen müssen mit Reiseerzählungen zufrieden sein. Sogar dann, wenn es um Frösche geht« (FS).

Was bedeutet uns dieser Wunsch, dieses ›Erwünschte‹ und auch dieses ›Mögliche‹? Dieser Beitrag versucht, durch die Dynamik, die einigen der zweitschöpferischen Erzählungen aus dem Reich der Fährnisse zugrunde liegt, d.h. *The Adventures of Tom Bombadil* (I und II) und *Farmer Giles of Ham* (bzw. besser Garm von Ham), einer Antwort näherzukommen.

Tom Bombadil – Seine Jugendsünden

Allan Turner

Die Abenteuer von Tom Bombadil ist eine heterogene Sammlung von Tolkiens früheren Gedichten, die er für diese Veröffentlichung revidierte, um sie in Einklang mit der Welt des *Herrn der Ringe* zu bringen. Dieser Artikel erläutert Tolkiens Methode der Verdichtung von Texten und untersucht, inwieweit ihm dieses Unternehmen gelungen ist.

Tolkiens eigenständige Gedichte entstanden größtenteils in den 1920er/30er Jahren. Sie sind oft durch seine philologische Arbeiten (z.B. *Beowulf*) beeinflusst oder enthalten komplexe metrische und phonästhetische Spiele. Ursprünglich hatten viele von ihnen nichts mit dem *Legendarium* zu tun, das sich zur gleichen Zeit allmählich entwickelte, aber es war ein wesentliches Merkmal von Tolkiens Arbeitsweise, neue Fassungen zu komponieren, die durch Erweiterungen oder Überschriften Anspielungen auf die Mythologie bekamen.

Das Vorwort des fiktiven Herausgebers spielt eine wesentliche Rolle bei der integrativen Wirkung, da die erzählerische Stimme die gleiche ist, die uns als Herausgeber und Übersetzer auch in den Anhängen des *Herrn der Ringe* begegnet. Auch hier wird mit dem Konzept gespielt, dass die Texte dem »Roten Buch« entstammen, einer auf unerklärliche Weise überlieferten Kopie von Bilbos und Frodos Handschrift. Die pseudowissenschaftlichen Fußnoten mit Erklärungen von Ortsnamen und geschichtlichen Zusammenhängen vervollständigen die Anhänge und geben weitere Verweise auf das damals noch unveröffentlichte *Silmarillion*. Die Gedichte und Lieder werden den Hobbits selbst zugeschrieben, was dem Verfasser erlaubt, etwaige Ungereimtheiten als Zeichen der Unkenntnis der Auenlandbewohner zu entschuldigen.

Einerseits ist das Zusammenwirken von Vorwort und Gedichten ein spielerisches Meisterstück der Parodie, gleichzeitig aber unterstützt es den Eindruck von Echtheit und integriert diesen schlanken Band in das Tolkien'sche Gesamtwerk.

Zusammenfassungen   *Hither Shore 4 (2007)*   191

Wanderungen im Dunkeln – Fantasy und Quest

Margaret Hiley

Dieser Beitrag setzt sich mit zwei von Tolkiens kleineren Werken auseinander: Die Erzählung *Smith of Wootton Major* und das Gedicht *The Sea-Bell*. Beide können als einem typischen Genre der Fantasy-Literatur zugehörig interpretiert werden: der Quest. Dies geschieht allerdings nicht in traditioneller Weise, sondern eher zur Illustration einer Überzeugung, die Tolkien in *On Fairy-Stories* ausgedrückt hat: Ihre Helden sind »neugierig[e] Reisend[e] in diesem Lande..., in dem es nicht an Wundern, doch an Auskünften mangelt«. Im Fortschritt ihrer Wanderungen verfehlen sie es, Wissen über die Reiche der Fährnisse zu erwerben, die sie betreten haben, und bleiben immer Fremde und Außenseiter. Während genau dieser Zustand der Fremdheit und Entfremdung auch in Tolkiens längeren Werken wie dem *Herrn der Ringe* gesehen werden kann, ist er in diesen beiden Texten besonders deutlich.

Tolkien scheint hier eine Neuerung zu beginnen, die für die moderne Fantasy typisch werden soll: Der Held geht nicht aus, um eine neue Welt zu entdecken und zu meistern, sondern um zu erkennen, dass die fantastische Welt unerkennbar ist und immer bleiben wird. Wie in einer Quest-Erzählung normalerweise das Selbst durch das Erwerben von Wissen konstituiert wird, resultiert das Scheitern in einer grundlegenden Identitätsanfrage und kann in einem völligen Kollaps enden.

Dies kann in beiden Texten gesehen werden, die jeweils eine unterschiedliche Art zeigen, wie die Wanderung ins Unbekannte enden kann: Smith kehrt nach der Aufgabe des Sterns, seines Passes nach Faërie, nach Hause und zu seiner Familie zurück, traurig über den Verlust, aber zufrieden, da er weiß, dass der Stern zu einem würdigen Nachfolger gelangt. Der Sprecher von *The Sea-Bell* dagegen wird durch seine Wanderung auch in seiner eigenen Welt ein Außenseiter, was zu Desorientierung und Verrücktheit führt. Sowohl *Smith* als auch *The Sea-Bell* schließen (wiederum ähnlich dem *Herrn der Ringe*) mit dem Verlust der fremden und wunderbaren fantastischen Welt.

Auf diese Weise geben beide Texte unterschiedliche und zu gewissem Grad komplementäre Antworten auf die Frage, was passiert, wenn eine Wirklichkeit durch eine andere ausgetauscht wird, und wie man mit dem Verlust des Fantastischen umgehen kann. Während diese Themen ebenfalls in Tolkiens längeren Werken eine zentrale Stellung einnehmen, konzentrieren sich die Erzählung und das Gedicht direkter auf sie und können in dieser Beziehung als sein gesamtes Werk repräsentierend gelesen werden.

Tolkien, Faërie und die Große Flucht

Anna Slack

Dieser Beitrag beginnt mit der Vorstellung, der Mensch hege zutiefst den Wunsch nach einer »großen Flucht« in eine andere Welt, und erläutert, wie die Sekundärwelt Faëries durch die Widerspiegelung der ewigen Welt Echos von dem enthält, was der Mensch in dieser Flucht sucht. Dies ist der Grund, der ihn dazu veranlasst, sich ins Reich der Fährnisse zu wagen.

Durch die Analyse einiger kleiner Werke Tolkiens (*Smith of Wootton Major*, *The Sea-Bell*, *Leaf by Niggle* und *Bilbo's Last Song*) in Verbindung mit Tolkiens Theorie der Eukatastrophe wird untersucht, wie Menschen in Tolkiens Werken sich zu Faërie verhalten. Umgekehrt werden diese Beziehungen beurteilt, um zu sehen, wie sie Tolkiens eigene Ansichten sowohl von Faërie als auch der großen Flucht selbst beleuchten können.

Summaries of the German Essays

On the Ontology of *Mythopoeia*

Frank Weinreich

There are some places in Tolkien's fictional work which express the Professor's ontological beliefs and in which his personal convictions about creativity and human (sub-)creational powers can be described and identified. *Mythopoeia*, the poem which he dedicated to C.S. Lewis in order to show him that myth does not consist of lies, but instead conveys facts and deeper truisms, is the most important place of these. For this is what the poem really is about – it is the quintessence of Tolkien's ontology.

To disclose that the paper will take a look at the circumstances of the origin of *Mythopoeia*, it will examine the verses formally and with regard of the content and the opinions expressed therein or lying behind its metaphors in an extensive manner.

The paper will end with concluding remarks about the role of the poem for Tolkien's thinking as well as for the whole work and the impact of it.

Tolkien's Sub-Creation – his shorter Works as Fairy-Stories?

Thomas Fornet-Ponse

This paper will examine the possibility of a theological reading of Tolkien's shorter works in two main parts. But first it will briefly discuss a specifically philosophical and theological foundation of a theological reading of works of human culture and human art (without any obvious religious connotations) as expressing fundamental truths of mankind, which is based on some convictions of intercultural philosophy and the insight that only a secularized faith and theology can have a complete meaning for a increasingly secularized world.

On this basis, a specifically Tolkienian foundation of a theological reading will be explained by theologically analyzing his essay *On Fairy-Stories* and his poem *Mythopoeia* concerning the aspects of his theory of sub-creation, the functions of fantasy (Recovery, Escape and Consolation) and the connection between fantasy and *evangelium*. Thus, it will be shown that Tolkien depicts the creative activity of Man as analogous to God's creating activity and as necessary for accomplishing his own Godlikeness. Although Tolkien does not deny the Fall, it did not abrogate the right to be creatively active. Arising out of Man's creative activity, successful fantasy can be – by its functions Recovery, Escape and Consolation and the eucatastrophe contained in it – a gleam of *evangelium* because every eucatastrophe hints at the 'Great Eucatastrophe' told in the gospels: the birth and resurrection of Jesus Christ.

The second part of the paper deals with four shorter works and the way in which these elements (sub-creation, the three functions of fantasy and a eucatastrophe) are present in them: *Roverandom, Leaf by Niggle, Farmer Giles of Ham, Smith of Wootton Major*. Whereas *Roverandom* shows clearly how Tolkien worked as a sub-creator and how his depiction of Faery and fairy-stories changed, *Leaf by Niggle* and *Smith of Wootton Major* cannot be regarded as classical fairy-stories, since they are rather a narrative illustration of the central characteristics for a fairy-story which are demanded by Tolkien than a succesful fantasy in his sense. Only *Farmer Giles of Ham* seems to represent the main characteristics as a story and not a narrative illustration of a concept. But each of the four analyzed works supports Tolkien's theory of sub-creation and fantasy in its own way.

Smith of Wootton Major as a religious Text

Martin Sternberg

In the past, *Smith of Wootton Major* has been mostly looked upon as an autobiographical story. Now that Verlyn Flieger has edited the texts surrounding it, especially Tolkien's accompanying essay about it, it emerges that these texts can be regarded as Tolkien's last writings on the nature and relevance of fantasy or, as he put it, Faery. And as Tolkien's defence of the fairy story in *On Fairy-Stories* and *Leaf by Niggle* as eucatastrophic subcreation rests on religious ideas, the question arises whether the characteristics and functions of Faery in *Smith* are also ultimately religious.

This essay aims to demonstrate that this is in fact the case. The experience of Faery can be qualified as a numinous experience as defined by Rudolf Otto, but is also similar to that of Niggle's Parish in *Leaf by Niggle*. For Tolkien, Faery represents a relation to all things free from human preconceptions and possessiveness, both physical and mental, that is founded on love, and this attitude strongly resembles the attitude of the mystic in his search for God. Another parallel to mysticism is that entering Faery is a grace similar to the revelation of God to the mystic. Moreover, all men seem to have a hidden memory of Faery. In mysticism, the soul contains an image of the Trinity that may lead man on towards God. Finally, Smith's encounters with the Queen of Faery can be interpreted as successive stages of a mystic union.

The effect contacts with Faery have on the human sphere is a recovery of the human perception and of the human will. Encountering things outside the bonds of human possession leads to a love of them as "other", a "love in ruth and delight" that finds enjoyment in things as ends in themselves, which leads to respecting and preserving them. And as love is a creative force, this regaining of a clear view will also positively enhance human creativity. This regenerating function of Faery bears a strong resemblance to the mythical past in many religions. This mythical age of the first beginnings has to be reactivated by religious ritual to regenerate the profane world that has been worn out by the progress of time.

This religious reading of *Smith of Wootton Major* conflicts with Tolkien's assertion that Faery is not religious, but that the Hall and the Master Cook are allegories of the village church and parson. In this reading, however, the King of Faery becoming Master Cook would mean that "the World" is taking over the church from the inside. A solution to this conflict may be that, according to Tolkien, the Hall represents a reformed church. In this case, *Smith* would be the story of a faerian counter-reformation in which the visual and emotional richness of Catholicism regains entry into a world dominated by rational and economically oriented Protestantism, which in turn, however, might regard these elements as pagan.

Farmer Giles of Ham: a prototypical Dragon-Story in humorous Tradition

Friedhelm Schneidewind

Tolkien has been interested in dragons since childhood times. In Middle-earth they only occupy in minor roles, while appearing more often in his other fictional work or even playing crucial roles on some occasion, especially in *Farmer Giles of Ham*.

The paper begins with a short introduction into the history and mythology of dragons in western culture (due to the fact that Tolkien refers to this general picture of dragons) followed by an overview of dragons in Tolkien's work. The essay then turns to *Farmer Giles of Ham* for the remainder of the paper. This part is introduced by a presentation of the German editions of *Farmer*, followed by a summary of the story and an introductory survey of the topics and myths used therein. An evaluation of Tolkien's humour in the story and of the tradition he has placed it in by this sums up the analysis of the story.

Further thought is given to the impact *Farmer Giles of Ham* had on modern dragon fiction. Concluding observations on how *Farmer* is typical for Tolkien's work in especially one sense are ending the essay.

The dragon-motif in Tolkien's works as poetological concept for generating an epic historic quality

Patrick Brückner

Dragons are a species often encountered in Tolkien's works, as anybody familiar with his essay on *Beowulf* can confirm. This essay argues that Tolkien's dragons are far more than a mere fabulous detail to his oeuvre but that they encroach upon "the machinery and the ideas of a poem [Lay] or tale" (*BMC* 154) and thus create a reality that transcends the one typically called 'fantastic'. The "deep significance" (*BMC* 27) of Tolkien's dragons adds a worldview that refers to an epic historic quality far beyond and different from the fairy tale elements of his texts.

Leaf by Tolkien?

Fabian Geier

The story *Leaf by Niggle* offers some unique insight into Tolkien's process of creativity as well as his emotional life. In a much more direct way than *Smith of Wootton Major*, *The Lost Road*, or *The Notion Club Papers* – all of which contain autobiographical elements, albeit of varying strength –, this story shows parallels to Tolkien's circumstances, providing the entire narrative with the character of an allegory. There is only one blemish: Tolkien most decidedly resented allegory – "in all its manifestations", as he famously wrote in the Foreword to *The Lord of the Rings*. In the same vein, he rejected any biographically orientated interpretation of his works.

Such obvious divergence between theoretical rejection and practical use of allegory has led many to characterize Tolkien's treatment of allegory as ambivalent. I, on the other hand, would like to show that Tolkien is markedly consistent in his stance. In doing so, I will examine the apparent contradictions in his statements item by item and put them into the larger context of Tolkien's thinking, such as his theory of sub-creation. For this, it is necessary to not only differentiate between allegory and applicability, as Tolkien does himself, but also between inspiration and conscious borrowing, and between general life experience and metaphysical guiding principles, all of which can be illustrated in *Leaf by Niggle* by way of the overlapping of the theological and the biographical references as well as by the narrative level taking on a life of its own. It is the narrative level alone that proves decisive to Tolkien; all other dimensions only offer possible, but still supplementary, complements. Tolkien sees allegory as in the service of the narrative, and not vice versa, which is why when Tolkien actually makes use of it, it quickly frays out and never gets to influence the inner logic of the story in any meaningful way.

Thus, Tolkien's strong opposition to allegory may not be regarded as the rejection of one single stylistic element but as a fundamental way of approaching literature: the attempt of finding the character of a story on a level beyond that of immediate narration. This idea of the rejection of any primary, immediate approach to literature not only allows us to reconcile Tolkien's general rejection of analogy with the main thesis of his Beowulf article, and his remarks in *On Fairy-Stories*. What is more, this type of dispute has been appearing in different art forms and contexts, and thus mirrors a very fundamental conflict that may not be as idiosyncratic as has long been assumed.

Leaf by Niggle: A Textual Criticsim

Heidi Krüger

This paper first establishes the implications and premises on which the better-known interpretations (allegorical, autobiographical, Christian or as a narrative illustration of *On Fairy-Stories*) of *Leaf by Niggle* are based. We will see that almost all of them use a very similar pattern of interpretation, leading to similar results.

I will then take a look at the possible reasons for this, and whether these reasons might be in any way cogent, by analysing the foundations of these underlying implications and premises. They apply external categories on the text and sometimes are primarily concerned with the interpretation of external subjects (e.g. the author, Christian Catholicism) and not the text itself.

The next part of the paper tries to free Tolkien's story of the rigid formulas of interpretation (its genre as a Christian allegory, the comparison with Tolkien's life), enabling us to view it from a perspective both manifold and unbound by earlier criticism.

The end of the paper offers an interpretation of the tale that is based on the text-related method of textual criticism, as well as on the awareness that Tolkien was a writer in modern times and for modern times. In this interpretation, following aspects are primarily analysed: the understanding of the voyage, the workhouse, the function of the narrator's voice and the relationship between primary and secondary world.

Zwischen Genie und Wahnsinn: Gedanken eines Künstlers über Muschelklang und Elbenstern

Friedhelm Schneidewind (Hemsbach)

Am letzten Tag des Tolkien Seminars 2007 behandelten drei Vorträge Tolkiens Gedicht *Muschelklang* (*The Sea-Bell*): alle unter dem Aspekt der Konfrontation von Faërie mit der Menschenwelt und der Gefahr, die diese mit sich bringt; alle drei im Vergleich mit Tolkiens letzter Geschichte, *Der Schmied von Großholzingen* (*Smith of Wootton Major*).

Diese Geschichte war im Seminar schon vorher prominent vertreten. Ich selbst habe sie oft gelesen und mag sie sehr, und doch wurde mir während der Vorträge schlagartig erstmals deutlich: Beide Texte schildern auch (Extrem-)Positionen des Umgangs mit der eigenen schöpferischen Kraft, Phantasie und Kreativität.

Maria Raffaela Benvenuto und Margaret Hiley zeigten in ihren Vorträgen, dass die beiden Protagonisten sehr verschiedene Erfahrungen im Faërie machen und unterschiedlich »heil« zurückkehren: Der Erzähler in *Muschelklang* fühlt sich fremd, ja abgestoßen im »Vergessenen Land«; nach seiner Rückkehr ist er, traumatisiert, auch zu Hause ein Fremder, ein Ausgestoßener. Der Schmied hingegen erlebt zwar einige Zurückweisungen, aber auch freundliche Aufnahme und kann sein heimisches Leben erfolgreich fortführen, wenn auch leicht entfremdet von Gesellschaft und Familie.

Nicht mit Elbenschiffen oder durch Elbensterne, wohl aber durch unsere Phantasie und Kreativität können auch wir erleben, dass »one reality is exchanged for another« (Hiley): Dies ist das tägliche Brot der künstlerisch Tätigen. Tolkien bebildert in den zwei Texten Extremformen, damit umzugehen, bebildert die schon sprichwörtliche »Grenze zwischen Genie und Wahnsinn«. Dass künstlerisch veranlagte Menschen diese gerne überschreiten, ist fast ein Gemeinplatz. Und dafür kann *Muschelklang* als Gleichnis dienen – während der Schmied ein Beispiel ist für eine gelungene Integration der eigenen kreativen Potentiale.

Ist diese Betrachtungsweise zulässig? Sicher, und gleich aus zwei Gründen. Erstens: Die Begegnung mit Faërie (Anderswelt, Elbland, vergessene Lande), die uns Menschen verändert (und sei es nur durch die Entscheidungen, die wir in diesem Zusammenhang treffen), kann ich interpretieren als Begegnung mit dem Transzendenten im religiösen oder spirituellen Sinne, aber auch im Sinne von Kreativität; die eigenen schöpferischen Kräfte haben immer auch etwas Transzendentes. Im Sinne Tolkiens wäre dies wohl allemal, war doch für ihn die Kraft des Menschen zur Zweitschöpfung von Gott verliehen. Und auch diejenigen unter uns, die nicht an übernatürliche Kräfte oder Gottheiten glauben, begegnen in ihrer eigenen Schöpfungskraft dem Transzendenten. In diesem Sinne ist Faërie allen Kunstschaffenden in unserer Primärwelt stets gegenwärtig, und Tolkiens Geschichten mögen zum Umgang mit ihr Hinweise geben. In der Übertragung und Anwendbarkeit auf mein Leben als Autor und Musiker finde ich in ihnen gleich zwei jener »Lektürewohltaten«, die Tolkien von einer fairy-story erwartet: Erholung/Wiederherstellung und Trost (Recovery und Consolation, ÜM 111-127).

Zweitens: Dass Tolkien mit seinen Geschichten über Faërie auch über Kunst schrieb und dies wusste, ergibt sich aus seinen Briefen: »Natürlich heißt das in Wirklichkeit bloß, daß meine ›Elben‹ nur eine Deutung oder Darstellung eines Teils der menschlichen Natur sind...« (B 198; Nr. 131). Dies ist der künstlerische, geistigere Teil unserer Natur: »Ihre ›Magie‹ ist Kunst, aber von vielen menschlichen Beschränktheiten entbunden: müheloser, schneller, vollständiger ... Und ihr Zweck ist Kunst und nicht Macht, Zweitschöpfung und nicht Bezwingen und tyrannisches Re-Formieren der Schöpfung« (B 194; Nr. 130).

Nicht alle von uns, die wir Faërie begegnen, tun dies freiwillig – es gibt Menschen, die werden von ihrer Schöpfungskraft ge-/bezwungen, ja tyrannisiert. Die meisten aber springen, wie in *Muschelklang*, gerne und freiwillig auf das Schiff, wenn sie es denn am Strand entdecken, lassen sich davontragen in unbekannte Gefilde. Oder sie wandern gerne mit dem Elbenstern ins Elbland. Und dann müssen sie entscheiden, wie sie umgehen mit diesen fremden Einflüssen, wie sie sich verhalten in diesem fremden Land. Manche versuchen, sich zum »Herrscher« aufzuschwingen, und bekommen keine Antwort: »Warum bleibt ihr alle vor mir, eurem König, stumm?« (ATB 80). Sie müssen feststellen, dass ihre Schöpfungskraft sich ihnen verweigert, sie am Ende gebrochen davonschleichen und sogar in ihrer Heimat nicht mehr heimisch werden. Für die Primärwelt gesprochen: Nicht alle können sich mit ihrer Kreativität arrangieren, manche kämpfen mit ihrer künstlerischen Ader und einige zerbrechen daran – oder verfallen gar dem Wahnsinn.

Man kann sich der Erkenntnis natürlich auch verweigern, die eigene Begabung verleugnen, so wie Nokes die Existenz des Transzendenten leugnet. Das ist sicherer, ungefährlicher, aber auch trocken und langweilig.

Mit dem Schmied weist Tolkien uns den richtigen Weg, den einer sich befruchtenden Ko-Existenz zwischen »normalem« Mensch-Sein und künstlerischem Dasein. Auch die Reisen in das fremd-eigene Ich mit dem Elbenstern entfremden etwa von Familie und Gesellschaft – dafür gibt es genügend Beispiele in der Primärwelt. Dafür aber werden Arbeit und Kunst im »richtigen« Leben bereichert und befruchtet. Wem es gelingt, wie der Schmied die nötige Ehrfurcht vor der Kunst und der eigenen Schöpfungskraft zu bewahren, sich wenn nötig klar zu entscheiden und rechtzeitig den Stern weiterzugeben, der kann nach Tolkiens Erzählung auch und gerade als künstlerisch tätiger Mensch glücklich werden; er findet Erholung/Wiederherstellung (Recovery).

Am Ende ist dem Schmied der Weg nach Elbland verwehrt. Tolkien schrieb die Geschichte 1967, es war seine letzte. Anna Slack und Heidi Steimel wiesen in ihren Vorträgen auf die autobiographischen Züge der kleinen Werke Tolkiens hin; Steimel betonte, dass Tolkien den Schmied am Ende seines kreativen Lebens geschrieben habe. Sie findet den Schluss der Geschichte schmerzvoll und traurig: Es sei starkes Bedauern für den Schmied zu spüren, wenn auch abgemildert durch die Hoffnung, die Schöpfungskraft an die nächste Generation weiterzugeben.

Ich lese die Geschichte anders: als (stark autobiographisch geprägte) Darstellung eines Mannes, bei dem die Fackel der Kreativität zwar verloschen ist, der aber weiß, was er geleistet hat und damit zufrieden ist – und weiß, dass er auch in Zukunft immer noch schön singen wird! Nicht alle können bis in den Tod kreativ und künstlerisch tätig sein wie etwa George Tabori, der seinen Elbenstern erst am Todestag abgab. Tolkien zeigt uns, dass es auch ein Leben nach den Besuchen in Faërie, in Elbland, gibt, auch ohne den Elbenstern. Das ist der Trost in der Geschichte (Consolation). Ich möchte gerne glauben, dass Tolkien auch auf sich bezog, was der Schmied am Ende denkt: »So ist alles gut« (SG 125).

Bibliographie

Carpenter, Humphrey, Hg. unter Mitwirkung von Christopher Tolkien. *Briefe*. Stuttgart: Klett-Cotta, ²2002

Clair, Jean, Hg. *Melancholie. Genie und Wahnsinn in der Kunst*. Katalog zur Ausstellung. Ostfildern-Ruit: Hatje Cantz, 2005

Csikszentmihalyi, Mihály. *Kreativität. Wie Sie das Unmögliche schaffen und Ihre Grenzen überwinden*. Stuttgart: Klett-Cotta, 1997

Freud, Sigmund. »Der Dichter und das Phantasieren«. Studienausgabe. Band 10: *Bildende Kunst und Literatur*: Frankfurt: S. Fischer, 2001, 169-180

Holm-Hadulla, Rainer M. (2000). *Kreativität – Konzept und Lebensstil*. Göttingen: Vandenhoeck & Ruprecht, 2004

Lange-Eichbaum, Wilhelm: *Genie, Irrsinn und Ruhm*. 11 Bände. München: Reinhardt, 1999

Tolkien, John Ronald Reuel. »Über Märchen«. *Gute Drachen sind rar. Drei Aufsätze*. Stuttgart: Klett-Cotta, 1983, 51-140

---. »Muschelklang«. *Die Abenteuer des Tom Bombadil und andere Gedichte aus dem Roten Buch*. Stuttgart: Klett-Cotta, 1984, 78-83

The Children of Húrin – Its Use for Tolkien Scholarship

Thomas Fornet-Ponse (Bonn)

Every time a new text by J.R.R. Tolkien is published or an already published text is republished, Tolkien scholars may ask what use it can have for their occupation. In the last years, there are, above all, two works to be mentioned because of their importance for a wider public[1]: Michael Drout's excellent edition of the different drafts of Tolkien's lecture on *Beowulf* and Verlyn Flieger's extended edition of *Smith of Wootton Major*. Both are important contributions for Tolkien scholarship insofar as hitherto (in their full length) unknown texts are now published and offer helpful insights not only for the interpretation of the two works but are relevant also for scholars who are dealing with Tolkien's thought in general.

Now, a new narrative text or rather a new edition of a known narrative is published by none less than Christopher Tolkien (CT): *The Children of Húrin*, a legend which in the time following the publication of LotR became for his father "the dominant story of the end of the Elder days" (*Evolution* 281). Especially because of the compilatory character of *The Silmarillion* and the fragmentary character of the *Narn i Hîn Húrin* in *Unfinished Tales* (75-209), there were great expectations. The more so as CT's editing qualities are known from the twelve volumes of *The History of Middle-earth* – indispensable for Tolkien scholars. Thus, what use has *The Children of Húrin* for Tolkien scholarship?

First and foremost, it has to be acknowledged that the question about the usefulness for Tolkien scholarship seems to be a misleading one since this was not the guiding principle of CT. Rather, it was the wide public of the many readers of LotR who do not know the legends of the Elder Days which let him to present

> my father's long version of the legend of the Children of Húrin as an independent work, between its own covers, with a minimum of editorial presence, and above all in continuous narrative without gaps or invention, despite the unfinished state in which he left some parts of it. (Preface 7)

---

1 In most cases a wider public is not interested in the documents published in *Vinyar Tengwar* because they are dealing with matters of his elvish tongues or are translations of e.g. Christian prayers into Quenya. An important exception is the *Osanwe-Kenta* with its information concerning psychological, philosophical and theological questions.

The focus on this audience is stressed by the presence of an introduction about "Middle-earth in the Elder Days", in which CT refers to some relevant passages of LotR (Elrond's mentioning of the Elder Days and Beleriand at the Council of Elrond, Treebeard's remembering of time in Beleriand and the mentioning of Fëanor in App. A) for giving some remarks concerning the malice and might of Morgoth, the geography of Beleriand, the Noldor and their possessions in Beleriand, and Men and their relations to the Noldor. Furthermore, the first of the two appendices has to be mentioned in this context, because there CT explains his "father's attempts to achieve a final form for the three tales" (Preface 11), meaning *Beren and Lúthien*, *The Children of Húrin* and *The Fall of Gondolin*. His attempt to form a continuous narrative of *The Children of Húrin* is due to the importance the story had for his father in his last years and their narrative power and immediacy. Seen from this perspective on a wide public which is not well informed about Tolkien's works, it is not surprising that neither of the two texts contains new information for a well-informed reader of *The History of Middle-earth*.

But what about the narrative itself? For a correct reading it is crucial to read the second appendix because therein CT recounts his editing work on this text. First, he mentions some differences of the present version to the version in the *Unfinished Tales* which arose from the scope of this compilation. On the one hand, these concern omissions of large parts like the sojourn of Húrin and Huor in Gondolin or the account of the Battle of Unnumbered Tears since they were known out of *The Silmarillion*. On the other hand, there are differences between the two texts, inter alia because of CT's insight of then having "allowed myself more editorial freedom than was necessay" (Composition 285). Many of these editorial changes were now restored according to the original text. The differences do not only concern the words and sentences but also the structure of the text because CT reached the conclusion that the narrative of the published *Silmarillion* conforms to the sequence his father did achieve before abandoning it – "but with one difference" (286), concerning the giving of Anglachel and Lembas to Beleg.

The greatest difference regards the major lacuna in *Unfinished Tales* (from Mîm to the Fall of Nargothrond), which is now filled with new text. Whereas CT tried to write a 'Silmarillion' version of the story in Chapter 21 of *The Silmarillion*, he now used the same original materials, but with a different purpose (and according to him with "a better understanding of the labyrinth of drafts and notes and their sequence" [288]): much of the omitted or compressed material now remains available. Nevertheless, it is an artificial text because he "had to introduce bridging passages here and there in the piecing together of different drafts" (289). He mentions another two details in which he has emended the original texts: a geographical one concerning the position of the path to the Crossings of Teiglin and the second one "concerns the story of the slaying of Glaurung at the crossing of the ravine" (291), where he notes an incoherence in the final version of the position of Túrin and Hunthor. Such emendations, bridgings and corrections were unavoidable since the great body of manuscripts and the different stages of evolution make a compilation necessary if one wants to form an uninterrupted narrative as it is the declared aim of CT. Although it is an artificial text, he tried to form "a continuous narrative from start to finish, without the introduction of any elements that are not authentic in conception" (Evolution 282).

Thus, there are many unidentifiable (minor) changes and additions of CT to the text, which is reader-friendly but limits per se the usefulness for scholarship even regarding the claimed authenticity in conception. But this authenticity is a reason why *The Children of Húrin* is not only worth reading for a broad public but also for Tolkien scholars. Furthermore indeed

> *The Children of Húrin* in its latest form is the chief narrative fiction of Middle-earth after the conclusion of *The Lord of the Rings*; and the life and death of Túrin is portrayed with a convincing power and an immediacy scarcely to be found elsewhere among the peoples of Middle-earth. (Evolution 282)

But exactly because of this I have to mention an important point of critique which I regard as a vital one. Neither in the narrative itself nor in the introduction nor the appendices does Christopher Tolkien mention the 'author' of this legend, Dírhavel. While this seems of no great importance at first sight, it may explain differences in tone and conception between it and the stories of the *Quenta Silmarillion* because "the *Narn i Hîn Húrin* was the work of a Mannish poet, Dírhavel, who lived at the Havens of Sirion in the days of Eärendil" (UT 187, cf. WJ 312-315). With regard to the explicitly stated elvish point of view of nearly all stories of Tolkien's *legendarium*, it should not be underestimated that such an important text was designed as the work of a Man who "gathered all the tidings and lore that he could of the House of Hador" (WJ 311) and was himself of this house (cf. 313).

A detailed analysis of the differences between the *Narn* and the other legends may reveal discrepancies concerning the conceptions of freedom, heroism or death which can be explained by an elvish or a mannish authorship, respectively, and therefore may underline Tolkien's skill in adapting his texts to the claimed authorship and his diligence in carefully elaborating the fictional frame of the stories and legends. This would not be the case if we had to assume that there does not exist any difference in the authorship as *The Children of Húrin* suggests by not mentioning the fictitious author. However, because of the continuity of the latest versions to the earlier ones it seems more than probable that Tolkien does not intend a change of authorship of this legend and that Christopher Tolkien just set it aside in view of the readership he aimed at.

Concluding, while *The Children of Húrin* is aimed at and most interesting for a broader public which until now did not come in close contact with the stories of the Elder Days, it can also be of interest and importance for Tolkien scholars because of its narrative power and continuous and coherent narrative, if they have in mind its fictitious 'mannish' origin.

Bibliography:

Drout, Michael D.C., Ed. *Beowulf and the Critics by J.R.R. Tolkien*. Tempe, Arizona: Arizona Center for Medieval and Renaissance Studies, 2002

Tolkien, Christopher. "Preface". In: *The Children of Húrin*, 7-11

---. "Introduction". In: *The Children of Húrin*, 13-27

---. "The Evolution of the Great Tales". In: *The Children of Húrin*, 269-282

---. "The Composition of the Text". In: *The Children of Húrin*, 283-292

Tolkien, J.R.R. *The Children of Húrin*. Ed. Christopher Tolkien. London: HarperCollins, 2007

---. "Ósanwe-kenta". *Vinyar Tengwar* 39 (1998): 21-34

---. *The Silmarillion*. Ed. Christopher Tolkien. London: HarperCollins, 1999

---. *Smith of Wootton Major. Extended Edition*. Ed. Verlyn Flieger. London: HarperCollins, 2005

---. *Unfinished Tales*. Ed. Christopher Tolkien. London: HarperCollins, 2000

---. *The War of the Jewels. The History of Middle-earth XI*. Ed. Christopher Tolkien. London: HarperCollins, 1995

Rezensionen

Janet Brennan Croft (Ed.): Tolkien and Shakespeare: Essays on Shared Themes and Language

Jefferson, NY: McFarland, 2007, 336 pp., Softcover

It is a time-honoured practice in natural sciences, such as physics or chemistry, to postulate a more or less reasonable assumption, which is then either proved or disproved experimentally. The editor of the volume under review seems to have thought this approach also valid for humanities. She writes: "Tolkien and Shakespeare: one a prolific popular dramatist and poet of the Elizabethan era, the other a twentieth-century scholar of Old English and author of a considerably smaller body of work. Though unquestionably very different writers, the two have more in common than one might expect."

I for one did not expect much, but even so the result of the exploration of shared themes and language in Tolkien and Shakespeare is rather disappointing. Most of the contributors – among whom there are (tellingly) no 'big names' (pace Daniel Timmons and Anne Petty – and Michael Drout had his shot at the topic in TS 1) – have tried their best to find common points of departure to link and compare these two authors or to discuss them within a common framework.[1] The result is that most of the authors say reasonable or interesting or at least reasonably interesting things about Shakespeare and also about Tolkien, yet, as it becomes increasingly and glaringly clear, there is no intrinsic connection between the two authors. The typical structure of many essays is like this: Shakespeare does X, and Tolkien does Y – and we can see that there are similarities between X and Y.

To revert to the language of experimental natural sciences: the experiment of *Tolkien and Shakespeare* has shown that there is no substantial connection between these two authors and any future research in this specific direction seems pointless.

Thomas Honegger

---

[1] Interestingly, not one of the contributors seems to have read Tom Shippey's "Tolkien and the West Midlands: The Roots of Romance" (first published in *Lembas Extra* (1995), pp. 5-22, reprinted in Tom Shippey, *Roots and Branches: Selected Papers on Tolkien*, Zurich and Berne: Walking Tree Publishers, 2007, pp. 39-59), which makes some salient points about Tolkien and Shakespeare as West Midland authors.

Trevor Hart and Ivan Khovacs (Eds.): Tree of Tales: Tolkien, Literature, and Theology.

Waco TX: Baylor University Press, 2007, 146 pp., Paperback

The core of this appealingly designed, relatively slim volume consists of papers presented at symposium commemorating, in 2004, the 65th anniversary of Tolkien's Andrew Lang Lecture (later published as *On Fairy-Stories*). The focus is, accordingly, on questions of literary creativity and other themes touched upon in OFS.

The first paper by Rachel Hart explores the immediate (historical) context of Tolkien's 1939 Andrew Lang Lecture, its eventual publication in *Essays Presented to Charles Williams* (1947) and the influence of Lang's Fairy Books – and the *Red Fairy Book* in particular – on Tolkien's own literary creations. Hart pays special attention to the development of dragons in Tolkien's work, and highlights the impact of Fáfnir from Lang's retelling of the 'The Story of Sigurd' on the figure of Smaug. The original illustration from the 1890 edition, showing Fáfnir creeping through a hole, is reproduced on page 10 and enables readers to compare Tolkien's drawings of dragons with this 'prototype'. It is a pity that the author, an archivist and member of the St. Andrews Library, did not take into consideration the drafts and original manuscripts of Tolkien's Andrew Lang Lecture, all of which are accessible at the Bodleian Library. An edition of this material is being prepared by Verlyn Flieger and Douglas Anderson and a wider audience will soon be able to explore the genesis of this important piece of literary criticism.

Colin Duriez's well-written contribution provides an illuminating discussion of C.S. Lewis's and Tolkien's literary works with special attention to their 'shared values and aims'. He identifies the restoration of fairy story and fantasy, 'learning' (vs. 'training') and values of the 'Old West' such as sacrifice, chivalry, hierarchy, freedom, goodness, dignity, beauty, wonder, holiness, friendship and fellowship as their central concerns which found expression in their academic as well as literary writings.

The exploration of Tolkien's ideas of and on (literary) creativity makes up the core of Kirstin Johnson's and Trevor Hart's well-argued essays. Johnson reads *OFS*, *Leaf* and *Mythopoeia* as different expressions of Tolkien's view on mythopoesis, comments on Barfield's influence on this concept and, in a second part, illustrates how Tolkien made use of 'stories' to implement his mythopoeic theory in his writings.

Johnson's piece is followed and complemented by Trevor Hart's excellent study of Tolkien's concept of creativity and its place in the order of things (especially the relationship between creaturely and divine creativity), mostly by means of an analysis of the *Ainulindalë*.

David Lyle Jeffrey's contribution, his Andrew Lang Lecture for 2004, constitutes a broadening of the thematic framework. He takes Tolkien's idea of 'eucatastrophe' as a point of departure and investigates the dire consequences of the secularisation of literary studies. He argues that ever since the religious element and the biblical framework have been excluded or at least ignored, and with poetry usurping functions of religion, the formal study of literature has been in disarray in much of the English-speaking world. While I agree, as a medievalist teaching university students with a predominantly non-religious background (a leftover of the GDR), with Professor Jeffrey on the importance of the tradition and the biblical framework for the study of much of Western literature, I would not paint as black a picture of the future of English Literary Studies. Maybe works like *The Lord of the Rings*, which hardly mention religion at all, will lead readers towards a 're-discovery' and an appreciation of the canonical texts and their religious background.

The – for any collection of essays published after 2003 – seemingly inevitable comparison between movie and book is made by Loren Wilkinson. She concentrates on the presentation of 'heroism' and discusses the loss of balance between the 'warrior hero' and the 'gardener hero' parts in the transfer from book to film.

The final paper by Ralph Wood inquires into the nature of the Ring and examines the Augustinian vs. the Manichean understanding of good and evil. Wood takes Tom Shippey's discussion of 'Manichean' elements in Tolkien's depiction of evil as his starting point, refutes them and locates Tolkien's treatment of evil within an orthodox Augustinian framework. Wood's exploration of the finer theological points is coherently argued but may leave the general reader wondering whether he is not overshooting the aim – not least since Shippey was probably not intending to make a theological but (primarily) a literary point.

These minor quibbles aside, the collection makes good and stimulating reading and deserves the attention of every serious Tolkien-scholar.

Thomas Honegger

John D. Rateliff:
The History of *'The Hobbit'*. J. R. R. Tolkien.

Part 1: Mr. Baggins. Part 2: Return to Bag-End.

London: HarperCollins, 2007, Hardcover

Nicht nur Leser und Leserinnen der *History of Middle-earth* werden John D. Rateliffs *History of 'The Hobbit'* mit Spannung erwartet haben, präsentieren die beiden Bände doch Tolkiens Erstfassung des *Hobbit* (1937). Taum Santoski hatte bereits in den 1980er Jahren mit einer solchen Edition begonnen; sein früher Tod verhinderte jedoch deren Fertigstellung. John Rateliff, der vorübergehend an diesem Projekt beteiligt gewesen war,[1] begann nun noch einmal ganz von vorn.

Wie Christopher Tolkiens zwölfbändige *History of Middle-earth* präsentiert sich Rateliffs *History of 'The Hobbit'* als aufwendig kommentierte Textarchäologie. Allerdings verfährt Rateliff nach einem anderen Editionsprinzip: Anstelle einer redigierten Geschichte der Textentstehung samt einer Auswahl aus den verschiedenen Stadien, konkurrierenden Varianten, Überarbeitungen usw. publiziert er die jeweils ersten Fassungen, wobei er den durchgehend geschriebenen Text gemäß den Kapiteleinteilungen der Druckversion einrichtet. Die beiden Bände enthalten also den in drei großen Arbeitsphasen entstandenen ›Ur-Hobbit‹, inklusive diverser Skizzen und Notizen zum weiteren Handlungsverlauf, die Brüche in Tolkiens Konzeption und seine sich wandelnden Vorstellungen von späteren Abschnitten der Geschichte dokumentieren. Wie in der *History of Middle-earth* kommen so überraschende Alternativen und verworfene Ideen zum Vorschein – etwa die, dass Bilbo Baggins selbst die Rolle des Drachentöters spielen könnte.

An die Fertigstellung eines ersten vollständigen Textes schließen sich zwei weitere Phasen der Überarbeitung an, die bislang nur zum Teil aus Douglas Andersons *The Annotated Hobbit* (1988) bekannt waren und nun von Rateliff ausführlich dokumentiert werden. Nach Erscheinen des *Hobbit* nahm Tolkien 1944 wesentliche Änderungen vor, um die Beschreibung von Bilbos erster Begegnung mit Gollum der gewandelten Sicht des *Lord of the Rings* anzupassen. Aus der ›vierten Phase‹ ging so die zweite Auflage des *Hobbit* hervor. Von besonderem Interesse ist aber die ›fünfte Phase‹ erneuter Bearbeitung, die Rateliff ins Jahr 1960 datiert: Tolkien begann mit einer grundlegenden Revision des Buchs, um den *Hobbit* in Stil, Ton und Weltsicht nahtlos an den *Lord of*

---

1 Laut eigener Auskunft im Interview:
http://www.tolkienlibrary.com/press/history_of_the_hobbit.php (16.10.07)

the Rings anzuschließen, brach dieses Vorhaben jedoch nach Bearbeitung der ersten drei Kapitel ab.

Als Textedition stellt *The History of 'The Hobbit'* zweifellos eine wertvolle, für Tolkien-Forscher unverzichtbare Ergänzung zum bisher publizierten Material dar. Insbesondere ist Rateliffs Sorgfalt bei der Textherstellung hervorzuheben. Dass er alle wesentlichen Ergänzungen, Korrekturen und Unleserlichkeiten in den Manuskripten und Typoskripten angibt, mag den Lesefluss manchmal aufhalten; LeserInnen, die sich genauere Einblicke in Tolkiens Schreibprozess und eine klare Trennung der ursprünglichen Texte von redaktionellen Bearbeitungen wünschen, werden diese Vorgehensweise jedoch begrüßen. Hilfreich sind auch die ›text notes‹, die jeden Abschnitt begleiten: Rateliff gibt darin nähere Auskunft über Veränderungen, die Tolkien beim Schreiben vornahm. Bisweilen werden hier auch Fragen der Namensgebung erläutert, einzelne Passagen um Ausblicke in die weitere Textgeschichte ergänzt und im Kontext des Gesamtwerks situiert.

Rateliff bemüht sich zudem um eine präzise Darstellung des Schreibverlaufs und die möglichst genaue Datierung der einzelnen Arbeitsphasen. Dabei korrigiert er schon einleitend das von Howard Carpenter (*J. R. R. Tolkien. A Biography*, 1977) entworfene Bild. Nach ausführlicher Erörterung der (zum Teil widersprüchlichen) biographischen Angaben kommt Rateliff zu dem Schluss, dass Tolkien die erste Fassung des *Hobbit* im Sommer 1930 begann und im Januar 1933 beendete, nachdem es mehrfach zu Unterbrechungen gekommen war (S. xiii-xx). Das präsentierte Material widerlegt außerdem Carpenters Darstellung, Tolkien habe die Geschichte fast in einem Zug und ohne wesentliche Überarbeitungen zu Papier gebracht (S. xxi).

Mit der *History of 'The Hobbit'* hat Rateliff eine facettenreiche Grundlage für weitere Studien zu Tolkiens Schreibverfahren, zur Entwicklung seiner ›Mythologie‹ und zur Stellung des *Hobbit* im Gesamtwerk geliefert. Seine Textausgabe bietet selbst wichtige Einsichten: So wird z.B. erkennbar, dass – wie Rateliff zu Recht betont – *The Hobbit* zu keinem Zeitpunkt als vollkommen unabhängiges Werk ohne Bezug zu den ›verschollenen Geschichten‹ von Arda konzipiert war. Schon in den ersten Entwürfen der Eingangskapitel finden sich Anspielungen auf zentrale Elemente der Mittelerde-Mythologie.

Spannend zu verfolgen ist auch Tolkiens Versuch, den *Hobbit* im Stil des *Lord of the Rings* umzuschreiben. Hätte er dieses Vorhaben bis zu Ende durchgeführt, wäre in der Tat ein völlig anderes Buch entstanden (vgl. S. 811f): Tolkien nimmt nicht nur die kommentierende, manchmal ironisierende Präsenz des Erzählers weitgehend zurück, sondern versucht auch, die erzählte Welt in der ›historischen‹ Sicht des *Lord of the Rings* erscheinen zu lassen. Wesentlich dafür sind die Herstellung eines stimmigen Raum- und Zeitkontinuums sowie die Auflösung von Unklarheiten und Widersprüchlichkeiten. Am Schluss der ›fünften Phase‹ in der Textgeschichte stehen daher Notizen zu Wegstrecken und Mondphasen. Warum Tolkien diese weitreichende Überarbeitung nicht fortführte, muss offen bleiben. Deutlich wird aber seine außerordentliche Harnäckigkeit bei der Konstruktion einer wahrhaft glaubwürdigen ›Sekundärwelt‹ – noch lange nach dem Erscheinen des *Hobbit*.

Die *History* schließt mit vier Anhängen, die Fragen der Nomenklatur gewidmet sind und einen eher losen Zusammenhang bilden. Rateliff präsentiert und kommentiert (I) einen Auszug aus den *Denham Tracts* von 1895 (die einzige Quelle, die noch vor Tolkiens Publikationen ›hobbits‹ erwähnt), (II) Tolkiens Brief an den *Observer* (1938), der ebenfalls der Frage möglicher Quellen für den Begriff ›hobbit‹ gilt, sowie die schottische Volkserzählung *The Hobyahs*, (III) die Namen der Zwerge (*Dvergatal*) aus der Lieder-Edda nebst Ergänzungen aus der Prosa-Edda und zuletzt (IV) Tolkiens Briefwechsel mit Arthur Ransome, der zu kleineren Korrekturen des *Hobbit* führte.

Insgesamt lässt sich sagen, dass John Rateliff seinem erklärten Ziel, »to tell the story of how the book was written« (S. xxx), sicher insoweit gerecht wird, als er die Entstehung des allerersten *Hobbit* umfassend aus den erhaltenen Quellen rekonstruiert. Allerdings hat er keine reine Textausgabe vorgelegt: Über die Früh- und Spätfassungen des *Hobbit* und die Untersuchung der Textgenese hinaus enthält die *History* eine Reihe von ›Mini-Essays‹ (S. xxvi), die sich mit den Protagonisten, zentralen Themen, Motiven und Schauplätzen der jeweiligen Kapitel befassen und diese zu Tolkiens Gesamtwerk in Beziehung setzen. So finden sich z.B. Erörterungen über die Entwicklung der Gandalf-Figur und ihres Vorgängers Bladorthin, über Zwerge, Waldelben, Warge, Drachen, Orks, den Gestaltwandler Beorn (ursprünglich Medwed), den Arkenstein usw., aber auch zur Erzählerstimme und zur Geographie.

Rateliff interessiert sich dabei vor allem für die Stoffgeschichte und präsentiert mögliche Quellen und Werke, die Tolkien inspiriert haben könnten. Die benannten Texte reichen von mittelalterlicher – insbesondere skandinavischer – Überlieferung bis zum historischen und fantastischen Roman der frühen Moderne. Diese Untersuchungen können hier nicht im Einzelnen vorgestellt und diskutiert werden. Verschiedentlich schlagen sie aufschlussreiche Schneisen durch den Dschungel intertextueller Zusammenhänge, in anderen Fällen geraten sie gar zu knapp, um dem Thema wirklich gerecht zu werden: so etwa die Kommentare zu Bilbos Träumen (S. 146-48).

Zumal diese Essays keinen Anspruch auf Vollständigkeit erheben können (und sicher auch nicht wollen), stellt sich die Frage nach dem Nutzen dieser Kombination von Quellenedition mit motivgeschichtlichen Erörterungen auf recht engem Raum. Letztere bleiben zwangsläufig selektiv, ohne dass jedoch die Auswahlprinzipien offen gelegt werden, und skizzieren Interpretationsperspektiven, die ebenso unausweichlich die Präferenzen des Autors widerspiegeln.

Deutlich sichtbar wird beispielsweise Rateliffs Interesse an früher fantastischer Literatur (seine Dissertation befasste sich mit Lord Dunsany).

Verschiedentlich bemüht sich Rateliff auch um Übersetzungen und Etymologien bislang rätselhafter Orts- und Personennamen wie *Bladorthin*, *Radagast* oder *Esgaroth*. Diese Versuche sind nicht immer überzeugend, zumal dann nicht, wenn sich Rateliff der unter Tolkien-Linguisten umstrittenen Sindarin-Einführung von David Salo (*A Gateway to Sindarin*, 2004) bedient. Eher unbefriedigend bleiben seine Ausführungen zu etwaigen Inkohärenzen im Zeitkontinuum, die z.b. bei der Berechnung von Durin's Day entstehen. Unter anderem wäre zu berücksichtigen gewesen, dass vermeintliche Fehler oder Brüche einer spezifischen Erzähllogik folgen können und vielfach zu ungeahnten Wendungen in Tolkiens Textproduktion geführt haben.

Kritisch anzumerken ist zuletzt eine gewisse Flüchtigkeit beim Lektorat. Neben wiederkehrenden Tippfehlern und fehlenden Querverweisen sind die Unvollständigkeit des Index sowie fehlerhafte Seitenangaben zu nennen. Es bleibt zu hoffen, dass diese Fehler vor Erscheinen der zweiten Auflage korrigiert werden.

Trotz solcher kleineren Mängel stellt *The History of 'The Hobbit'* eine große Bereicherung für alle LeserInnen dar, die sich nicht nur für Tolkiens abgeschlossene Werke, sondern auch für die Fülle unvermuteter Erzählmöglichkeiten und die weit verzweigten Nebenpfade von Mittelerde interessieren. Die Geschichte des *Hobbit* ist mit dieser Publikation keineswegs abschließend erzählt: Die beiden Bände eröffnen vielmehr neue Perspektiven und Fragen, die die Tolkien-Forschung sicher noch lange beschäftigen werden.

Judith Klinger

Tom Shippey:
Roots and Branches: Selected Papers on Tolkien

Cormarë Series No. 11, Zürich/Bern: Walking Tree Publishers, 2007, 418 Seiten, Paperback

Thomas Alan Shippey der vielleicht bekannteste und renommierteste Tolkien-Experte, lehrt seit einigen Jahren an der Saint Louis University in Missouri/USA Medieval Literature, Old English, Arthurian and Romance Literature, Fantasy und Science Fiction. Entsprechend weit ist das Themenspektrum seiner Veröffentlichungen. Und J.R.R. Tolkien ist immer wieder Thema: so in drei seiner sechs Sachbücher (darunter das hier zu besprechende); und von den über 70 Artikeln, die er seit 1969 verfasst hat, beschäftigen sich etwa 20 mehr oder weniger mit Tolkien.

Ärgerlicherweise war bisher an viele dieser Texte nicht mehr oder kaum noch heranzukommen – weil die Bücher, in denen sie erschienen, vergriffen sind, oder weil sie in Zeitschriften veröffentlicht wurden, die bestenfalls noch über Bibliotheken einzusehen sind.

Diesem Mangel hat Walking Tree Publishers nun abgeholfen. Zum seinem 10-jährigen Jubiläum legt der Schweizer Verlag mit *Roots and Branches* eine Sammlung von Shippeys Artikeln und Essays vor, die für alle Tolkien-Interessierten, die des Englischen mächtig sind, lesenswert sein dürfte.

Die 23 Texte aus den letzten 25 Jahren sind in diesem Buch sinnvollerweise inhaltlich sortiert, und zwar in vier Hauptblöcke: »The Roots: Tolkien and his Predecessors« umfasst sieben Artikel, in denen Shippey sich u. a. mit Beowulf, der Edda, dem Kalevala, Gawain, Richard Wagner, Gothen, Hunnen und dem Nationalismus auseinandersetzt. In »Heartwood: Tolkien and Scholarship« geht es in vier Texten vor allem um Philologie und in einem fünften Artikel um eine Einschätzung von Tolkiens wissenschaftlicher Reputation. In »The Trunk: The Lord of the Rings, The Silmarillion« steht Tolkiens Hauptwerk im Fokus. In den sechs Texten geht es u. a. um »Tolkien's Elvish Problem« und »Orcs, Wraith, Wights«, aber auch um allgemeinere Themen wie das Böse und Heroismus sowie um Tolkiens Gedichte und Poesie. Im letzten, kürzesten Block mit dem Titel »Twigs and Branches: Minor Works by Tolkien« betrachtet Shippey in vier Texten *The Homecoming of Beornoth*, *The Hoard*, *Smith of Wootton Major* und *Mr Bliss* und in einem letzten Artikel Jacksons Filmtrilogie als »Another Road in Middle-earth«. Ergänzt wird das Buch durch ein kurzes Vorwort des Autors, ein ausführliches Literaturverzeichnis und ein großzügiges Register.

Ist dieses Buch nützlich und lesenswert für Leute, die noch wenig von Shippey kennen, vielleicht seine Tolkien-Monographien? Uneingeschränkt ja!

Shippey breitet hier einen Fächer an Themen und Ideen zu Tolkien aus, von denen manches schon woanders erwähnt oder erläutert sein mag, der aber in seiner Breite und Vielfalt seinesgleichen sucht. Man muss keineswegs immer mit Shippey übereinstimmen. Aber was er zu Tolkien zu sagen hat, ist stets bedenkenswert, und sich mit seiner Meinung auseinanderzusetzen, lohnt in der Regel – und so auch dieses Buch.

Ist die Anschaffung aber auch sinnvoll für jene, die schon (fast) alles zu Tolkien und/oder von Shippey haben? Aber ja!

Mag sein, dass sich von den neun Texten, die schon in Büchern erschienen sind, der eine oder andere in der eigenen Bibliothek findet. Nur wenige aber dürften etwa *The Medieval Legacy. A Symposium*, erschienen 1982 in Odense, ihr Eigen nennen. Aus diesem stammt der längste Text in *Roots and Branches*:

»Goths and Huns: The Rediscovery of the Northern Cultures in the Nineteenth Century«. Alleine dieser Essay, der einen Bogen schlägt von Beowulf und der Edda über Jacob Grimm und Tolkien bis zu modernen Autoren wie Fletcher Pratt, ist in meinen Augen die Anschaffung des Buches wert. Der letzte Text der Sammlung, eine Kritik von Jacksons Verfilmung, ist bereits in zwei anderen Büchern erschienen, wurde aber von Shippey für diese Sammlung erweitert und überarbeitet.

Roots and Branches versammelt darüber hinaus neun Artikel, die bereits in Zeitschriften erschienen waren: sechs aus *Lembas* und einer aus *Amon Hen*. Wer diese Zeitschriften bezieht und auch archiviert, mag die Texte also in seiner Sammlung haben. Die anderen drei Artikel hatten die schwedische Tolkien-Gesellschaft in ihrem *Journal for the Fantastic in the Arts* – und die *Times* veröffentlicht.

Besonders erfreulich ist, dass uns Verlag und Autor auch fünf bisher nicht publizierte Texte präsentieren: Vorträge oder Vorlesungen über Beowulf, Tolkien und Wagner, Philologie und über Poesie.

Das Buch ist gut lesbar und schön gestaltet; es ist stabil genug gebunden, um auch intensiv damit zu arbeiten. Für eine Neuauflage würde ich mir eine Ergänzung wünschen: eine Artikelübersicht, der auf einen Blick zu entnehmen wäre, wann Tom Shippey welchen Text wo publiziert bzw. vorgetragen hat.

Roots and Branches dürfte für alle Englisch verstehenden Tolkien-Interessierten hochinteressant sein und sollte in keinem Bücherregal fehlen. Die Sammlung dürfte sich zu einem Standardwerk entwickeln.

Friedhelm Schneidewind

Tolkien Studies. An Annual Scholarly Review. Volume IV. 2007

Morgantown: West Virginia University Press, 368 pp., Hardcover

The fourth volume of TS presents the usual mix of feature articles, short notes, reviews, and the annotated bibliography.

The features start with Carl F. Hostetter's survey of "Tolkienian Linguistics: The First Fifty Years". The article is authoritatively written and is very thorough, but suffers from what seems to be the "American paradigm" of Tolkienian linguistics: Hostetter sums up those "first 50 years" linguistics by explicitly defining the aim of said linguistics as "to understand and describe

Tolkien's languages" (24) – by which he solely means the invented languages. This is a bit lacking in scope and excludes the domains of lexicology, translation studies, onomastics, stylistics, and other linguistic fields that have recently been ploughed. Granted, the survey would have had to be much longer than it already is at 45 pages, but treated in this way, the appellation "Tolkienian linguistics" is a bit of a misnomer, unfortunately.

Next is "Tolkien's "Celtic' type of Legends': Merging Traditions" by Dimitra Fimi. This is an informative romp through the various Celtic sources that might have influenced Tolkien, including another stab at the influence of the Arthurian myths. The most interesting section is possibly the look at Tolkien's own "Celtic Library" as now held by the Bodleian Library and the Library of the English Faculty, both at Oxford. Fimi concludes that the "merging" (which she sees exemplified by "English and Welsh" and the Arthurian influence) led Tolkien or realize that he was not writing a "mythology for England" but a "mythology for Britain".

A somewhat specialised work is Miryam Librán-Moreno's "Greek and Latin Amatory Motifs in Éowyn's Portrayal". The author argues that Éowyn's character suggests that Tolkien drew from several periods, languages, and cultures of inspiration. Librán-Morena then goes on to enumerate four classical amatory motifs she has observed in Tolkien's description of Éowyn and proceeds to illustrate all of these by citing relevant passages from *The Lord of the Rings*. While the comparisons are fairly obvious, the question remains whether at least some of these motives might not have entered Tolkien's works indirectly via reflexes in Middle English literature, especially via Chaucer.

Verlyn Flieger deals with "The Curious Incident of the Dream at the Barrow: Memory and Reincarnation in Middle-earth". This somewhat shorter piece follows the question of whether Tolkien believed in reincarnation despite his Catholic belief prohibiting this. Flieger is mostly concerned with the *Notion Club Papers* concept of time travel by reincarnation, or rather, by travelling backward in memory. Frodo's "waking thought" at the Barrow is also taken into account, as are Tolkien's views on elven reincarnation. In the end, Flieger is not able to answer the question decisively, but concludes that Tolkien "did at least not disbelieve in reincarnation", for what that may be worth.

The final article is the extensive "J.R.R. Tolkien's Medieval Scholarship and its Significance". Ever since Tom Shippey wrote his short "Tolkien's Academic Reputation Today" in *Amon Hen* 100 (1989), a full-length appraisal of Tolkien's mediaevalist works had been sorely needing. Drout arranges Tolkien's works by categories based on types of study, and comments on a case-by-case basis. He largely confirms Shippey's 1989 statement ("Primary citations: low. Secondary citations: amazingly high."), but additionally draws a distinction between influence and significance. Based on this, Drout concludes that Tolkien "did very good work" that has, unfortunately, usually been forgotten, and finally states that Tolkien's most important influence is as a potential model.

I would like to add one thing to Drout's discussion of "Chaucer as a Philologist": Tim William Machan, in *English in the Middle Ages* (OUP, 2003), uses Tolkien's analysis of the language of "The Reeve's Tale" to claim that Oswald's northern language is not, as Tolkien sees it, a "most unusual piece of dramatic realism", but rather a comment on the contemporary status of Middle English (and maybe on the changes brought upon the southern dialects of Middle English by the northern varieties), "some of the material that allowed Chaucer to think about and represent social concerns in the narrator, characters, and narrative of a crafted literary work" (p. 125) – in Machan's framework, a political statement rather than a literary one.

The "Notes and Documents" are the usual varied lot, as is to be expected. They start off with a very welcome reprint of Tolkien's "The Name 'Nodens'", an article very hard to get at outside specialised academic circles. Here, Tolkien traces said name, found in pre-Christian inscriptions, not only etymologically, but also as a motif in literature, descending from god to Irish hero to Welsh hero and, finally, to Shakespeare's King Lear. It is a very good example of Tolkien's concept of "linguistic aesthetics" in action and well worth reading even today.

Janet Brennan Croft provides a short biography of Walter E. Haigh, the author of *A New Glossary of the Huddersfield Dialect* (for which Tolkien wrote the foreword, and some traces of which Croft perceives in *The Lord of the Rings*), while Thomas Honegger deals with "Philology and the Literary Muse" in *The Homecoming of Beorhtnoth*, expertly expounding (by tracing the use of the word "proud") how Tolkien's "literary" mode of thinking productively complemented and improved upon his scientific studies.

Marjorie Burns ("Tracking the Elusive Hobbit (In Its Pre-Shire Den)") adds yet another candidate to the possible influences on the nature of Tolkien's Hobbits by investigating Duckson McCunn from John Buchan's 1922 stories by elaborating on the parallels between Duckson's and Bilbo's adventures.

Next, Yvette L. Kisor tells us that "Elves (and Hobbits) always refer to the Sun as She". Based on a little note that Tolkien wrote to explain Frodo's referring to the sun as female in his song at The Prancing Pony, Kisor reveals yet another philological allusion on the part of Tolkien (this time commenting on a paradigm shift in the translation of Old English works, gender shift of the sun, so to say) – very interesting reading for those with an interest in Old English!

Finally, Kristine Larsen's "SAURON, Mount Doom, and Elvish Moths: The Influence of Tolkien on Modern Science" rounds out this part of the book. Larsen traces Tolkien's influence in the field of the naming of scientific concepts and gives an astonishing array of instances from various fields of science, from biology to palaeontology to astronomy. This is sure to figure into my next university class of word-formation! (Sauron, by the way, is indeed SAURON – the Spectroscopic Areal Unit for Research on Optical Nebulae, just in case you were wondering.)

The rest of the book is taken up by 90 pages of reviews, the annotated Year's Work in Tolkien Studies, and the compiled bibliography for 2005.

Rainer Nagel

Frank Weinreich: Fantasy. Einführung.

Oldib-Verlag, Essen, 2007, 164 Seiten, kartoniert

Seit Ende der 1970er Jahre Fantasy als Genre erstmals als Forschungsgegenstand wahrgenommen wurde, hat es wenig theoretische Ansätze gegeben, dieses zunächst einmal als undefinierbar angesehene Phänomen terminologisch, inhaltlich oder strukturell zu bestimmen. So bezieht sich Frank Weinreich in seiner Studie, die mit ihrem Untertitel eine gewisse Selbstbescheidung reklamiert, hinsichtlich der genrespezifischen Ansätze vor allem auf Arbeiten aus jener Zeit, die in erster Linie inhaltlich oder von der Theorie der literarischen Kommunikation geprägt sind, ergänzt durch einzelne Aussagen von Autoren und Kritikern. Jüngere theoretische Ansätze wie Dekonstruktivismus oder Intertextualität oder neuere Forschungsarbeiten zur Jugendliteratur und zur Mittelalterrezeption werden nicht berücksichtigt.

Inhaltlich stützt sich Weinreich auf die drei Elemente der abenteuerlichen Handlung, der Magie und der imaginären Welt, die auf die terminologische Diskussion in den 1960er Jahren unter amerikanischen Genre-Autoren zurückgehen. Das Problem solcher inhaltlichen Kriterien wird dabei durchaus erkannt: Keines von ihnen ist konstitutiv; das heißt, jedes einzelne kann fehlen, ohne dass die grundsätzliche Zugehörigkeit eines Werkes zum Genre in Frage gestellt werden muss.

Für ein grundlegendes Prinzip, das hinter solchen inhaltlichen Manifestationen liegt, greift Weinreich auf den Begriff des Mythos zurück. Der Mythos wird hier anthropologisch begründet und als eine dem Logos, das heißt der modernen naturwissenschaftlich-empirischen Weltsicht, gleichrangige Weise der Welterklärung angesehen. Dabei wird zwar darauf hingewiesen, dass der Mythos zur Sinnstiftung dient, aber der kategoriale Unterschied zwischen der ontologischen und der epistemologischen Ebene verwischt: Ein Mythos handelt von Wahrheit, nicht von Wirklichkeit; er ist, vereinfacht gesagt, nicht richtig oder falsch, sondern lebendig oder tot. Somit ist es unsinnig, Begriffe wie »Sachtext« (selbst in Anführungszeichen) darauf anzuwenden.

Bei historischen, insbesondere sakralen Texten bis hin zur Bibel und dem Koran, die einer Gesellschaft entstammen, in der die Wahrheit des darin enthaltenen Mythos kollektiver Glaubensinhalt ist, wird darum auch nicht eindeutig gesagt, ob ein Wechsel »in die andere Definitionsfassung« als Eigenschaft des Werkes oder der Rezipienten zu sehen ist. »Die Geschichten der Fantasy«, heißt es explizit, »geben sich als Fiktion zu erkennen«, auch wenn sie, worauf Weinreich zu Recht hinweist, innerhalb der Fiktion den Wahrheitsgehalt des »transzendenten Überbaus« postulieren. Dies gilt interessanterweise selbst für satirische Werke wie die Romane von Terry Pratchett und ist bislang nie in dieser Deutlichkeit herausgestellt worden.

Wenn es heißt, dass die Fantasy, um ein Zitat von Thomas Le Blanc aufzugreifen »nicht nur fremde, unbekannte Welten schildert, sondern vielmehr von unserem Leben erzählt«, so mag dies zwar auch für die Literatur im Allgemeinen zutreffen. Doch es ist nicht von der Hand zu weisen, dass die Fantasy dies in einer ganz eigenen Weise tut und dass es sich dabei möglicherweise um ein konstitutives Element handelt.

Der in der Folge gegebene summarische Überblick über die Geschichte der Fantasy, der auch auf andere Medien wie bildende Kunst, Musik, Spiel und Film eingeht, zeigt vor allem, wie Fantasy heute wahrgenommen wird. So ist zum Beispiel das Bild von Conan dem Barbaren, der »sich erst durch einen längere Reihe von Kurzgeschichten [schlägt], ehe er sich aus eigener Kraft einen Thron erobert«, nicht die ursprüngliche Figur Robert E. Howards, der die Erzählungen bewusst nichtlinear anlegte (und tatsächlich mit einer Geschichte über Conan als König begann), sondern die spätere Konzeption L. Sprague de Camps. Als Randkorrektur sei noch angemerkt, dass Mervyn Peake nicht Amerikaner, sondern Brite war.

Auch die Auswahl von Frank Frazetta und Anke Eißmann als zwei typischen Fantasy-Künstlern ist eher exemplarisch und eine Frage der Perspektive.

Darüber hinaus wird etwas näher auf die Hauptwerke dreier Autoren eingegangen: J.R.R. Tolkien, Ursula K. Le Guin und Dennis McKiernan.

Tolkien mit seinem Mittelerde-Zyklus ist das Musterbeispiel eines Fantasy-Autoren, der seine Fiktion selbst, um seinen eigenen Begriff zu verwenden, als

»Zweitschöpfung« ansah, d.h.: als Spielform eines Mythos – in diesem Fall des christlichen – auf einer anderen Ebene.

Bei Le Guin, die vom Taoismus beeinflusst ist, liegt der Fall etwas komplexer: Die »wahre Sprache« in ihren Erdsee-Romanen, die es möglich macht, die Realität zu verändern, reflektiert zugleich die Eigenschaft des Autors, aus Worten eine fiktionale Welt zu schaffen. Der vierte, zwei Jahrzehnte später erschienene Band des Zyklus, *Tehanu*, der von vielen Lesern als Verrat an der ursprünglichen Konzeption angesehen wurde, welcher die Weltsicht als eine männliche demaskiert, wird nur am Rande gestreift, und der fünfte, *The Other Wind*, der das ganze Gefüge von Erdsee für unnatürlich erklärt und versucht, es zu demythologisieren, nur in eine Fußnote erwähnt.

Die Wahl des Tolkien-Epigonen McKiernan, der mit einem *Hobbit*- und einem *Herr-der-Ringe*-Pastiche als Autor debütierte, mag zunächst verwundern, passt jedoch insofern in die Argumentation, als der Autor nach eigenem Bekunden in jedem Roman ein philosophisches Prinzip exemplifiziert, um es den Lesern auf unterhaltsame Weise nahezubringen.

All diesen Romanen ist eigen, dass bei ihnen die literarische Erfahrung bei vielen Lesern eine psychologische Wirkung ausgeübt hat, die Weinreich mit der des Mythos gleichsetzt. Hier jedoch liegt das Problem.

Fantasy kann, wie schon Dieter Petzold in *J.R.R. Tolkien: Fantasy Literature als Wunscherfüllung und Weltdeutung* (1980) betont hat, wie jede andere Art von Literatur eben nicht die Welt erklären; sie kann nur Ansichten vermitteln. Zweifellos bedient sie sich mythischer Motive und operiert so mit sehr komplexen und wirkungsmächtigen Symbolen. Wie diese innerhalb der Fiktionalisierung wirken, ist gerade für die Theorie der Fantasy eine wichtige Frage, und Weinreich gibt mit seiner Einführung einen notwendigen und sehr wünschenswerten Anstoß, sich näher damit zu beschäftigen.

Fantasy-Literatur aber als Träger mythischer Sinnstiftung in der heutigen Welt anzusehen und ihr so *per se* einen außerliterarischen Wert beizumessen dürfte insbesondere angesichts der verbreiteten Trivialisierungen wohl ein Trugschluss sein.

Helmut W. Pesch

Robert S. Blackham:
The Roots of Tolkien's Middle Earth [sic]

Stroud, Gloucestershire: Tempus Publishing, 2006, 144 pp., Paperback

Robert Blackham grew up in the River Cole Valley in Birmingham, the same area where also Tolkien spent his formative years. These shared roots and a visible affection for this lovely spot have motivated him to compose a book filled with memoirs and pictures of the places that were to inspire the creation of Tolkien's secondary worlds. Insofar this book is not a biography but a guided tour through early 20th century Birmingham and the area of Sarehole, a place where even today an extended walk still conveys the feeling of roaming Middle-earth. Containing almost 190 photos, postcards, and old maps, most of the modern pictures in colour and the contemporary ones in black and white, this book brings back to life the places that later re-emerged in Tolkien's literary creations.

The book follows Tolkien's childhood and youth in chronological order starting the journey in 1895 when Mabel Tolkien and her two sons returned to "King's Heath", which was not yet part of the city of Birmingham. Alongside the well-chosen and in some cases very rare photos, for example of the King's Heath High Street around 1910 or the steamer on which the family returned to England, Blackham gives informative historical details and anecdotes that take the reader right back to the West Midlands of Tolkien's childhood years.

The tour goes on to "Sarehole" with its idyllic surrounding, richly illustrated by photographs of cottages and the ent-like trees that surely fired Tolkien's imagination when he was creating the forests of Middle-earth. Likewise the following chapter on "Sarehole Mill", the place where the 'White Ogre' used to strike terror into the hearts of young Ronald and his brother Hilary, draws the obvious parallel between an idyllic spot in Tolkien's memory and Ted Sandyman's mill in The Shire that has similarly been turned into an unsightly red brick building with a tall, smoking chimney.

Blackham then takes us to "The Cole Valley" of the late Victorian and Edwardian period, which has now become a section of The Shire Country Park. As remarkably illustrated by the wealth of pictures, its village people and the many forges with horseshoe-shaped doors are very reminiscent of Hobbits and their homes. However, in 1933, when Tolkien returned to Birmingham for a short visit with his family, he had to see that many of the places that were so dear to him had been neglected or modernised in a way that was not at all to his liking. Also that development is vividly illustrated in Blackham's collection of photographs.

From the rural hamlet, a world free from the noise of motor cars and steam trams, the tour moves on with the Tolkien family to Birmingham's busy suburbs, the first of which is "Moseley Village". Again pictures dating from 1905 till today allow a glance at the place as Tolkien had experienced it when Mabel and the boys moved to a small house on the main road but they also contrast it with the view visitors have nowadays.

After a short "Return to King's Heath" where Tolkien discovered the allures of the Welsh language on the coal trucks that were a common sight in the area, the book takes us to "Edgbeston and Rednal". With loving attention to detail Blackham once again discovers jewels of architecture and brings back to life the locations that inspired Tolkien in the development of his literary works.

The following chapter is entitled "The Great Tower" and refers to the 315 feet high Chamberlain Tower in the centre of the Chancellor's Court at the University of Birmingham. The Great Hall served as a huge ward in the hospital that Tolkien was brought to after suffering Trench Fever in World War I. As the pictures prove, the clock faces of the tower eerily look like eyes when illuminated.

The journey goes on to rural "Worcestershire" where Tolkien's Aunt Jane rented a farm that is still called 'Bag End' on old maps. In this area many of the place names that Blackham has discovered on the contemporary documents sound rather familiar to any reader of Tolkien and, as he asserts, the villages close to the farm "are full of wonderful buildings and look as if they could have come straight from Middle-earth" (p.127).

The book closes with a brief comment on Tolkien in Leeds and Oxford, and even more suitably with a recommendation for a cosy public house, the sign of which looks very inviting not only to Breelanders – surely the perfect place to have a rest after a journey retracing the steps of Tolkien.

Robert Blackham's *The Roots of Tolkien's Middle Earth* is an excellent guide through the West Midlands of Tolkien's childhood and youth, whether you are only interested in seeing the places through the camera's eye or plan to undertake the journey yourself. The wealth of beautifully atmospheric and often rare photos that Blackham has collected and taken over the years reflects the natural charm of an often wrongly underrated area.

With its vivid descriptions, photos, maps, and, finally, a table with addresses and websites of the most important places of interest, this book provides the means for everybody to explore on one's own account the locations of Tolkien's childhood memories, which were to become a valuable source for his Middle-earth.

Doreen Triebel

Matthew Dickerson und Jonathan Evans: Ents, Elves, and Eriador. The Environmental Vision of J.R.R. Tolkien

Lexington: University of Kentucky Press, 2006, xxvi, 316 Seiten, Hardcover

Als ich den Untertitel des neuen Buches von Matthew Dickerson und Jonathan Evans das erste Mal las, regte sich zunächst der Gedanke in mir: »Muss man Tolkien eigentlich vor jeden Karren spannen?« Speziell seit seiner verstärkten Popularisierung im Zuge der Jackson-Verfilmung sind eine Menge Publikationen erschienen, die man für das Verständnis der Signifikanz des Tolkien'schen Werkes nicht wirklich braucht. *Ents, Elves, and Eriador* gehört jedoch keinesfalls in diese Gruppe. Wie schon bei seiner überaus einsichtsvollen Monographie über Ethik in Mittelerde (*Following Gandalf*) ist es Dickerson, diesmal zusammen mit Evans, gelungen, eine wichtige Analyse des fiktionalen Werkes des Professors vorzulegen, die Punkte beleuchtet, die in dieser Form andernorts übersehen oder unterbewertet wurden.

Nun ist es natürlich nicht so, dass Interpreten in gänzlich unbekanntes Terrain vorstießen, wenn sie ökologische Aspekte in Mittelerde untersuchten. Der hohe Stellenwert von Natur und einer auf natürliche Art gesunden Umwelt sowie andererseits die Folgen eines rücksichtslosen Umgangs mit ihr springen den Leser in den Beschreibungen des Auenlandes, Lothloriens, Fangorns, des Saruman'schen Isengarts und natürlich Mordors geradezu an. Und die Interpretierenden, etwa Shippey, Flieger oder Chance, haben das auch an verschiedenen Stellen hervorgehoben.

Mit *Ents, Elves, and Eriador* liegt nun aber eine zusammenhängende Darstellung des Stellenwertes von Ökologie und Umwelt in Mittelerde und in den persönlichen Überzeugungen Tolkiens vor, die erstens das Thema umfassend behandelt und die zweitens durch Einbindung vorher unbeachteter Aspekte innovativ zur Tolkienforschung beiträgt – und somit einmal mehr auf die offensichtlich bei weitem noch nicht ausgeloteten Tiefen des fiktionalen Werkes des Professors hinweist.

Natürlich besteht bei einem solchen Projekt die Gefahr, dass Tolkien vor Karren gespannt wird, mit denen er nichts zu tun hat. Das Vorwort von John Elder läuft zunächst auch in genau diese Richtung, wenn es Tolkiens Werk in einen Zusammenhang mit den Arbeiten Rachel Carsons, Aldo Leopolds und anderer Klassiker der Ökologie sowie mit ihm zwangsläufig unbekannten Umweltschutzbewegungen und der Globalisierungskritik bringt. Doch Dickerson/Evans sind sich dieser Gefahr bewusst und versprechen (XVIIIf, XXIII), sich bei ihrer Analyse der Versuchung zu enthalten, Tolkien aus heutiger Sicht und vor dem Hintergrund eigener ökologisch-moralischer Anliegen zu überinterpretieren. Dieses Versprechen wird eingehalten! Und am Ende der Argumentationskette ist man geneigt zuzustimmen: »Tolkien and Leopold [und andere Ökologen] are in much the same camp« (227).

Das Buch ist aus drei Teilen aufgebaut. Es beginnt mit einem grundlegenden Teil, der die Wurzeln des Tolkien'schen Verständnisses von Welt und Umwelt in Hinsicht auf seine persönlichen Überzeugungen, seinen Glauben und deren Niederschlag in Mittelerde darstellt. In diesem Teil (besonders Kap. 2) ist das Buch am stärksten, ohne in den anderen Kapiteln schwach zu werden. Es folgt eine Analyse positiver Weltbilder anhand der Beispiele Hobbits, Elben, Wildnis und ihrem Verhältnis zueinander sowie des Naturbildes in den kleineren Werken *Ham, Niggle* und *Smith* als Hauptteil des Buches. Den Abschluss bildet eine gleichgestaltige Analyse der negativen Beispiele Mordor, Saruman und Auenland unter Scharrers Herrschaft. Überlegungen zur Applikabilität schließen das Buch resümierend ab. Die Analyseschritte in allen drei Teilen werden konsequent einerseits in Beziehung zu Tolkiens Person und Überzeugungen gebracht und andererseits mit den aktuellen Erkenntnissen der wissenschaftlich fundierten Umweltforschung verbunden.

Das eigentliche Faszinosum des Buches ist aber nicht die schrittweise Analyse von Textstellen und deren meist überzeugende Verknüpfung mit der modernen Ökologie. (Obwohl es schon erstaunlich ist, welche Grundüberzeugungen sich bei Tolkien, der den gesellschaftlichen und weltweiten Durchbruch der Umweltschutzbewegung ja gar nicht mehr erlebt hat, in der Arbeit der Schaffensjahre 1920-1955 widerspiegeln.) Was das vorliegende Werk vor allem auszeichnet, ist die ökologische Gesamtsicht im Kontext der ethisch wirksamen Bestandteile von Tolkiens fiktionalem Werk. Dickersons und Evans' Hauptverdienst besteht in der Darstellung werkimmanenter, aber in die reale Welt verweisender, intersubjektiv gültiger ethischer Grundsätze der Ökologie, die mit guten Gründen nicht zurückgewiesen werden können.

Hervorzuheben ist dabei besonders, das auch im Buch an erster Stelle stehende Prinzip der Statthalterschaft (37f). Die Autoren arbeiten überzeugend heraus, dass Statthalterschaft im Sinne von Sorge und Fürsorge für Welt, Pflanze, Tier und Mensch dasjenige Prinzip ist, das die Handlungen der ›Guten‹ in Tolkiens Fiktion leitet, während sich falsch verstandene oder missbrauchte Statthalterschaft (Denethor!) als Ausdruck nahezu aller moralisch falschen Handlungen identifizieren lässt. Sein eigentliches Gewicht erhält das Argument aber erst, indem anhand aktueller ökologischer Forschungsliteratur detailliert dargestellt wird, dass recht verstandene Statthalterschaft, wie sie sich bei Tolkien in der Fiktion findet, auch die Grundlage für eine gesunde Umweltpolitik im realen eigenen Haus wie auch in der Gesellschaft und im globalen Zusammenhang darstellt.

Unterstützt wird die überragende Rolle des Prinzips der fürsorgenden Statthalterschaft durch positive wie negative Beispiele davon abhängender Lebens- und Handlungsweisen: das kommunitaristische soziale Leben im Auenland (Kap. 3), die an pantheistische Überzeugungen gemahnende Ästhetik der elbischen Naturverbundenheit (Kap. 4), die spirituelle Grundlinie der Prinzipien entischer Baumhüterschaft (Kap. 5, bes. 122) oder die utilitaristische Apologetik der ressourcenverschlingenden Industrialisierung in Sarumans Isengart. Bezüge ergeben sich bei all diesen Beispielen natürlich zu Tolkiens Religiosität (nebenbei räumen die Autoren in diesem Argumentationszusammenhang zugunsten des Prinzips der Statthalterschaft mit der falsch interpretierten Formel der göttlichen Weisung auf, sich die Erde untertan zu machen).

Aber bei dieser Deskription bleiben Dickerson/Evans nicht stehen, sondern weisen darüber hinausgehend (und Tolkien selbst damit wahrscheinlich hinter sich lassend) auf die weltanschauungsunabhängige Applikabilität des Statthalterprinzips hin, das nicht nur mit einem ökologischen christlichen Verständnis kompatibel ist, sondern sich auch mit pantheistischen Überzeugungen im Stile von Hans Jonas oder mit metaphysikfreien Ansichten über den Wert der Umwelt in Einklang bringen und sogar als Leitmotiv und Handlungsanweisung einbinden lässt. Damit steht das Buch in der Reihe eines wachsenden Zweigs der Sekundärliteratur, der auf den Wert weltanschaulich neutral interpretierbarer ethischer Überzeugungen in Tolkiens Werk und damit auf seine Modernität und die Kulturgrenzen übergreifende Wirksamkeit hinweist.

Was in *Ents, Elves, and Eriador* negativ auffällt, sind zwei Dinge: Punkt eins ist eine besonders in Kapitel zehn und dem letzten Kapitel ›Conclusion‹ auffallende Übertreibung der Applikabilität der Tolkiendichtung auf reale Umweltschutz- und ethische Belange. Da wird im Stile schlechten amerikanischen Kinderfernsehens der moralische Zeigefinger erhoben und verlangt: »Nun richtet Euch mal schön nach Tolkiens Lehren und verhaltet Euch wie Gandalf und Sam und nicht wie Saruman und Denethor.« Das geht bis hin zu Tipps zu moralisch richtiger Ernährung (262ff), die an sich völlig richtig sind, aber hier fehl am Platze erscheinen. Das ist dann auf den letzten vierzig Seiten manchmal arg platt.

Punkt zwei ist außerliterarischer Art und hat nichts mit Tolkiens Werk zu tun, sondern stellt sich als eine nicht zu übersehende Einseitigkeit in der ökologischen Diskussion dar. Technik, Technologie, Fortschritt werden undifferenziert als schlecht abqualifiziert und deren negative Auswirkungen in der realen Welt mit dem literarischen Vorbild teilweise gleichgesetzt (185-192). Im

Bild der Zerstörungen Saurons in Mordor beispielsweise überschreitet die Fiktion aber die Grenzen der materiellen Welt; derartige Schäden kann der reale Mensch also glücklicherweise gar nicht anrichten, was den direkten Vergleich von Fiktion und Realität, etwa den Vergleich Mordors mit dem ökologischen Notstandsgebiet am Aralsee (193), unzulässig erscheinen lässt. Zudem kommen Abwägungen der Technologiefolgenabschätzung bei Dickerson/Evans so gut wie nicht vor. Da ist die wissenschaftliche Diskussion in Risiko- und Umweltforschung heute bedeutend weiter. Ob das programmatisch übersehen wird, lässt sich als Leser nicht abschätzen, mindestens bleibt aber der störende Eindruck von Naivität, der den überlebenswichtigen Anliegen der Umweltbewegung schon manchen Schaden bereitet hat.

Die genannten Mankos ändern jedoch wenig daran, dass Dickerson/Evans mit *Ents, Elves, and Eriador* eines der wichtigsten Bücher innerhalb des Themenhorizontes der Analyse der ethischen Wirksamkeit von Tolkiens fiktionalem Werk abgeliefert haben. Dabei laufen die Autoren nicht in die Falle (oder versuchten gar eine bewusste Instrumentalisierung), Tolkien zu einer Ikone der Umweltschutzbewegung zu stilisieren. Vielmehr zeigt ihr aktueller Beitrag zur Tolkieninterpretation einen in seiner Tiefe bisher unentdeckten Aspekt Tolkien'scher Überzeugung vom Wert des Lebens und der Schöpfung, der nichtsdestotrotz in einer Reihe mit den bekannten Aspekten seiner Moralüberzeugungen steht und so das Gesamtbild vom Werk des Professors ebenso sehr runder wie auch umfassender erscheinen lässt. Als solches wird sich *Ents, Elves, and Eriador* meiner Überzeugung nach als wichtiger Beitrag der Tolkienforschung etablieren und zu Recht auf unabsehbare Zeit rezipiert und zitiert werden.

Frank Weinreich

Michael D.C. Drout (Ed.): The J.R.R. Tolkien Encyclopedia: Scholarship and Critical Assessment

New York: Routledge, 774 pp., 2006, Hardcover,
162 € (prices vary)

The *J.R.R. Tolkien Encyclopedia* is an impressive tome, combining the contributions of 127 authors in 533 entries on 720 pages. Bearing the subtitle *Scholarship and Critical Assessment*, it has the stated aim "to be valuable to as many as possible of the varied and interconnected communities and individuals who are interested in Tolkien" (xxix).

A work of such size and scope cannot be fairly reviewed on a page and a half; what general assessment is possible in this space should consider the project's success or failure on its own terms.

In any work of a team of authors as large as that of the *Encyclopedia*, it is unavoidable that there should be a considerable variation in quality between individual entries, as well as certain redundancies in the material treated. Indeed, such effects can be considered a benefit in that they provide a multiplicity of viewpoints which for a single author would be impossible to convey, sometimes, as in P. Curry's 'Environmentalism and Eco-Criticism' besides A. K. Siewers' 'Environmentalist Readings of Tolkien' approaching the nature of controversial debate.

But there is, still, a line to be drawn between inspiring variety and chaos, and the editor has quite evidently preferred to err on the chaotic side. Entries are, according to the Introduction, "designed to be copious, so readers should look for both balrogs and orcs under 'Monsters.'" (xxxi) Following this advice, the reader under 'Monsters' finds a brief but useful overview of all that is monstrous in Tolkien's fiction, but no deeper treatment of the various literary or theological questions connected with Orcs or Balrogs: such references must be tracked down, using the index, scattered across other articles, to some extent defeating the point of arranging articles in alphabetical order at all.

Categories of entries can be loosely divided into Tolkien's life and career, his philological works, his poetry and fiction, and his reception. Particularly valuable is the collection of articles on the reception of Tolkien in various countries, culminating in Tom Shippey's triumphant 'Literature, Twentieth Century: Influence of Tolkien', powerfully pressing home just how much Tolkien "has become part of the Western world's mental furniture" (382).

The main strength of the *Encyclopedia* clearly lies in "Tolkien studies" in the narrow sense, that is, a philological approach to Tolkien's works and their many sources and inspirations. But it tries to be more than that, playing to the gallery of "Tolkien fandom" on one hand, and literary establishment on the other, with less success: In spite of its "designed to be copious" policy, it presents entires (for example) on 'Gender' and 'Feminist Readings' besides that on 'Women', or on 'Homosexuality' besides that on 'Sexuality', a tendency that can only be explained by a desire to appeal to 'real' literary critics. Conversely, some articles are kept in the "Middle-earth studies" style of older reference works – which enumerate and gloss items from *Adunaic* to *Zirak-zigil* – without being able to match the completeness of such specialized publications. The attention of "pop culture" Tolkien fans is sought with articles such as those on 'Fandom' and 'Jackson, Peter', each accorded the same space as is 'Lord of the Rings, The' or 'Middle-earth', which leave the impression that precious room was sacrificed to inform us, for example, that motifs found in Howard Shore's musical score for Jackson's movies include: "medieval, classical, sacred, Celtic, mechanistic (particularly in the themes of evil)" (305). And jealousy over space is only too justified in a single volume that tries to be everything at once, as may perhaps be illustrated by reference to the longest single entry, C. F. Hostetter's treatment of 'Languages invented by Tolkien' on 14 pages, a very competent summary of a topic which could, of course, fill an encyclopedia of its own.

On the whole, the *Encyclopedia* has the character of a milestone, marking 25 years of Tolkien studies since the appearance of Shippey's seminal *The Road to Middle-earth*. As such, it is a success, and the dedicated Tolkien student may read it more or less from cover to cover as a valuable collection of essays. In bridging the gaps between "Middle-earth studies", "Tolkien studies", pop culture and literary criticism, it doesn't succeed – at best, it highlights the ruptures between the "various communities" by crowding them between single covers. Especially with a view to the *Reader's Guide* and *Companion & Guide* by W. G. Hammond and C. Scull, it might have been better for the *Encyclopedia* to focus more narrowly on its own dedication to "Scholarship and Critical Assessment".

Nevertheless, Drout's *Encyclopedia* will set a standard for many years even if, as with the Flower of Silpion, a few petals were crushed at its plucking. But it is likely that it will be consulted mostly on public library shelves: for any prospective buyer on a budget, it cannot hope to compete with the Hammond & Scull *Guides*, which offer thrice the volume of material at a third of the pricetag.

Dieter Bachmann

Wayne G. Hammond und Christina Scull (Hg.): *The Lord of the Rings* 1954-2004. Scholarship in Honor of Richard E. Blackwelder.

Milwaukee: Marquette University Press 2006, 387 Seiten, gebunden

Der vorliegende Band enthält die Vorträge der bedeutenden Jubiläums-Konferenz vom 21. bis 23. Oktober 2004 in Marquette. Schon ein Blick auf die Liste der in der Tolkienforschung durchweg bekannten und renommierten Beitragenden lässt den Leser hohe Erwartungen hegen, die – dies sei schon zu Beginn festgehalten – nicht enttäuscht werden. Kein Wunder also, dass trotz des Namens des Bandes die Auseinandersetzung mit LotR großen Raum einnimmt, aber dennoch auch viele verschiedene weitere Aspekte und Texte beachtet und dabei zahlreiche bislang wenig beachtete Fragen beleuchtet werden.

Den inhaltlichen Beiträgen, in der Reihenfolge der Tagungschronologie, ist ein Nachruf auf Richard Blackwelder von Charles B. Elston vorgestellt. Er stellt Blackwelders Bedeutung als Gelehrter, Sammler und Tolkienforscher heraus.

Arne Zettersten und Tom Shippey widmen sich linguistischen Themen: Zettersten informiert über den Forschungsstand und die Desiderate zum *Ancrene Wisse* – vor allem bezüglich Tolkiens Vorschlag in seinem Essay *Ancrene Wisse and Hali Meiðhad* (1929) der »AB Language« als einem neuen literarischen Standard des Mittelenglischen. Shippey untersucht das breite und komplexe Vokabular Tolkiens. Dazu wählt er den Gesichtspunkt Etymologie als eine von Tolkiens vorherrschenden und früh praktizierten Leidenschaften, was sich nicht nur in seinen frühen wissenschaftlichen Arbeiten niederschlägt, sondern auch in der Verwendung von Wörtern wie »ninnyhammer«, »Noodles« oder »dwimmerlaik«. Im nächsten Beitrag widmet sich John Garth den Verbindungen des LotR zu anderen Kriegsschriftstellern wie Rupert Brooke, Wilfred Owen, Siegfried Sassoon, Edmund Blunden, Charles Carrington oder Frederic Manning sowie dem Niederschlag der Erinnerungen Tolkiens an den Ersten Weltkrieg, wobei er sich vor allem auf Frodo und dessen Erfahrungen konzentriert.

Danach befassen sch mehrere Artikel mit der Entstehung bzw. dem Schaffensprozess des Werkes. Zunächst untersucht Paul E. Thomas die Entwicklung von Tolkiens Geschichten für seine Kinder bis hin zum LotR (verständlicherweise mit einem großen Schwerpunkt auf *The Hobbit*) und dessen Verbindung zum *Silmarillion*. Dann diskutiert John D. Rateliff sehr ausführlich Tolkiens Verständnis seines eigenen Mythos' als einer legendären Rekonstruktion einer verlorenen Vergangenheit unserer Welt, d.h. einer mythischen Vorgeschichte: Dies habe seinen Werken nicht nur Tiefe und Resonanz, sondern auch wehmütigen Charakter verliehen, andererseits aber zu gewissen (freiwilligen) Restriktionen der Sekundärwelt geführt. Dem künstlerischen Schaffensprozess des LotR widmet sich Christina Scull mit der Frage nach Planung und Inspiration bzw. danach, wann Tolkien sich welcher Punkte bewusst wurde, und zeigt so auf, wie dieses Werk tatsächlich beim Schreiben gewachsen ist. Schließlich behandelt David Bratmann verschiedene im jetzigen Text vorliegende ›Fehler‹ und Inkonsistenzen, die sich den verschiedenen Überarbeitungen verdanken – u.a. die Unterschiede zwischen erster und zweiter Auflage.

Einen anderen Themenkomplex verhandeln die nächsten beiden Beiträge von Marjorie Burns bzw. Jane Chance: die beschriebenen (und mit einem Verweis auf die *Ainulindalë* gewissermaßen auch ›ontologisch‹ begründeten) Hierarchien und Überordnungen und die damit immer verbundene Betonung der Bescheidenheit (Burns) bzw. die Klassenunterschiede nebst ihren Unter-

brechungen (Chance). Dabei werden auch einige wissenschaftliche und kleinere Werke Tolkiens berücksichtigt.
Ebenfalls verschiedene Werke Tolkiens betrachtet Sumner G. Hunnewell. Er untersucht – nicht nach Werken geordnet – ›Naysayers‹ wie Glóin, Bard, den Schmied und den Müller aus *Farmer Giles*, Atkins, Nokes, Ted Sandyman, Boromir als wichtigsten und schließlich Gríma – die in dieser Funktion keine handlungsentscheidende Bedeutung tragen, aber auch die Tiefe der Erzählungen fördern.
Wesentlich spezieller ist der Beitrag von Michael D.C. Drout, der sich in einem synoptischen Vergleich der beiden vorliegenden Prätexte und des publizierten Textes der Evolution von Tolkiens bedeutendem *Beowulf*-Aufsatz zuwendet. Ebenfalls um den *Beowulf* geht es bei Matthew A. Fisher: um Gemeinsamkeiten zwischen Tolkien, Augustinus und dem *Beowulf*-Poeten vorrangig mit Blick auf die Willensfreiheit, die für alle drei (bei Tolkien und dem *Beowulf*-Poeten aufgrund der Diskrepanz zwischen christlicher Theologie und nordischer Mythologie, bei Augustinus aufgrund der Pelagius-Kontroverse) eine gewichtige Rolle spielt.

Auch die Sprachen Tolkiens kommen nicht zu kurz. Zunächst stellt Carl F. Hostetter den Status quo der Erforschung und Weiterentwicklung der elbischen Sprachen dar, die seiner Ansicht nach – im Unterschied zu diversen Internetforen und den Filmen Peter Jacksons – am besten durch eine präzise linguistische Analyse der entsprechenden Ausführungen Tolkiens erfolgt. Arden R. Smith diskutiert sowohl Tolkiens Studium und Verwendung der gotischen Sprache als auch seine Bemühungen, eine nicht überlieferte germanische Sprache zu erfinden, die Eingang in die *Qenyaqetsa* gefunden hat.
Einen ganz anderen Aspekt der Auseinandersetzung mit Tolkien bringt Mike Foster: Er informiert über seine Vorgehensweise in Lehrveranstaltungen zu Tolkien – mit Blick sowohl auf die inhaltliche Gliederung als auch auf verlangte Studienleistungen der Studierenden.
Verlyn Flieger beschäftigt sich mit einem sehr bedeutenden und immer noch zu wenig berücksichtigten Thema: ausgehend vom Roten Buch der Westmark mit dem durch die ursprüngliche Planung als zusammenhängendes Buch und durch die zahlreichen Andeutungen hergestellten Zusammenhang zwischen LotR und dem *Silmarillion*-Komplex als einem Gesamtwerk.
Bei einer solchen Tagung durfte auch der Stellenwert des LotR in der Fantasy-Literatur bzw. sein Einfluss auf selbige nicht vernachlässigt werden: Douglas A. Anderson stellt diesen im Blick sowohl auf entsprechende Auszeichnungen des LotR, seine Aufnahme in der Kritik und seinen Verkaufserfolg als auch auf die bloße Ermöglichung zahlreicher Fantasy-Reihen als für Verlage profitabel heraus.

Im letzten Forschungsbeitrag des Bandes kehrt Richard C. West wieder zum Inhalt des LotR zurück. Er untersucht die Geschichte von Aragorn und Arwen auf dort vorkommende Elemente einer Tragödie oder (Göttlichen) Komödie – vor allem vor dem Hintergrund der Schwere der zu treffenden Entscheidung, wobei er die am Ende ausgedrückte (christliche) Hoffnung Tolkiens hervorhebt.

Schließlich informiert Wayne G. Hammond über die zahlreichen existierenden Sammlungen mit Bedeutung für die Tolkienforschung – den Anfang machen Marquette und Bodleian, gefolgt von anderen Bibliotheken wie derjenigen der Englisch-Fakultät in Oxford oder auch der British Library in London bis hin zu privaten und persönlichen Sammlungen.

Mit einem umfangreichen Index wird dieser durch die große Vielfalt und ausnahmslos hohe Qualität der Beiträge charakterisierte Band abgerundet. Indem er zwar einen großen Schwerpunkt auf den LotR legt, aber weit darüber hinausgeht, kann ihm ein gebührender Stellenwert in der weiteren Tolkienforschung nur gewünscht werden.

Thomas Fornet-Ponse

Jane Chance and Alfred K. Siewers (Eds.): Tolkien's Modern Middle Ages (The New Middle Ages)

New York: Palgrave Macmillan, 2005, 264 pp., Hardcover

The outward appearance of this nicely designed volume spells 'quality' – and indeed, fair is not foul (though, as we all know, not all that is gold glitters ....). The overall quality of the essays assembled in this collection is quite high and the two editors did a good job in dividing the fourteen papers into four parts – the medieval in postmodern Middle-earth, Middle-earth and Victorian medivalism, modern ideologies in Middle-earth, and visualizing medievalism in Middle-earth.
Verlyn Flieger makes a beginning with an illuminating discussion of the pre- and postmodern elements to be found in Tolkien's work. The professor, as she shows by means of a comparison between Sam's discourse on 'stories' and a passage from the novel *The French Lieutenant's Woman* by John Fowles, is sometimes more 'postmodern' than card-carrying postmodernists. Yet, and

one cannot but wholeheartedly agree with her, all those elements, be they 'medieval', pre- or postmodern, are only single (though interacting) aspects of a rich textual tapestry and it would be overly simplistic (and wrong) to reduce Tolkien's work to binary oppositions like modern vs. medieval.

Gergely Nagy's contribution is, to some extent, a suitable companion piece to Flieger's essay. He illustrates how Tolkien, although ignored by contemporary critics because he is believed to root his work in history, theology and archaic language, actually includes multiple points of view and contradictory elements in the construction of his textual universe.

John Holmes, in the third and last essay of part one, discusses Tolkien's conception(s) of time (and 'timelessness') and their classical, Germanic and Victorian sources. Holmes focuses on a much more limited aspect of 'postmodernism' and, by including the Victorian aspect, provides a link to the papers of the following part two.

The three papers by John Hunter, Andrew Lynch and Chester N. Scoville all deal with Tolkien's 'Victorian' medievalism, his connection to the historical fiction of Macpherson and Scott, Tennyson's depiction of warfare, and Morris's utopian concept respectively.

Hunter points out that Tolkien's work is informed by two differing traditions of looking at the past. On the one hand, the past is seen as an inescapable historical force that shapes individuals (Scott), on the other it becomes a place of fusion for fantasy and history (Macpherson) which allows readers to escape.

Lynch argues that both Tennyson (in *Idylls of the King*) and Tolkien, in their depiction of warfare, focus on morality, use archaic language and resort to elegiac and nostalgic modes. Tolkien furthermore anchors the 'good' elements in his more medieval characters and style of warfare, whereas the 'evil' side is characterized by a more 'modern' attitude. Though not absolutely necessary for such a rather straightforward comparison, a discussion of Tolkien's presentation of warfare should take into consideration Dickerson's astute observations on this topic in *Following Gandalf* (2003) – but then the book may not yet have been available at the time of the writing of the essay.

Chester N. Scoville compares and contrasts Morris's and Tolkien's concepts of pastoral idylls and locates the differing approaches in their socialist ideology and Catholic belief respectively. Morris thus places his socialist 'utopia' in a postrevolutionary future, whereas Tolkien, acutely aware of the postlapsarian imperfection of mankind, places his 'nostalgic' Shire in an imaginary prehistorical framework.

Deidre Dawson, finally, concludes this part with a paper on how both Macpherson in his *Ossian* and Tolkien in *The Lord of the Rings* reconstructed a mythical past for an increasingly modernised Scotland and England, respectively. Both authors point out the importance of ancient languages for the construction of national and cultural identity. Dawson's grasp of the cultural and linguistic history of Britain, however, seems not too firm. The parallels between Boudicca and Éowyn (p. 106) are, to my mind, insignificant (for women-warriors in medieval literature, see the study Jane Chance, 1986, *Woman as Hero in Old English Literature*, Syracuse, New York: Syracuse University Press). And the Roman occupation of Britain did not begin in 55 BC – Caesar made two unsuccessful attempts at that time, but it was under Claudius in AD 43 that Britain lastingly became part of the Roman Empire. Likewise, the depiction of the influence of Latin on the languages in Britain is somewhat misleading (p. 106): "it was only in the wake of the Norman Conquest that vast numbers of words of Latin origin [which, I assume, means Anglo-French and French words – which is correct; and never mind the Benedictine Reform and its impact on Old English; TH] made a permanent incursion into the vernacular linguistic territory of Britain as it was conquered by England." It took me some minutes to figure out who or what is meant by 'vernacular linguistic territory of Britain' and 'England'.... Finally, seeing Tolkien's multi-ethnic and multilingual Middle-earth as the "foundation of today's English society" (p. 118) is overstretching any form of applicability.

Part three, dedicated to modern ideologies in Middle-earth, opens with an elegantly written contribution by Rebekah Long in which she compares and contrasts the language of war as found in Tolkien with that in David Jones's *In Parenthesis* and defends Tolkien's depiction of violence against the simplifying interpretations and adaptations by contemporary critics and politicians.

Tackling possible sources of and influences on Tolkien's 'ecocentricity', Alfred K. Siewers discusses the Celtic and patristic concept of the 'overlay landscape', i.e. the way such texts integrate the spiritual world into the physical one. He thus provides a welcome addition to the ongoing debate (see Curry, and, most recently, Dickerson and Evans).

Brian McFadden tackles the thorny problem of racial differences. He identifies the Old English *sigelwara*, about whom Tolkien wrote a long scholarly essay in two parts, as the models for his Southrons – unfamiliar and exotic, yet ultimately human. McFadden argues that the differences between the members of the human race fade into insignificance next to the more fundamental ones between mortal men and immortal elves, although Tolkien's use of light and darkness leaves him open to criticism.

Jane Chance takes up the thread of 'race and gender' and, using Tolkien's scholarly as well as literary works, discusses how Tolkien shows the overcoming of differences in class, gender and race by means of forgiveness, love, and respect for the Other.

The final selection of the volume comprises two essays dealing with visual aspects of Tolkien's work and its reception. Ted Nasmith, the well-known Canadian-born artist, gives a personal account of his artistic engagement with Middle-earth. The numerous black-and-white reproductions of his work provide a welcome and necessary supplementation to his account, yet cannot do justice to the quality of the paintings – which are, luckily, often available in colour on the internet.

Michael N. Stanton's essayistic paper takes the author's visit to New Zealand as the starting point for some ideas about the island's suitability as the backdrop for Jackson's movies and explores the parallels between New Zealand author Samuel Butler (*Erewhon*) and Tolkien – especially their critique of industrial spoiling of the landscape and the 'rule of the machines'. Stanton concludes that Jackson's omission of 'The Scouring of the Shire' is thus a severe mistake.

To sum up: the collection is an interesting example of what happens when medievalists (most of them anyway) read modern theories and apply them to Tolkien's work. The scope of approaches is – in comparison to modern theorists reading Tolkien – somewhat limited, but the 'usual pitfalls' (which are mostly due to insufficiently knowledge of Tolkien's background and oeuvre) are most of the time avoided. *Tolkien's Modern Middle Ages* is thus a welcome contribution to the ongoing discussion of Tolkien as a 20th century author.

Thomas Honegger

Janet Brennan Croft (Ed.): Tolkien on Film: Essays on Peter Jackson's *The Lord of the Rings*.

Altadena, CA: The Mythopoeic Press, 2004, 336 pp., Paperback

Jackson's movie-version of *The Lord of the Rings* has been a staple topic for discussions or even heated controversies among readers of Tolkien, both on the net and at meetings and conventions. It was thus only a question of time until a volume dedicated solely to this theme would be published. Janet Brennan Croft was fastest and has edited a collection of fourteen essays that cover various aspects of movie-criticism.

The first part, 'Film History', comprises a single paper by J.E. Smyth who places Jackson's movies within the tradition of imperial British cinema. She sketches the development by means of *The Four Feathers* (1939), *Lawrence of Arabia* (1962), and *The Lord of the Rings* (2001-2003). Her treatment of the movies is, to a reader only marginally acquainted with film-studies, illuminating and comprehensible, though I would have liked a more extensive discussion of Jackson's films – which get the least coverage from all three examples. Maybe Smyth came to realise that the character of Aragorn, as depicted in Jackson's films, is a conflicted hero yet certainly no representative of imperialistic forces – to keep up a strict parallelism with the other movies, Jackson would have had to present, if not Sauron himself, then at least one of the Nazgûl or the Mouth of Sauron as a self-doubting and conflicted protagonist.

'Adaptation and Revision', the second part, unites three papers dealing with comparisons between the book and the movies. David Bratman, choosing the rather 'medieval' form of scholastic disputation, is probably the most comprehensive though also somewhat rambling essay. Its assumed conception as a web-based discussion is still to be felt even in print. He is also the first (in the collection's chronology) to talk about 'the book's spirit' (p. 32) and Jackson's violation of it. Although I know what I would define as the 'spirit' of *The Lord of the Rings*, I would not assume that my concept is necessarily identical with his – or with any of the other contributors. Using such terms on internet-discussion forums is no problem since the other participants can immediately ask for clarification. In a print-version, however, a stricter handling of terminology is advisable.

Janet Brennan Croft, then, takes the concepts of 'anticipation' and 'flattening' from Tolkien's own discussion of a film-script and applies them to Jackson's treatments, whereas Diana Paxson looks at both the book and the movies as products of long and complicated creative processes and considers the Jackson's version as 'enriching' versions of the tale. Paxson is certainly right in highlighting the creative process, thus counteracting the widespread idea that the book, as we know it, has been conceived in a single flash of inspiration – yet what this also shows, and on which she does not elaborate, is, that Tolkien's final text is the product of long and careful deliberation and is therefore the way it is for good reasons. Any deviation from it must therefore be (at least) equally well argued.

Kayla McKinney Wiggins, Daniel Timmons and Judith Kollman, in their contributions that constitute part three, all discuss the differences in treatment of central characters. Wiggins uses the concepts of the 'folk hero' (Frodo) and the 'epic hero' (Aragorn) to illuminate Tolkien's depiction of these two figures, and finds them lessened and 'modernised' in Jackson's movies. Timmons, in a well-written paper that focuses on Frodo, comes to a similar conclusion. Kollman, finally, uses the concept of 'council' and how the protagonists relate to it in order to sketch the differing character-developments in Tolkien and Jackson. By now many arguments and quotations have become – to someone like me, who is reading the book cover-to-cover – overly repetitive.

Part four, with four papers that focus on the role of women in Tolkien and Jackson, comprises the longest section in the book. However, most of the papers do not differ fundamentally in their approach from, e.g. the ones in part three – the difference consists only in the fact that it is female characters who are discussed. Jane Chance and Cathy Akers-Jordan, in their papers, seem rather pleased with Jackson's treatment and enlargement of Arwen's role. They see the changes as having sufficient foundation in Tolkien's work ('The Tale of Aragorn and Arwen' in the Appendix A, 'The Story of Beren and Lúthien' in other texts) and thus true to Tolkien's 'spirit'. Akers-Jordan's discussion of Arwen's decision to give up her immortality, however, highlights a weakness that is rather widespread in this collection: the deeper ramifications of Tolkien's work are not known – at least if we are to judge by the bibliographies and the way his work is discussed. Thus, when an author hits upon a thorny problem like the question of when and where half-elves have to make their decision in favour of a mortal or immortal life, then most of them are at a loss and begin to blunder. I have mentioned before that I am not happy with the fact that the term 'spirit' (in connection with Tolkien's work), used in many of the essays, is not defined. This unease has increased the more papers I read – I get the impression that the theoretical horizon of many contributors is very limited and that a critical and analytical engagement with the 'spirit' of Tolkien's work has not taken place. The lack of available secondary literature on the movies may allow a certain self-sufficiency in this area, but when talking about Tolkien, one should try and catch up with the easily available scholarly research … but back to the volume. Victoria Gaydosik, then, shows how Jackson successfully changed Tolkien's Arwen, a representative of the Psyche archetype (passive, long-suffering) into a James-Cameron-super-super-woman type. Maureen Thum, finally, is positive about Jackson's portrayal of women (Galadriel, Arwen, Éowyn) and thinks their presentation, in spite of the changes, in accordance with Tolkien's view of women. Her discussion of the role of women in Tolkien, though taking into consideration specific secondary literature, reflects the often still rather unsophisticated level of arguments in this discourse – it is one of these areas where Tolkien-criticism in general could do with some catching-up.

Fan-fiction is the topic of Susan Booker's and Amy H. Sturgis' contributions to part five. Both try and give an overview and discuss some of the characteristics of this phenomenon which has received renewed impetus and inspiration by Jackson's movies.

The final part, comprising a single contribution, is a light-hearted 'source-critical' analysis by Mark Shea that makes fun of the critical idiom.

The reader may have already felt that I have mixed feelings towards this collection. On the one hand, the essays read well and remain focused on the topic, on the other they often lack the scholarly depth one would wish for. The volume, as it stands, is a suitable introduction to the ongoing discussion about Peter Jackson's adaptations of Tolkien's work, and it is to be hoped that the critical engagement continues and deepens.

Thomas Honegger

Rezensionen · Hither Shore 4 (2007) · 237

Vincent Ferré (Hg.): Tolkien, trente ans après (1973-2003)

Christian Bourgois éditeur, Paris 2004, 394 Seiten, Softcover

Der dreißigste Todestag Tolkiens im Jahr 2003 bot dem Pariser Verleger Christian Bourgois die Gelegenheit, neben der Übersetzung der Primärliteratur nun nach der Monographie Vincent Ferrés (2001) eine Aufsatzsammlung zu Tolkien zu veröffentlichen, die die französische Übersetzung dreier bekannter Aufsätze (»The Westron Turned into Modern English: The Translator and Tolkien's Web of Languages« von Thomas Honegger, »Orcs, Wraiths, Wights: Tolkien's Images of Evil« von Tom Shippey und »Frodo and Aragorn: The Concept of the Hero« von Verlyn Flieger), elf neue Beiträge und zwei Interviews (mit dem Verleger und mit John Howe) enthält (sowie Autoreninformationen und Zusammenfassungen der Beiträge).

Zunächst plädiert der Herausgeber Vincent Ferré in seiner Einleitung für eine frankophone Erforschung Tolkiens und berichtet anschließend über die Rezeption Tolkiens in Frankreich bis 2003. Diese ist durch eine verhältnismäßig spät einsetzende, zunächst recht rege, aber auch wieder nicht kontinuierliche Übersetzung der Werke (*Bilbo le Hobbit* erschien 1969, *Le Seigneur des Anneaux* 1972-73, die Anhänge erst 1986; *Le Silmarillion* schon ein Jahr nach der englischen Veröffentlichung; dann folgte eine Pause bis in die Mitte der 90er Jahre, wobei mittlerweile sukzessive auch die *History of Middle-earth* übersetzt wird) sowie durch eine gewisse Redundanz der Beiträge bis zur Verfilmung durch Peter Jackson gekennzeichnet. Diese stellt einen Bruch insofern dar, als nun verschiedene Initiativen und Personen gewichtige Forschungsbeiträge leisten (zu nennen wäre u.a. Michaël Devaux und die Bände der *La Feuille de la Compagnie*, aber auch Ferré selbst oder Charles Ridoux). Dem folgt ein Interview mit Christian Bourgois, in dem dieser schildert, wie er dazu kam, Tolkien auf Französisch zu publizieren (ohne ihn selbst gelesen zu haben) und welchen Raum Tolkien mittlerweile im Verlagsprogramm einnimmt.

Die weiteren Beiträge des Bandes sind in vier Abschnitte aufgeteilt, deren erster sich der Fülle der im Werk Tolkiens versammelten mythologischen und christlichen Traditionen widmet. Jean-Philippe Qadri untersucht ausführlich und minutiös den Rätselwettkampf zwischen Bilbo und Gollum und dessen Verhältnis zu den zahlreichen Rätselwettkämpfen der nordischen Mythologie und weist u.a. auf die Entsprechung zwischen den in den Rätseln angesprochenen Themen und Gollums Leben hin (vom Berg über die Zähne, den Wind und das Ei bis hin zu Fischen und dem Ring). Charles Delattre untersucht die zyklische Struktur des LotR sowie deren Entwicklung und vergleicht sie mit dem Ring-Zyklus, wie er sich z.B. schon bei Herodot findet. Biblische Bezüge zu Gandalfs Fall in Moria versucht Paul Airiau aufzudecken, wobei er neben Wortassoziationen auf die Christusähnlichkeit durch die ›Auferweckung‹ Gandalfs und seine Veränderung rekurriert. Für den gewöhnlichen Leser weniger naheliegend dürfte der Bezug Laurent Aliberts auf den indoeuropäischen Einfluss auf Arda sein, wobei er vor allem auf die dreifache Funktionalität (des Königs, des Kriegers/Wächters und die kultivierend-produzierende) abhebt, aber auch die Grenzen dieses Zugangs durch einen Rekurs auf die Reibungen zwischen verschiedenen von Tolkien eingespielten deutlich macht und schließlich den Synkretismus Ardas in einer Begegnung zwischen indo-europäischen Relikten und der christlichen Moral ausmacht.

Die Beiträge des zweiten Teils sind eher den internen Bezügen zuzuordnen. Darunter fällt die Übersetzung des bekannten Beitrags von Thomas Honegger zur Darstellung des LotR als Übersetzung und dem dabei von Tolkien entworfenen Geflecht der Sprachen Mittelerdes und ihrer jeweiligen Entsprechungen. Ferner ein hilfreicher Aufsatz Michaël Deveauxs über den hermeneutischen Status der *History of Middle-earth* bei der Untersuchung des *Legendariums* Tolkiens – diskutiert am Beispiel der *History of the Lord of the Rings*, der Entwicklung von *The Book of Lost Tales* zum *The Silmarillion* und schließlich an der *Ainulindalë*. Schließlich analysiert Jérôme Bouron *Leaf by Niggle* zunächst unter autobiographischem Aspekt, aber auch im Vergleich zu *The Figure in the Carpet* von H. James.

Einen spezifischeren inhaltlichen Charakter trägt der dritte Teil mit verschiedenen Beiträgen zu den Beziehungen zwischen den Personen und dem Bösen. Eröffnet wird er mit der Übersetzung des bekannten Beitrags »Orcs, Wraiths, Wights: Tolkien's Images of Evil« von Tom Shippey, in denen er die verschiedenen Repräsentationen des Bösen im Werk diskutiert. Ferner verhandelt Fabienne Claire Caland die sich ausdehnenden Grenzen des Bösen an den Beispielen Mordors und der gesamten durch das Böse verzeichneten Mittelerde, wobei sie das begrenzte, aber fluktuierende und immer bedrohliche Territorium des Bösen herausstreicht. Es folgt eine weitere Übersetzung eines bekannten Beitrags: »Frodo and Aragorn: The Concept of the Hero« von Verlyn Flieger, in dem sie diese beiden Figuren hinsichtlich ihrer Eigenart als Helden einer fairy-story bzw. eines Epos, die jeweils auch mittelalterliche Echos aufweisen, analysiert und von der Beschreibung der Monster, vor allem Gollum, abgrenzt. Im letzten Beitrag dieses Abschnitts setzt sich Guido Semprini mit der Frage des Rassismus auseinander, wobei er auf den Unterschied zwischen fiktionalen und nichtfiktionalen Texten und die Eigenheit des LotR als Ort der Begegnung zwischen der Mythologie und der Geschichte hinweist und nachweist, dass auch bei einer Berücksichtigung der Geschichtlichkeit des Textes weder Tolkien noch sein Werk als rassistisch angesehen werden können.

Im vierten Teil über Tolkien und die Künste behandeln zwei Beiträge die Beziehungen zwischen dem LotR und der Verfilmung Jacksons. Hervé Aubrons

Artikel zur Umsetzung der Eintönigkeit bzw. der Farben kann sehr hilfreich dabei sein, den Text unter dem Blickwinkel seines Chromatismus, vor allem der Rolle des Grau, wieder zu lesen. Jean Cléder konzentriert sich auf die Kritik der Adaption von *The Two Towers*, die seiner Ansicht nach nicht der imaginativen Leistung Peter Jacksons Rechnung trage; vielmehr sei der Umgang Jacksons mit *The Lord of the Rings* dem Umgang Tolkiens mit den Traditionen vergleichbar, die dieser gelesen und transformiert habe.

Abgeschlossen wird der Teil durch ein Interview mit John Howe über Realismus und Suggestion, geschichtliche Tiefe und künstlerische Kreativität sowie die Mitarbeit bei der Adaption Jacksons.

Da der letzte Beitrag von Anne Besson weit über Tolkien hinausgeht, nämlich seinen Einfluss auf verschiedene zeitgenössische Fantasy-Zyklen (Brooks, Eddings, Feist, Gaborit, Grimber, Hobb, Jordan, Kay, Kurtz, Le Guin, Williams) unter thematischem, strukturellem (aufgrund des vorherrschenden Bemühens um ein konsistentes und vollständiges Universum), aber auch literarischem (indem auch diese Autoren Legenden und Lieder in ihre Zyklen einbauen) Gesichtspunkt untersucht, ist er zu Recht keinem der vier Teile zugeordnet, sondern beschließt diesen Band.

Auch wenn manche Idee oder mancher Gedanke den Lesern nicht neu erscheinen mögen und gerade die übersetzten Beiträge vielen schon bekannt sein dürften, ist der Band auch für einen deutschen Kontext sehr empfehlenswert. Denn nicht nur werden zahlreiche interessante Aspekte aufgedeckt, sondern auch vermögen gerade die Beiträge mit einem dezidiert französischen Hintergrund von diesem her oftmals andere Perspektiven aufzuzeigen, als man sie von der angelsächsischen Sekundärliteratur her kennt. Mithin stellt dieser Band eine sehr schöne Ergänzung zu anderen Sammelbänden eher dieser Provenienz dar.

Thomas Fornet-Ponse

Vincent Ferré:
Tolkien: Sur les rivages de la terre du milieu

Christian Bourgois éditeur, Paris 2001, 354 Seiten, Softcover

Verdient dieses Werk Vincent Ferrés (VF) allein schon deshalb größere Beachtung, weil es die erste französische Monographie über den LotR ist, gilt dies umso mehr, da es zudem ein Thema aufgreift, das in dieser Ausführlichkeit bisher nicht behandelt wurde. Denn nach einer allgemeinen Vorstellung des Werkes analysiert VF im zweiten Teil seines Buches den Tod im LotR. Er hat damit nicht nur eine gute erste Hinführung vorgelegt, sondern einen sehr beachtenswerten Beitrag zur intensiven Auseinandersetzung mit dieser bis heute (sechs Jahre nach Erscheinen dieser Monographie!) immer noch nicht ausreichend untersuchten Thematik geliefert.

Nach einer kurzen Einführung beginnt VF mit der Vorstellung des LotR, wozu er zunächst die wichtigsten Personen mit ihrer Beschreibung und Rolle präsentiert – angesichts der Fülle und der komplexen Verhältnisse der Protagonisten sicherlich ein geeigneter Ansatzpunkt. Neben den neun Gefährten und den anderen Vertretern der freien Völker werden Sauron, seine Diener (weit gefasst, da auch der Balrog und Kankra hier erwähnt werden) sowie der Ring vorgestellt. Charakterisiert VF den Balrog, Kankra und die Nazgûl als Personifikationen des Todes und diskutiert er Sauron und den Ring unter dem Zusammenhang ›das Böse und der Tod‹, verweist er damit schon auf seinen zweiten Teil. Gollum wird in diesem Part ebenfalls thematisiert: als ein Wesen unter ›Strafaufschub‹.

Ferner verweist VF auf die gegen den angesichts einer solchen systematischen Vorstellung der Protagonisten naheliegenden Vorwurf eines Dualismus sprechenden Argumente und betont die verschiedenen ›Graustufen‹ in den Personenbeschreibungen.

Das zweite Kapitel widmet sich der Geographie Mittelerdes, d.h. den verschiedenen Handlungsorten und -gegenden vom Auenland bis Mordor, und der Textstruktur, d.h. den Verschachtelungen sowie dem »Hin und Zurück« der Handlung. Wiederum verweist VF auf seinen zweiten Teil, indem er die Kontraste der unterschiedlichen geographischen Beschreibungen und deren immer präsente bzw. sich verstärkende Präsenz des Todes herausarbeitet. Angesichts der komplexen Textstruktur mit ihren deutlichen narrativen Diskontinuitäten bemüht er sich ausgehend von der Beobachtung der jeweils beteiligten (und jeweils wechselnden) Protagonisten, die untrennbare Einheit der verschiedenen Stränge aufzuzeigen. So sieht er den LotR als Illustration dessen an, was Todorov unter seinem Vorschlag des »l'entrelacement« verstanden hat, die bei Tolkien aber auch mit einer bestimmten Weltsicht verbunden sei.

Im dritten Kapitel diskutiert VF die Beziehung von Fantasy und Fiktion, wozu er zunächst auf die Beziehung zwischen dem Staunenswerten und Fantasy eingeht, ferner auf das gerade in einer Einführung zu diskutierende Problem der Allegorie und Anwendbarkeit sowie Tolkiens Theorie der Zweitschöpfung, was ihn zum Verhältnis von Kohärenz und Vollständigkeit der Welt führt. Dies wird schließlich hinsichtlich der Sprachen und historischen Bezüge näher erläutert. Gleichzeitig diskutiert er aber auch die Frage der Wahrscheinlichkeit – u.a. anhand der Tolkien'schen Bemühungen in seinen Anhängen zur Sprache oder zur Überlieferungsgeschichte, aber auch am Beispiel der Begegnung von Sam mit dem Olifanten.

Die letzten beiden Kapitel dieses ersten Teils behandeln die Quellen (u.a. die antiken und mittelalterlichen, aber auch Shakespeare und die Inklings) und die Genese (mit explizitem Rekurs auf die Anfänge des *legendariums* in *The Book of Lost Tales*) des Textes sowie die Einordnung des LotR in das Gesamtwerk Tolkiens. Dafür bespricht VF zunächst die Verbindung zum *Hobbit* über Bilbo und nennt anschließend die Verbindung zum *Silmarillion*.

Nach dieser sehr hilfreichen und guten allgemeinen Einführung in den LotR geht es VF im zweiten Teil darum, die Problematik und Funktion des (literarischen wie metaphorischen) Todes sowie dessen Beziehung zur Unsterblichkeit in diesem Werk zu analysieren.

Dazu entfaltet er zunächst im sechsten Kapitel die Präsenz des Todes, d.h. seine Allgegenwart im Werk durch die verschiedenen Kämpfe, Gefahren etc. Dabei diskutiert er zunächst noch Parallelen und Unterschiede zum *Hobbit*: Schon recht bald werde das Universum des *Hobbit* verlassen und das gefährlichere des LotR betreten (angezeigt durch die symbolische Schwelle des Alten Waldes und das Auftauchen des Nazgûl). Ferner sei der Tod nicht nur durch die Kämpfe und Gefahren präsent, sondern werde auch durch zahlreiche Symbole und Zeichen angedeutet, u.a. den Weißen Baum und das Meer, aber auch durch das beschriebene Verhältnis der Menschen zum Tod (als Sterbliche und mit ihrem Schmerz und ihrer Erinnerung).

Das siebte Kapitel untersucht den Kampf des durch Licht und Natur charakterisierten Lebens gegen den Tod und seine Schatten. So zeige der Widerstand gegen Mordor die Vereinigung sämtlicher verschiedener Formen des Lebens, die durch Freundschaften oder Liebesbeziehungen verbündet sind. Ferner unterstreicht VF die Bedeutung der Wahl einer beschränkten Macht für diesen Kampf, die sich in Gerechtigkeit, Heimlichkeit, Schnelligkeit und Hoffnung zeigt. Auch der Ausgang des Kampfes durch das Zusammenspiel (und nicht im Gegensatz) von Schicksal und Freiheit bei einer Betonung der Wahl sowie schließlich die Eukatastrophe werden besprochen.

Im achten Kapitel verhandelt VF die Entwicklung verschiedener Personen in der Begegnung mit dem Tod unter dem Gesichtspunkt einer Initiation. Dabei beginnt er mit einer kurzen Skizze der Identität von Helden, um anschließend gerade die Hobbits in ihrer Adelung als Beispiele positiver Entwicklungen zu analysieren. Zudem wird die Kehrseite dieser Entwicklung, nämlich die Verfremdung, nicht verschwiegen und anhand der Wirkung des Rings auf Saruman, Boromir und vor allem Gollum, aber auch Frodo diskutiert.

Mit einer Bemerkung über das Ende des Dritten Zeitalters, das zugleich der Beginn eines neuen ist, leitet VF über zum neunten Kapitel, in dem er sich dem Zusammenspiel von Tod und Wiedererwachen widmet.

Dies erfolgt zunächst unter Berücksichtigung des Eindrucks des Niedergangs, den die Erzählgegenwart im Vergleich zu einer glorreichen Vergangenheit erweckt. Gleichzeitig ist aber am Ende auch z.B. eine Wiedererneuerung der Natur festzustellen und kann durch die Unabgeschlossenheit der großen Erzählungen die Vergangenheit zu einem gewissen Grad modifiziert werden (was der Weiße Baum schön symbolisiert; auch die Geschichte von Aragorn und Arwen ›wiederholt‹ diejenige Berens und Lúthiens – u.a. weil Aragorn dabei hilft, den Fehler Isildurs zu reparieren). Ferner diskutiert VF das Abtreten des Mythos durch einen rituellen Akt (die Ringvernichtung), das den Beginn der Herrschaft der Menschen zur Folge hat (was allerdings einen bitteren Beigeschmack hat, der durch den Weggang Frodos, der Ringträger und der Elben illustriert wird). Schließlich berücksichtigt er noch die Rolle von Gesängen und Legenden hinsichtlich der Erinnerung der Taten und der Vergangenheit; gewissermaßen könne der LotR mit einem poetischen Grab verglichen werden.

Die Schlussbemerkung am Ende des interpretatorischen Teils des Buches betont noch einmal die Vielfältigkeit des Werkes – u.a. könne es als Reflexion auf Literatur, Heldentum oder die Menschheit gelesen werden; immer wieder gehe es um wesentliche Fragen des Menschseins.

Abgerundet wird die Monographie durch Kurzzusammenfassungen der einzelnen Bücher, biographische Informationen über Tolkien, Übersetzungen der Vorworte der beiden englischen Ausgaben, eine ausführliche Bibliographie und einen Index.

Zweifelsohne gelingt es VF sehr schön, zum einen eine gut lesbare und informative Einführung in den LotR vorzulegen, die gut dazu geeignet ist, Einsteigern vielfältige Lektürehinweise zu geben, und auch für Kenner nicht langweilig wird. Zum anderen bietet er guten Kennern des Werkes hochinteressante Analysen zur Rolle des Todes an. Diesen kann man nur wünschen, dass sie auch weit über den französischen Raum bekannt und diskutiert werden. Denn auch wenn sich VF dieser Fragestellung in gewisser Ausführlichkeit gewidmet hat, ist sie damit keineswegs erschöpfend behandelt. Vielmehr stecken in jedem der einzelnen Kapitel genügend Anregungen für weitere Arbeit bzw. Detailstudien.

Thomas Fornet-Ponse

Siglenverzeichnis

Die Schriften von J.R.R. Tolkien werden im Text jeweils ohne Angabe des Verfassernamens mit den folgenden Siglen zitiert. Die jeweils benutzte Ausgabe findet sich im Literaturverzeichnis.

AI:	The Lay of Aotrou and Itroun
ATB:	The Adventures of Tom Bombadil and other Verses from the Red Book / Die Abenteuer des Tom Bombadil und andere Gedichte aus dem Roten Buch
AW:	Ancrene Wisse and Hali Meiðhad
B:	Die Briefe von J.R.R. Tolkien
BA:	Bilbos Abschiedslied
BB:	Baum und Blatt
BGH:	Bauer Giles von Ham
BLS:	Bilbo's Last Song
BMC:	Beowulf: The Monster and the Critics
BT:	Blatt von Tüftler
BUK:	Beowulf: Die Ungeheuer und ihre Kritiker
BW:	Die Briefe vom Weihnachtsmann
CH:	The Children of Húrin
CP:	Chaucer as a Philologist
EA:	The End of the Third Age (History of Middle-earth 9). Auszug
EW:	English and Welsh / Englisch und Walisisch
FC:	Letters from Father Christmas
FGH:	Farmer Giles of Ham
FH:	Finn and Hengest
FS:	On Fairy-Stories
GD:	Gute Drachen sind rar
GN:	Guide to the Names in the Lord of the Rings
GPO:	Sir Gawain and the Green Knight, Pearl, and Sir Orfeo
H:	The Hobbit / Der Hobbit / Der kleine Hobbit
HB:	The Homecoming of Beorhtnoth Beorhthelm's Son
HdR:	Der Herr der Ringe
HdR I:	Der Herr der Ringe. Bd. 1. Die Gefährten
HdR II:	Der Herr der Ringe. Bd. 2. Die Zwei Türme
HdR III:	Der Herr der Ringe. Bd. 3. Die Rückkehr des Königs / Die Wiederkehr des Königs
HdR A:	Der Herr der Ringe. Anhänge
HG:	Herr Glück
HH I/II:	The History of the Hobbit
HL:	Ein heimliches Laster
KH:	Die Kinder Húrins
L:	The Letters of J.R.R. Tolkien
LB:	The Lays of Beleriand (History of Middle-earth 3)
LN:	Leaf by Niggle
LotR:	The Lord of the Rings
LotR I:	The Fellowship of the Ring. Being the first part of The Lord of the Rings

LotR II:	The Two Towers. Being the second part of The Lord of the Rings
LotR III:	The Return of the King. Being the third part of The Lord of the Rings
LotR A:	The Lord of the Rings. Appendices
LR:	The Lost Road and other Writings (History of Middle-earth 5)
LT 1:	The Book of Lost Tales 1 (History of Middle-earth 1)
LT 2:	The Book of Lost Tales 2 (History of Middle-earth 2)
MB:	Mr. Bliss
MC:	The Monsters and the Critics and Other Essays
ME:	A Middle English Vocabulary
MR:	Morgoth's Ring (History of Middle-earth 10)
My:	Mythopoeia
NM:	Nachrichten aus Mittelerde
OE:	The Old English Exodus
OK:	Ósanwe-Kenta
P:	Pictures by J.R.R. Tolkien
PM:	The Peoples of Middle-earth (History of Middle-earth 12)
R:	Roverandom
RBG:	The Rivers and Beacon-hills of Gondor
RGEO:	The Road Goes Ever On (with Donald Swann)
RS:	The Return of the Shadow (History of Middle-earth 6)
S:	Silmarillion
SD:	The Sauron Defeated (History of Middle-earth 9)
SG:	Der Schmied von Großholzingen
SGG:	Sir Gawain and the Green Knight / Sir Gawain und der Grüne Ritter (Essay)
SM:	The Shaping of Middle-earth (History of Middle-earth 4)
SP:	Songs for the Philologists
TB:	On Translating Beowulf
TI:	The Treason of Isengard (History of Middle-earth 7)
TL:	Tree and Leaf
ÜB:	Zur Übersetzung des Beowulf
ÜM:	Über Märchen
UK:	Die Ungeheuer und ihre Kritiker. Gesammelte Aufsätze
UT:	Unfinished Tales
VG 1:	Das Buch der Verschollenen Geschichten 1
VG 2:	Das Buch der Verschollenen Geschichten 2
WJ:	The War of the Jewels (History of Middle-earth 11)
SV:	A Secret Vice
SWM:	Smith of Wootton Major
VA:	Valedictory Address
WR:	The War of the Ring (History of Middle-earth 8)

Die Autorinnen und Autoren

Dieter Bachmann hat sowohl ein Studium der Physik als auch eines der Vergleichenden Indogermanischen Sprachwissenschaft absolviert und arbeitet gegenwärtig an seinem Dissertationsprojekt an der Universität Zürich.

dab@flaez.ch

Patrick Brückner studierte nach seiner Ausbildung zum Wartungsmechaniker für EDV-Anlagen und zum Industriekaufmann germanistische Literaturwissenschaft mit Schwerpunkt germanistische Mediävistik, Soziologie mit dem Schwerpunkt Soziologie der Geschlechterverhältnisse und Volkswirtschaftslehre an der Universität Potsdam. Dort war er auch als Tutor zur germanistischen Mediävistik tätig. patricbrueckner@aol.com

Vincent Ferré, Dr. phil., lehrt Vergleichende Literaturwissenschaft in Paris (Universität Paris 13) und arbeitet über moderne Autoren, vor allem Proust, Dos Passos, Broch; ferner hat er zwei Bücher und einige Aufsätze über Tolkien publiziert sowie Übersetzungen von Tolkiens Werken ins Französische. Für den Verlag Christian Bourgois koordiniert er auch die französischen Ausgaben der Werke Tolkiens. Auch hielt er in verschiedenen Ländern Europas zahlreiche Vorträge über Tolkien und war Berater bei Ausstellungen von John Howe und Alan Lee sowie bei der französischen Übersetzung des ersten Films von Peter Jackson. pourtolkien@caramail.com

Thomas Fornet-Ponse studierte Katholische Theologie, Philosophie und Alte Geschichte in Bonn und Jerusalem, war 2006/07 Studienleiter beim Theologischen Studienjahr in Jerusalem und promoviert gegenwärtig in Katholischer Theologie. Er veröffentlichte zahlreiche Aufsätze zu Tolkien, Pratchett und Lewis und ist Vorstandsmitglied der Deutschen Tolkien Gesellschaft sowie inhaltlicher Koordinator des Tolkien Seminars resp. von *Hither Shore*.

fornet-aquin@gmx.de

Fabian Geier, Dr. phil., Studium der Philosophie, Anglistik, Musikwissenschaften und Pädagogik in Würzburg und Heidelberg; Promotion 2006; Lehraufträge in Heidelberg und Mannheim; Stellv. Geschäftsführer der Gesellschaft für Philosophie und Wissenschaft e.V.; Redakteur des Online-Portals www.philosophie.de; Verfasser der Rowohlt-Monographie zu J.R.R. Tolkien (erscheint 2008).

fabian.geier@philosophie.de

Margaret Hiley, Ph.D., ihre Dissertation behandelte die Inklings und deren kontroverse Beziehung zur literarischen Moderne; sie hat über verschiedene Aspekte in der Fantasy und Science Fiction Vorträge gehalten und publiziert.

Von 2005 bis 2007 war sie Gastdozentin für Englische Literatur an der Universität Regensburg. Sie ist nun Dozentin für Englisch am Regional College in Peterborough, GB, wo es ihr gelang, Fantasy und Science Fiction in das Graduierungsprogramm einzuführen. margaret.hiley@peterborough.ac.uk

Thomas Honegger, Prof. Dr. phil., hat in Zürich promoviert und zahlreiche Bände zu Tolkien, mittelalterlicher Sprache und Literatur herausgegeben sowie verschiedene Beiträge zu Chaucer, Shakespeare und mittelalterlichen Romanzen publiziert. Seit 2002 ist er Lehrstuhlinhaber für Anglistische Mediävistik an der Friedrich-Schiller-Universität Jena.
www2.uni-jena.de/fsu/anglistik/homepage/Honegger3.htm

Heidi Krüger war nach ihrem Studium der Germanistik und Philosophie in Tübingen und Zürich als Dozent an der Universität Växjö (Schweden) tätig. Später absolvierte sie eine Zweitausbildung zur Regisseurin in Musik- und Sprechtheater. Sie hat Übersetzungen aus dem Schwedischen und Finnischen gemacht und zahlreiche Literatur- und Philosophieseminare gegeben.
kuenstlertheater@gmx.de

Rainer Nagel, Dr. phil., arbeitet am Lehr- und Forschungsbereich für Englische Sprachwissenschaft an der Johannes-Gutenberg-Universität Mainz mit den Forschungsschwerpunkten Sprachgeschichte, Übersetzungswissenschaft, Wortbildung und Fachsprachenforschung. Ferner betätigt er sich als Autor und Redakteur bei diversen Rollenspielen sowie als Übersetzer und Lektor bei verschiedenen Verlagen. rnagel@uni-mainz.de

Helmut W. Pesch, Dr. phil., hat in Köln über Fantasy-Literatur promoviert und arbeitet seitdem in diesem Gebiet als Kritiker, Autor, Übersetzer und Künstler. Ferner arbeitet er als Lektor beim Gustav Lübbe Verlag, Bergisch Gladbach.
www.helmutwpesch.de

Friedhelm Schneidewind studierte Biologie und einige Semester Informatik. Aktuell ist er tätig als freier Dozent u.a. für Öffentlichkeitsarbeit und Mediengestaltung sowie als Leiter einer Mittelaltermusiktruppe, als Autor, Journalist, Herausgeber und Verleger. Bekannt ist er darüber hinaus als Autor u.a. mehrerer Lexika aus dem Fantasy-Bereich und mehrerer Bücher zu Tolkien.
www.friedhelm-schneidewind.de

Anna Slack studierte in Cambridge Englische Literatur und ist gegenwärtig Lehrerin für Englische Sprache an einer privaten Sprachschule in Palermo. In Cambridge war sie Sekretärin der Cambridge Tolkien Society und veröffentlichte in Aufsatzbänden von Walking Tree Publishers. AnnaSlack@cantab.net

Authors

Guglielmo Spirito OFM Conv., Prof. Dr. theol., in Buenos Aires geboren, studierte vor seinem Eintritt in den Franziskanerorden Philosophie und Ägyptologie, erwarb in Rom sein theologisches Lizenziat am Camillianum und sein Doktorat (mit der Spezialisierung in Spiritualität) am Antonianum. Seit 1994 ist er Professor für Patristik, Franziskanische Spiritualität und für Literatur (vor allem Tolkien) am Theologischen Institut Assisi und an der Päpstlichen Fakultät des Heiligen Bonaventura in Rom. Er lehrte auch in Kroatien, Rumänien, Russland, Mexiko, England, Kanada, Armenien und Ägypten. Über Tolkien hat er verschiedene Essays, Aufsätze und Bücher publiziert; er ist Mitglied der Italienischen Tolkien-Gesellschaft. fraguspi@tiscali.it

Martin Sternberg hat 1990-1996 in Münster Alte Geschichte, Mittlere Geschichte, Kunstgeschichte sowie Rechtswissenschaft studiert und arbeitet als Jurist in der Telekommunikationsbranche. Bei seinem Geschichts- und Philosophiestudium lag ein Schwerpunkt auf Spätantike und frühem Christentum.
lasgalen@web.de

Doreen Triebel studiert an der Friedrich-Schiller-Universität Jena Anglistik und arbeitet gegenwärtig an ihrer Magisterarbeit über das Konzept von Faery in den Werken Tolkiens.

Allan Turner, Ph.D., studierte Germanistik, Mediävistik und allgemeine Linguistik. Seine Dissertation, auf dem Gebiet der Übersetzungswissenschaft, untersucht die Probleme in der Übersetzung der philologischen Elemente im *Herrn der Ringe*. Er interessiert sich derzeit hauptsächlich für die Stilistik von Tolkiens Werken. Er unterrichtet englische Sprachpraxis und British Cultural Studies an der Universität Marburg. allangturner@aol.com

Frank Weinreich, Dr. phil., lebt und arbeitet als freier Autor und Lektor in Bochum. Er studierte Kommunikationswissenschaften, Philosophie und Politikwissenschaften an der Ruhr Universität Bochum und erlangte mit einer Arbeit über Ethik den Doktorgrad der Philosophie an der Hochschule Vechta. Er hat zahlreiche Veröffentlichungen über Fantasy, Mythologie und besonders das Werk Tolkiens vorgelegt. Zuletzt erschienen von ihm *Fantasy – Einführung* und die Sammelbände *Tolkien & Modernity I u. II*. Zusammen mit Margaret Hiley gibt er die kompletten englischsprachigen Proceedings zur Jenaer Tagung über Tolkiens Kleinere Werke bei Walking Tree Publishers heraus.
fw@polyoinos.de

Our Authors

Dieter Bachmann holds a dual degree in Physics and Indo-European Linguistics, and is currently working on his dissertation project at the University of Zurich. dab@flaez.ch

Patrick Brückner, following his training as a maintenance technician for EDP equipment and as a officer in an industrial company, studied Germanic Philology (specialising in German Mediaeval Studies), Sociology (specialising in gender-related sociological issues), and Economics at the University of Potsdam. He also worked as a tutor for German Mediaeval Studies there.
 patricbrueckner@aol.com

Vincent Ferré teaches Comparative Literature in Paris (University Paris 13) and works on modernist writers, especially Proust, Dos Passos, Broch; he has also published two books on J.R.R. Tolkien, as well as articles, and translations of Tolkien's works in French. He is in charge of the French editions of Tolkien's works for Christian Bourgois Editeur. He has delivered many lectures on Tolkien in France, England, Germany, Switzerland and Italy, and worked as an advisor on exhibitions of John Howe and Alan Lee and for the French translation of the first film by Peter Jackson.
 pourtolkien@caramail.com

Thomas Fornet-Ponse studied Catholic Theology, Philosophy, and Ancient History at Bonn and Jerusalem. He worked as an inspector of Studies at Theologisches Studienjahr Jerusalem. He is a committee member of the German Tolkien Society and has been charged with conceptually coordinating the Tolkien Seminars as well as *Hither Shore*.
 fornet-aquin@gmx.de

Fabian Geier, Dr. phil, born 1976, studied Philosophy, English Philology, Science of Music, and Pedagogics at Würzburg and Heidelberg; teaching assignments at Heidelberg and Mannheim; Deputy Secretary of the Gesellschaft für Philosophie und Wissenschaft e.V. (Society of Philosophy and Science); editor of the online portal www.philosophie.de; author of a monograph on J.R.R. Tolkien (to be published in 2008 by Rowohlt).
 fabian.geier@philosophie.de

Margaret Hiley holds a Ph.D. from the University of Glasgow dealing with the Inklings and their controversial relationship to literary modernism, and she has published and lectured on various aspects of fantasy and science fiction. Between 2005 and 2007 she was a Visiting Lecturer in English Literature at the University of Regensburg, Germany, and now is Lecturer in English at the Regional College in Peterborough, U.K., where she is proud to have introduced fantasy and science fiction to the English degree programme.

margaret.hiley@peterborough.ac.uk

Thomas Honegger holds a Ph.D. from the University of Zurich. He edited several volumes on Tolkien, medieval language and literature, and published papers on Chaucer, Shakespeare, and mediaeval romance. He teaches, since 2002, as Professor for Mediaeval Studies at the Friedrich-Schiller-University Jena (Germany).

www2.uni-jena.de/fsu/anglistik/homepage/Honegger3.htm

Heidi Krüger studied German Philology and Philosophy in Tübingen and Zurich, later lecturer at Växjö University (Sweden). Afterwards, she received training as a director for musical theatre and drama. Translations from Swedish and Finnish; has given many seminars on literature as well as philosophy.

kuenstlertheater@gmx.de

Rainer Nagel, Dr. phil., is currently teaching English and Linguistics at Johannes Gutenberg University, Mainz; his research specialities are the history of English, translation studies, word-formation, and special-language research. He has also written and edited numerous role-playing publications and has worked extensively as a translator.   rnagel@uni-mainz.de

Helmut W. Pesch holds a Ph.D. from Cologne University. He wrote his doctoral dissertation on fantasy literature and has been working in this field as a critic, writer, translator, and artist. He is a full-time editor with Luebbe Publishers, Bergisch Gladbach (Germany).   www.helmutwpesch.de

Friedhelm Schneidewind studied Biology and, for a few terms, Computer science. He is currently working as a teacher and adviser for a variety of topics, mainly including DTP/media presentation/multimedia and public relations. He is an author, journalist, publisher and musician. Furthermore, he is known as author of several books and encyclopaedias.

www.friedhelm-schneidewind.de

Anna Slack graduated with a first class degree in English Literature from the University of Cambridge in 2005 and is a teacher of English Language at a private language school in Palermo, Sicily. She edited the tri-annual journal of the Cambridge Tolkien Society and was for one year the society secretary. She helped pioneer and partook in the acclaimed performance of the BBC Radio Adaptation of The Lord of the Rings in aid of the National Trust. Furthermore, she delivered a lecture at the Tolkien 2005 conference and contributed to volumes by Walking Tree Publishers. AnnaSlack@cantab.net

Guglielmo Spirito OFM Conv., Prof. Dr. theol., born in Buenos Aires, and studied Philosophy and Egyptology before joining the Order of Saint Francis in the Eighties. In Rome he obtained the Degree (Licenza) in Pastoral Theology of Health Care at the *Camillianum* and the Doctorate in Theology with specialisation in Spirituality at the Pontifical Ateneum *Antonianum*. Since 1994 he is professor of Patristic and Franciscan Spirituality and of Theology and Literature (especially J.R.R. Tolkien) at the Theological Institute of Assisi and at the Pontifical Faculty of Saint Bonaventure in Rome. He gave courses in Croazia, Romania, Russia and Mexico, and lectures in England and Canada, Armenia and Egypt. On Tolkien he had published essays, articles and books, as *Tra San Francesco e Tolkien* and *Lo specchio di Galadriel with Il Cerchio*. He is also a member of the *Società Tolkieniana Italiana*. fraguspi@tiscali.it

Martin Sternberg studied Ancient History, Mediaeval History, History of Arts, and Law at Münster from 1990 to 1996. He is currently working as a jurist in the field of telecommunication. During his studies, he specialised in Late Antiquity and Early Christianity. lasgalen@web.de

Doreen Triebel is a student of English Literature and Language at the Friedrich Schiller University Jena (Germany) and is currently working on her M.A. thesis on the concept of Faery in the works of J.R.R. Tolkien.

Allan Turner, Ph.D., studied German Philology, Mediaeval Studies, and General Linguistics. His Ph.D. thesis in translation studies examines the problems inherent in translating the philological elements in *The Lord of the Rings*. His main focus of interest is currently on the stylistics of Tolkien's works. He has been teaching English language skills and British Cultural Studies at the University of Marburg. allangturner@aol.com

Frank Weinreich, Dr. phil., lives and works as an advisor and independent author in Bochum. He studied media science, philosophy and science of politics at Bochum University and did his PhD on bio-ethics at Vechta.
fw@polyoinos.de

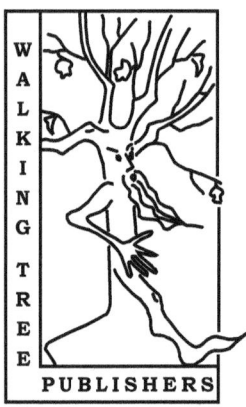

Walking Tree Publishers ...

... was founded in 1997 as a forum for publication of material (books, videos, CDs, etc.) related to Tolkien and Middle-earth studies. Manuscripts and project proposals can be submitted to the board of editors (please include an SAE):

Walking Tree Publishers
CH-3052 Zollikofen
Switzerland

e-mail: info@walking-tree.org
http://www.walking-tree.org

Cormarë Series

The *Cormarë Series* has been the first series of studies dedicated exclusively to the exploration of Tolkien's work. Its focus is on papers and studies from a wide range of scholarly approaches. The series comprises monographs, thematic collections of essays, conference volumes, and reprints of important yet no longer (easily) accessible papers by leading scholars in the field. Manuscripts and project-proposals are evaluated by members of an independent board of advisors who support the series editors in their endeavour to provide the readers with qualitatively superior yet accessible studies on Tolkien and his work.

News from the Shire and Beyond. Studies on Tolkien. Edited by Peter Buchs & Thomas Honegger. Zurich and Berne 2004. Reprint. First edition 1997, ISBN 3-9521424-5-X

Root and Branch. Approaches Towards Understanding Tolkien. Edited by Thomas Honegger. Zurich and Berne 2005. Reprint. First edition 1999, ISBN 3-905703-01-7

Richard Sturch. *Four Christian Fantasists. A Study of the Fantastic Writings of George MacDonald, Charles Williams, C.S. Lewis and J.R.R. Tolkien.* Zurich and Berne 2007. Reprint. First edition 2001, ISBN 978-3-905703-04-7

Tolkien in Translation. Edited by Thomas Honegger. Zurich and Berne 2003, ISBN 3-9521424-6-8

Mark T. Hooker. *Tolkien Through Russian Eyes.* Zurich and Berne 2003, ISBN 3-9521424-7-6

Translating Tolkien: Text and Film. Edited by Thomas Honegger. Zurich and Berne 2004, ISBN 3-9521424-9-2

Christopher Garbowski. *Recovery and Transcendence for the Contemporary Mythmaker. The Spiritual Dimension in the Works of J.R.R. Tolkien.* Zurich and Berne 2004. Reprint. First edition by Marie Curie Sklodowska University Press, Lublin 2000, ISBN 3-9521424-8-4

Reconsidering Tolkien. Edited by Thomas Honegger. Zurich and Berne 2005, ISBN 3-905703-00-9

Tolkien and Modernity 1. Edited by Frank Weinreich & Thomas Honegger. Zurich and Berne 2006, ISBN 978-3-905703-02-3

Tolkien and Modernity 2. Edited by Thomas Honegger & Frank Weinreich. Zurich and Berne 2006, ISBN 978-3-905703-03-0

Tom Shippey. *Roots and Branches. Selected Papers on Tolkien by Tom Shippey.* Zurich and Berne 2007, ISBN 978-3-905703-05-4

Ross Smith. *Inside Language. Linguistic and Aesthetic Theory in Tolkien.* Zurich and Berne 2007, ISBN 978-3-905703-06-1

How We Became Middle-earth. A Collection of Essays on The Lord of the Rings. Edited by Adam Lam & Nataliya Oryshchuk. Zurich and Berne 2007, ISBN 978-3-905703-07-8

Myth and Magic. Art According to the Inklings. Edited by Eduardo Segura & Thomas Honegger. Zurich and Berne 2007, ISBN 978-3-905703-08-5

The Silmarillion – Thirty Years On. Edited by Allan Turner. Zurich and Berne 2007, ISBN 978-3-905703-10-8

Martin Simonson. *The Lord of the Rings and the Western Narrative Tradition.* Zurich and Jena 2007, ISBN 978-3-905703-09-2

Beyond Middle-earth: Tolkien's Shorter Works. Proceedings of the 4th Seminar of the Deutsche Tolkien Gesellschaft & Walking Tree Publishers Decennial Conference. Edited by Frank Weinreich & Margaret Hiley. Zurich and Jena 2007, ISBN 978-3-905703-11-5

Constructions of Authorship in and around the Works of J.R.R. Tolkien. Edited by Judith Klinger. Zurich and Jena, forthcoming.

Tolkien's The Lord of the Rings. Sources of Inspiration. Edited by Stratford Caldecott & Thomas Honegger. Zurich and Jena, forthcoming.

Rainer Nagel. *Hobbit Place-names. A Linguistic Excursion through the Shire.* Zurich and Jena, forthcoming.

Tales of Yore Series

The *Tales of Yore Series* grew out of the desire to share Kay Woollard's whimsical stories and drawings with a wider audience. The series aims at providing a platform for qualitatively superior fiction with a clear link to Tolkien's world.

Kay Woollard. *The Terror of Tatty Walk. A Frightener.* CD and Booklet. Zurich and Berne 2000 ISBN 3-9521424-2-5

Kay Woollard, *Wilmot's Very Strange Stone or What came of building "snobbits".* CD and Booklet. Zurich and Berne 2001, ISBN 3-9521424-4-1

Index

Adorno	144
Alf	173, 179, 180, 184
Allegorie	63, 80, 107, 113-114, 129, 133, 134-142, 144-146, 148-149, 151, 154-155, 240
Ancalagon	85, 88
Animals	23-24
Anwendbarkeit / Applicability	60, 101, 113, 136-140, 200, 233, 240
Aragorn	12, 18-20, 174, 231, 234-236, 238, 242
Aristoteles	45
Artaxerxes	59, 111
Arthur/Artus	11-16, 18, 20, 87, 92, 112, 115, 212, 216
Asimov	95
Assmann	75
Auden, W.H.	133, 137, 141, 167, 168
Augustinus	72, 79, 230
Augustus Bonifacius	13-15, 19-21, 90
Autobiographisch	60, 63, 148-149, 151, 156-157, 201, 238
Bakhtin	100-101
Bard	105-106
Barfield	48, 115, 174, 208
Baynes	12, 20
Bede's Death-Song	149-150, 154
Benvenuto	199
Beorhtnoth	11-12, 15-20, 189, 217
Beowulf	12, 15-20, 86, 189
Beowulf	11, 15-17, 19-20, 83, 85-86, 99-101, 106-107, 109, 115, 121-122, 142, 153, 178, 189, 196, 203, 214-215, 230
Beowulf: The Monster and the Critics	17, 53, 58, 83, 84, 92, 99, 100, 101, 107, 109, 114-116, 129, 133, 139, 142, 148, 153, 189, 196, 197, 230
Bilbo	95, 104, 106-110, 125, 132, 168, 184-185, 210, 212, 217, 237, 241
Bilbo's Last Song	185-186
Biographie, biographisch	38, 129, 131-133, 135-136, 144, 147, 148, 156, 211, 242
Birzer	53
Bombadil goes Boating	31, 120, 122, 126
Briefe vom Weihnachtsmann	83
Caerdragon	87, 112
Carpenter	11, 37-39, 137, 147, 211
Cat	120
Catholic, Catholicim	139, 195, 197, 216, 232, 248
Chance	16, 19, 61-62, 147, 149-151, 153, 163, 223, 229-231, 233, 235
Chrétien de Troyes	13, 18, 99
Christentum, christlich	38, 48, 53, 67, 75, 81, 84-86, 107, 129, 141, 148, 150-152, 154-155, 220, 225, 230-231, 237-238
Chrysophylax	62, 90-93, 95, 116

Coleridge	45-46
Consolation	55-56, 58, 61, 65, 173, 177-179, 185, 200-201
Curry	74, 227, 233
Dírhavel	205
Drachen	56, 59, 62, 83-88, 91-92, 95-96, 99-103, 105-115, 212
Drout	203, 207, 216-217, 226, 228, 230
Dyson	37
Earendil	85, 88
Elben, elves	43-44, 57, 64, 75-76, 107, 109, 119, 177, 185, 200, 217, 223-226, 233, 242
Eliade	67, 73, 79
Ellacuría	52
Elrond	19, 107, 204
Epos	85-86, 94, 99-100, 102, 108, 112, 114, 238
Erec and Enid	13
Errantry	122, 125, 126
Escape / Eskapismus, eskapistisch	18, 55-56, 58, 61, 65, 177-179
Eukatastrophe / eucatastrophe	32, 34, 56-62, 178-179, 183, 185-186, 209, 241
Evolutionstheorie	41, 45
Faery, Faërie	23, 32, 54-56, 58-60, 63-65, 67-81, 113-115, 167-170, 172-175, 177-186, 199-200
Faery Queen / Königin	71-72, 78, 169-170, 172-173
Fafnir	85-86
Fairy-stories	25, 51, 54, 56-60, 65
Fantastic	103-104, 106-108, 113-114, 131, 167, 169, 171-172, 174-175, 215
Fantasy	24, 31, 52-55, 57-58, 60-61, 63-65, 74, 81, 91, 94-95, 111, 113, 121, 167-168, 171-172, 174-175, 180, 208, 213, 218-219, 220, 230, 232, 239-240
Farmer Giles	11-15, 18-21, 28, 51, 59, 62-63, 83, 87, 89, 94-96, 124, 144, 189-190, 196
Fastitocalon	121, 125
Fegfeuer, Fegefeuer	61, 129, 144, 150
Firiel	181
Flieger	63, 67, 203, 208, 216, 223, 230-232, 237-238
Fornet-Betancourt	52
Fornet-Ponse	51, 58, 61, 193, 203, 231, 239, 242
Frodo	18, 25, 70, 119, 125, 132, 135, 168-170, 175, 180-181, 184, 190, 216-217, 229, 235, 237-238, 241-242
Gandalf	28, 103-104, 106, 109, 133, 143, 150, 212, 225, 238
Garm	28, 63, 90, 93
Geographie	59, 112, 115, 212, 240
Giles of Ham	11-12, 15, 28, 51, 59, 62, 83, 87, 89, 94-96, 116, 144
Glaurung	83, 86, 88, 205
Goblin Feet	121
Gordon	122, 178
Gott	41, 44, 47, 49, 53-55, 57, 65, 67, 69-72, 75-78, 80, 84-85, 129, 136, 141, 163, 200

Hither Shore 4 (2007)   257

Gottebenbildlichkeit	53, 55, 57
Grendel	16, 18-19, 100
Hammond	12, 19, 59, 83, 103, 110, 120-121, 123, 133, 158, 228, 231
Helms	147-151, 155
Hiley	199
Historizität, historisch, Geschichte	57, 85, 100-102, 104-106, 108-110, 112-116, 133, 211-212, 219, 240
Homecoming of Beorhtnoth	11-12, 15, 20, 189, 217
Honegger	7, 9, 10, 11, 15, 207, 209, 217, 234, 236, 237-238
Hopp	68, 70
Identität	157, 241
Imagination	55, 65, 74, 78-79, 115, 164
Inklings	133, 137, 145, 241
Jauss	99-100, 102
Katholizismus, katholisch	80-81, 129, 144, 148, 150-155
Keats	37, 45-46, 178, 180
Kocher	12, 147, 149-151, 155
La Belle Dame sans Merci	178
Langer	69-72, 76-78
Lanzelet	99
Lay of Leithian / Of Beren and Lúthien	14-15, 20, 177
Leaf by Niggle	51, 55, 59, 60-64, 67-68, 70, 80, 129, 131-133, 143-145, 147, 148-150, 153-156, 158-160, 162, 182
Lewis	31, 37-38, 39, 44, 87, 134-135, 137, 140, 144, 168, 174, 182, 208
Luhmann	67, 115
Malory	18, 112, 114
Mann, Thomas	157
Märchen(motiv)	51, 59, 67, 84, 92-94, 99, 102-103, 106, 109-111, 114
Menschen	41-42, 44-45, 47, 52-59, 61, 64-65, 67-68, 71-76, 79, 81, 84-85, 90, 135, 141-142, 163, 199-200, 241-242
Metaphysik	37, 144, 225
Morgoth	14-15, 17, 204
Morte Darthur	112, 114
Mystik	69-72, 76
Mythopoeia	37-39, 45-49, 51, 53-55, 57, 141, 208
Mythos, Mythologie	37-39, 46, 54, 83-85, 92, 99, 101, 108, 114-115, 135, 137, 140, 211, 218-220, 229-230, 237-238, 242
Nesbit	87, 94, 95
Nibelungenlied	85-86, 108
Niggle	60-61, 122, 130-132, 143, 145, 149-150, 152-154, 157-158, 160-164, 182-183, 185
Nokes	64, 78, 179-180, 182-183, 185, 200, 230
Nymphidia	113-115
Oliphaunt	121, 125
On Fairy-Stories	11, 37-38, 44, 51, 54-55, 57, 59-60, 62-65, 67-68, 76, 80, 111, 148, 150-152, 158, 162, 169, 179, 182, 186, 208
Ontologie	37, 48

On Translating Beowulf	83
Otto	67-68
Parish	61, 131-132, 143-144, 153, 160-161, 164, 183
Pearce	37-38
Pearl	122, 178, 184
Perry the Winkle	119, 122
Petzold	147, 149-151, 155, 158, 220
Phantastisches	51-52, 56, 60, 67, 76, 92-93, 96, 100
Platon	42-43, 45-49
Pope	39
Princess Mee	119, 122
Purtill	59-60, 63
Realität, realistic	38, 42, 47, 73, 101-104, 107, 109-112, 114-116, 125, 133, 139, 141, 143, 145, 220, 226
Recovery	55-56, 58, 61, 63, 65, 200-201
Religion	51, 54, 63, 67, 69, 73, 75, 79-81, 138
Roman de Brut	13
Roverandom	51, 59-60, 65, 83, 87, 94, 110-114
Sam	25, 124-125, 132, 139, 174, 184, 225, 241
Sanatorium/Krankenhaus/Arbeitshaus	129, 143, 150, 152, 154, 160-163
Schicksal	40, 99-100, 105, 113, 131, 160, 241
Scull	12, 19, 59, 83, 103, 110, 120-121, 123, 134, 158, 228-229
Shippey	15, 19, 38, 60-63, 101, 105, 123, 130-131, 138, 140, 147, 149-151, 156-158, 180, 185, 207, 209, 213-217, 223, 227-229, 237-238
Sigurd/Siegfried	85-86, 92, 107-108, 208
Sir Gawain and the Green Knight	11, 15, 122, 189
Slack	177, 192, 201
Smaug	83, 88, 92, 95, 101, 103-110, 208
Smith	64, 67-68, 71-73, 76-81, 167-175, 179, 182-186
Smith of Wootton Major	51, 56, 59-60, 63, 67-68, 70-72, 74-75, 79-81, 133, 144, 149, 167, 169-170, 175, 179-180, 183, 199, 203, 214
Sokrates	43, 48
Sprache, language	25-28, 34, 41-43, 58, 68, 73, 86, 89, 93, 96, 114, 122, 134, 136-137, 149, 173, 177, 207, 216-217, 222, 229-230, 232-233, 237-238, 240
Steimel	201
Sub-creation, Sub-creator, Zweit-, Nebenschöpfung (-er)	8, 10, 34, 37, 43-44, 49, 51-59, 60-62, 65, 67, 74, 76, 131, 139, 141, 150, 183, 193-194, 197, 200, 220, 240
Sündenfall	44, 53-54, 58, 136
Symbol	86, 101, 134, 136, 150, 152, 220, 241
The Adventures of Tom Bombadil	30-31, 87, 119, 125, 190
The Ancrene Wisse	149, 177, 229
The Battle of the Eastern Field	121
The Children of Húrin / Die Kinder Húrins	88, 132, 203-206
The Fall of Gondolin	123, 204
The History of Middle-earth	14, 120, 203-204, 210, 237-238

The Hoard/ Der Hort	83, 87, 121, 214
The Hobbit	19, 25, 60, 119, 168, 210-211, 229
The Horns of Ylmir	123
The Last Ship	181
The Lord of the Rings / Der Herr der Ringe	11, 17, 19-20, 25, 106, 116, 119, 142, 150, 168-169, 173, 184, 189, 196, 205, 209, 214, 216-217, 228, 232, 234-235, 239
The Lost Road	133
The Notion Club Papers	133
The Sea-Bell	121, 167, 169, 170-175, 180-183, 199
The Shadow Bride	122
The Shaping of Middle-earth	17
The Silmarillion	14, 203-204, 214, 238
The Stone Troll	121
Todorov	167, 174, 240
Tolkien, C.	123, 150, 203, 205-206, 210
Tom Bombadil	120, 122, 125-127, 132-133, 135, 175, 187, 190, 201
Treebeard	135, 204
Tristan	12, 14, 21-22, 99, 116
Túrin	12, 17-18, 22, 83, 88, 205
Unfinished Tales	203, 204, 206
Valinor	59, 170, 181
Vorsokratiker	40, 50
Waldman	43, 58, 134, 137
Weinreich	8-9, 37-39, 41, 56, 91, 193, 218-220, 226
Yates	45
Yvain	99, 116
Zwerge	88, 103-110, 136, 143, 212

www.ingramcontent.com/pod-product-compliance
Lightning Source LLC
Chambersburg PA
CBHW050349230426
43663CB00010B/2045